聪明教物理

基于学习科学的
中学物理课堂实践应用研究

主　编　袁　芳

执行主编　方侃侃　徐蓓蓓

广西师范大学出版社

·桂林·

本书编委会

主　　编：袁　芳

执 行 主 编：方侃侃　徐蓓蓓

执行副主编：

沈志辉　毛金华　梅云霞

编　　委：

柳　毅　徐　燕　徐志琴　余　颖　杨红燕

陈敏媛　严荣琴　薛振刚　龚嘉琦　丁　慧

张宝森　任莲映　杨松霖

序 一

何谓教师专业发展？这个曾经被视为非常简单的问题，近些年变得复杂起来。教师的专业发展是教师在教育教学活动中不断积累经验、提高能力、调节心理、革新教学行为的过程。在此过程中，教师的专业观念、专业知识、专业技能及职业道德不断发生着积极的变化。

从教师专业化的教育学科向度思考，教师职业具有"双专业性"。从理论上说，教师既应成为教学专家，也应成为教育专家。作为教学专家的教师要向学生传授知识和智慧，学科整合与构建的重心应该是"教什么"和"如何教"；作为教育专家的教师要培养学生的品性和德行，学科整合与构建的重心应该是"育什么"和"如何育"。

众所周知，要打官司得找律师；生了毛病就看医生。人们对律师、医师的专业认可度很高，而教师则不然，远没有达到"学知识非找老师不可"的地步。造成这一现状的原因很多，既有教育外部环境的影响，也有教师职业自身的懈怠，更有教育内部发展的制约。

社会对教育期望值很高，对教师的要求也高。许多教师感到，教师这碗饭不好吃。随着全社会受教育程度的普遍提高，学生家庭文化更趋复杂多元，家长的文化程度已不低于甚至高于教师。开放的教育使学生接受到甚至是许多教师都未知的多元思潮，信息总量可能会超过教师，教师也面临家长和学生高要求的双重挑战。

面对如此困境，如何解困？唯有坚持走教师专业内涵发展之路，方可破局前行。

华东师范大学第一附属中学（以下简称"华东师大一附中"），自1925年建校以来，承继光华大学、大夏大学和圣约翰大学及其附中注重教师科研的学术传统，走出了一条"造就研究型教师"的发展之路。首任校长廖世承，是中国近现代著名的心理学家和教育家，提出了"积极研究，勇于尝试，艰苦卓绝"的办学思想。20世纪八九十年代，学校针对课程教学改革，持续不断地开展课题研究并取得了丰硕的成果。在此过程中，学校逐步形成了"培养研究型学生，造就研究型教师，建设研究型学校文化"的"三个研究"的办学理念，并进行了卓有成效的探索。一批研究型教师从教材到教法都在教学上进行了改革试验，并在全国产生影响：语文特级教师陆继椿探索语文教学科学化道路，创立了"分类集中分阶段进行语言训练"教学体系，提出了"一课有一得，得得相联系"的教学思想，得到广泛传播；俄语特级教师张思中总结学生学好外语的特点，总结了"适当集中，反复循环，阅读原著，因材施教"的教学法，组织有经验的老师编写了一批强化训练丛书，推广全国；数学特级教师刘定一打破学科研究传统，开展"跨学科"课程研究，其研究成果荣获上海市教学科研成果评比一等奖、全国二等奖；数学特级教师吴传发、心理教师崔乐美都在自己的学科领域形成了自己的特色。被人们称为"五朵金花"。在一所学校里，接连涌现出多个在全市乃至全国有影响的教科研名师，这在上海是少有的，当时被称为"一附中现象"。

教育是传承的事业，一所学校的发展，也源于其文化根基。回眸历史，可以清晰地看到一附中开拓前行的轨迹：倡导"研究"之风，践行"研究"之事，造就"研究"之师。在"新课程、新教材"实验的开展的新时代，我们明确把弘扬和发展"研究型"学校文化、教师专业发展作为学校发展的重点、突破点、增长点。

强校必须重教，重教必先强师。鼓励教师著书立说，就是要求教师加强学习和研究，加强反思和总结，造就一批"研究型"的学科"领头雁"和高端教师。

苏霍姆林斯基说："教育——这首先是活生生的、寻根究底的、探索性的思考。没有思考就没有发现，而没有发现就谈不上教育工作的创造性。"教师要把"思考""研究"当成一种自觉行为，形成一种习惯。对自己教学工作的思考是他人所不能代替的，这需要广泛吸收前人的经验，形成自己的教学风格。只有这样，才能促使教师由"经验型"转向"研究型"，由"研究型"转向"专家型"，从而实现由"经师"向"人师"的渐变。

本书是华东师大一附中开展"研究型"教师学术交流与研究的代表成果之一，期待这本著作能为广大教师所喜爱，也期盼得到教育界同仁的批评指正！

华东师范大学第一附属中学学术委员会

二〇二二年九月

序 二

现代自然科学脱胎于古代自然哲学，16世纪至19世纪期间科学逐渐与源自日常生活的技术融合，催发了工业革命，科学和技术两翼齐飞，极大地促进了人类社会的生产力发展，不断改善了人类的生存品质。到了19、20世纪交替的时候，现代数理实验科学发生新的飞跃，量子科技和材料科学迅猛发展，奠定了人类进入信息时代的基础。

物理学是研究物质最一般的运动规律和物质基本结构的学科。作为自然科学的基础学科和现代数理实验科学的双核之一，物理学是研究大至宇宙、小至基本粒子等一切物质及其最基本的运动形式和规律的学科，是其他自然科学学科的研究基础，在科技革命的历程中有着不可或缺的作用，因此物理学也成为公众科学素养中重要的基础构成之一。

学习物理学主要涉及各种概念与物质运动变化规律，以及物理学实验与科学探究方法。现代数理科学的实证研究方法与源自哲学的思辨方法、源自历史学、博物学的质性描述方法并列为三大方法论，在人类对客观世界的认知发展上有着基础性的作用。

学习物理学仅仅记住一些概念和规律远远不够。了解这些概念、规律的产生与演进历程有助于我们更加深刻理解物理学和物质世界的本质；了解这些概念、规律的作用边界，掌握了物理学实验与探究方法，更有助于人类知识的不断拓展和深化。

本书是袁芳中学物理学科攻关基地历时三年的研究成果。袁芳老师带领一群来自物理教学第一线的骨干教师，从当下课程改革的培养目标视角，审视课堂教学的症结所在，着眼于物理核心素养的培育，借鉴学习科学理论应用于物理教学实践，以此提高物理课堂教学实效。

研究团队首先深入学习当下主流的学习科学理论，深刻认识到课堂中的物理学习具有场域特征、社会化特点、个性化特质。从物理学最关键的两类课型：概念规律课和实验课入手，结合课堂观察量表，借助多样的课堂评价设计，梳理了整个中学物理的知识框架图谱及其内在认知逻辑，开展了丰富的课堂教学实践探索；并结合认知心理学的基本原则，形成物理课堂教学设计和实践的若干策略和原则，以此指导教学实践，并且取得了显著的教学成效，同时也促进了研究团队的专业成长。

　　所谓"聪明教物理"是指我们物理教师要讲究教学成效的性价比，从学的层面去研究教和评，从而智慧工作、身心愉悦，让物理教学过程成为师生共同成长的过程。在学习研究的过程中理解物理学、把握物理学，并将新的课程理念通过细节的梳理与规划来体现，进而在实践中扎实落地，促进学生真正理解物理学概念和规律，激发学生不断开展科学学习和探索实践的热情。

　　袁芳领衔的中学物理学科攻关基地的研究，是教师们从"匠"羽化为"师"的历程。三年的基地研究，帮助两位教师获评特级教师和正高级教师，三位教师获评高级教师，一位教师获得上海市教学评比一等奖，可谓成果丰硕。

　　我们衷心希望在中学物理教学领域能够出现更多这样"接地气"的教学研究，衷心期待这类"接地气"的教学研究成果能够在更多学校中推广应用。

倪闽景

（倪闽景系全国政协委员、上海市教委副主任）

二〇二二年七月

目 录

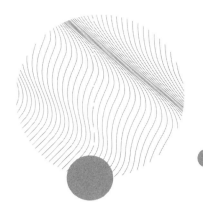

第一章 绪论

20世纪以来，世界经济和科技都迎来了前所未有的变革，知识成为最重要的生产要素，科技创新成为国家核心竞争力。为满足时代发展对创新型人才的需求，进入21世纪以后，世界各国都在探索聚焦核心素养、面向未来的课程变革，以此作为应对时代挑战与提升全球竞争力的重要抓手，我国也不例外。但在实践中，素养导向的课程教学由于缺乏有效的理论与实践范式指引，始终难以很好地落实。为应对这一挑战，我们在学习科学视域下探索"如何才能促进学生进行有效的物理课堂学习，实现素养的提升"。

第一节 问题缘起与概念界定

一、学习科学与素养导向的课程改革

加速变化的当下社会要求人们能够终身学习，以适应不断变化的生活。1997年，自经济合作与发展组织（以下简称"经合组织"）建立以来，许多国家及有重大影响力的国际组织开始研究面向21世纪的个体应具备的核心素养（也常被称为"21世纪技能"），推动国际课程变革。根据经合组织的定义，核心素养是"在特定情境中，通过利用和调动心理社会资源（包括技能和态度），以满足复杂需要的能力"[①]。美国的21世纪技能框架"着眼于培养学生的跨学科意识和运用多学科知识解决复杂问题的能力，不仅要求学生建立学科知识和真实生活情境的联系，还要建立不同学科知识彼此间的内在联系"[②]。包括澳大利亚在内的多个国家学者联合研究，提出了国际ATC21S框架，包含指向创造性、批判性、解决复杂问题的思维方式，指向获取、分析、评价和使用信息的工作媒介，指向团队协作能

---

① Organization for Economic Cooperation and Development. *The Definition and Selection of Key Competencies*, *Executive Summary* [R]. Paris: OECD, 2005.

② James W. Pellegrino and Margaret L. Hilton（Ed.）. *Education for Life and Work: Developing Transferable Knowledge and Skills in the 21st Century* [M]. National Academy of Sciences, 2012.

力的工作方式，以及指向学会生存的生活技能等四部分。① 在对国际核心素养进行研究的基础上，杨向东提出了核心素养的定义，即"核心素养可以理解为个体在面对复杂的、不确定的现实生活情境时，能够综合运用（跨）学科观念、思维模式和探究技能，结构化的学科知识和技能，不同学科领域所蕴含的世界观、人生观和价值观，以及分析情境、提出问题、解决问题及交流结果过程中表现出来的综合性品质"②。

从不同国家、国际组织、学者对素养的定义可以看出，尽管具体名称有所不同，但素养均指向在不同情境迁移并灵活运用知识的能力，而这种能力的培养必然是由有效学习发展而来，如何进行有效学习则绕不开对人类学习研究的重要成果的运用③，即学习科学领域的相关研究为改革什么、如何改革提供了理论和实践依据。联合国教科文组织的学者也曾呼吁，宏观层面学习研究者应为机构提供创新科技推动教学实践变革相关研究分析，为政策制定提供方向；中观层面学习研究者须对宏观政策的重点做诠释及操作性安排，并开展课堂研究使政策的微观互动能与学习成果及时关联；微观层面学习研究者应关注师生的互动和对话，为中观及宏观层面提供基础。④

包括我国在内的多个国家在素养导向的课程改革中，学习科学的成果都有所体现。如，美国新近颁布的"共同核心州立标准"（CCSS）和"K-12 科学教育框架"（NRCF）中就强调了对领域及跨领域一般原理学习的重视。⑤ 我国新推出的各学科高中课程标准也是在研究学科本质，研究学科看待世界、解决问题视角（学科育人价值）基础上凝练了学科核心素养。

我国《普通高中物理课程标准（2020 年修订版）》（以下简称《物理新课标》）指出：物理学科旨在落实立德树人根本任务，提升学生的物理核心素养，为学生的终身发展奠定基础。高中物理学科教学要帮助学生从物理学的视角理解自然、认识自然，建构关于自然界的图景；引导学生经历科学探究过程，体会科学研究方法，养成科学思维习惯，增强创新意识和实践能力，引领学生认识科学本质及科学·技术·社会·环境的关系，形成科学态度、科学世界观和正确价值观。即在理念与目标设计上，素养导向的课程强调以大观念为抓手重构课程内容体系，让探究实践成为主要的学习方法，以此促进学生进行深层学习，掌握物理方法，发展物理思维。

① Assessment and Teaching of 21st Century Skills. What are 21st Century Skills？[EB/OL]. [2015-12-01]. http：//atc21s.org/index.php/about/what-are-21st-century-skills.
② 杨向东. 核心素养与我国基础教育课程改革的深化[J]. 师资建设，2017，030（001）：69—73.
③ 裴新宁. 学习科学研究与基础教育课程变革[J]. 全球教育展望，2013（01）：34—46.
④ 罗陆慧英，程介明. 学习科学与教育政策——2011 计算机支持的协作学习国际会议回顾[J]. 开放教育研究，2011，17（5）：10—14.
⑤ 裴新宁. 学习科学研究与基础教育课程变革[J]. 全球教育展望，2013（01）：34—46.

二、学习科学与当下课堂实践的困境

《物理新课标》体现了先进的理念前沿，从一线教学的实际情况来看，其落实程度并不乐观。物理知识的习得与物理技能的掌握仍然是当前物理教学的主要任务。归根究底，《物理新课标》虽然提出了详细的目标，但相比易于评测的知识与技能为主的教学结果，落实新课标的途径较为模糊，课堂效果评价标准不甚清晰，导致教师教学理念的更新与实践行动变革缓慢。

诚然，上述问题的解决可以依靠自上而下的政策落实、加大人员与经费投入、变革流程与教师研训等，但这些外围的帮助和支持要想获得理想效果，还需要教师向内变革教学理念，并落实在课堂实践中。而教师理念的变革，最终还是需要让教师看到效果，看到经过实践行动变革后学生的学习效果确实有所提升。也因此，作为新课改理论依据贡献者之一的学习科学，因其专注研究"人是如何学习的""如何才能促进有效学习"而进入了我们的视野。

作为一门新兴的交叉综合学科，学习科学研究的核心问题有：（1）学习者如何理解无处不在的信息并与之交互？（2）如何设计对学习者具有一定挑战性的学习环境？（3）如何有效设计、分析和评估教学以促进学习者的学习？……这些核心问题正是素养导向课程变革中亟待解决的问题。其目标是识别实现最有效学习的认知和社会化过程，并据此重构课内外教学设计，进而支持和促进学习者的学习，这与我们的诉求不谋而合。其推崇的设计研究方法，强调"基于理论进行学习设计——实践检验——根据实践调整设计——再实践检验"，如此循环往复，迭代精进，找到促进学习的最优方案。这一方法不仅实现了理论与实践的紧密结合，也与教师熟悉的"备课——试讲——磨课——再备课"这一过程高度契合，与一线实践相融合。

于是，我们开始了"应用学习科学的物理课堂实践研究"之旅，本书也由此而来。

三、概念界定

学习科学，对应的英文是"The Science of Learning"或"Learning Sciences"，由此可以看出，它本身属于一个跨学科的研究领域。事实上，学习科学的研究者来自认知科学、教育心理学、计算机科学、人类学、社会学、神经科学、教育学、设计研究、教学设计等领域。其自身视角的多样性注定了对这一领域概念界定的困难与难以统一。

综合已有研究来看，学界关于学习科学的研究对象、目标、任务等的认识还是有共同点的，即学习科学研究的是学习者，关注的是在真实环境中发生的学习，聚焦在真实环境中如何进行设计以促进有效学习的发生。正如《剑桥学习科学手册》主编索耶（R. K. Sawyer）所说："学习科学是研究教与学的跨学科领域……其目标是更好地理解产生有效学习的认知和社会化过程，进而运用这些理解重构设计课内外学习环境，以促使学习者能够进行有效的深层学习。"[1]

第二节　研究目标与内容领域

一、研究目标

本研究目标在于运用与"人是如何学习的"相关的最新发现开展中学物理课堂学习的设计研究，以促进和实现素养导向的教与学的变革。具体为：

1. 以促进中学物理教师的专业成长为抓手。通过学习科学的理论学习，领会学习科学的深刻内涵和基本原理，了解"学生是如何学习物理的"，进而在实践中探索"如何开展教学设计以促进学生有效地学习物理"，由此实现教师物理教学素养的提升和专业成长。

2. 以改进物理课堂教学为载体。在学习科学的视域下开展基于理论基础、实证依据的物理教学设计研究，针对不同类型的物理课，形成指向核心素养培育的物理课堂教学样式。

3. 以培育学生物理核心素养为指向。通过促进有效学习的教学设计、素养导向的评价设计，发展学生物理核心素养，落实物理课程育人目标。

二、研究内容

根据前期的学习，研究团队的教师达成共识——从研究"学生的学"着手改进"教师的教"，以实现学生物理核心素养的提升。根据教材内容和物理学科特点，物理课堂教学的常见形态主要是概念、规律和实验教学。我们将课堂教学划分为两大类：概念与规律教学和以探究为主的实验教学。为了保证基于"学生的学"来改进"教师的教"，需要伴随评估和实时的课堂观察。我们同时采用了课堂观察法和问卷调查法相互印证，检验课堂学习效果，以此作为下一轮教学设计的改进依据。

分工方面，整个研究团队分为四个小组，其中两个小组分别承担概念与规律课、以探究为主的实验课的设计和改进实践任务，另两个小组分别承担课堂观察和教学评价的任务。

对于研究内容开展的理论学习和实践研究如下：

（一）理论学习

无论在哪个小组，在行动前都要分工阅读学习科学相关期刊与书籍，并通过专家讲座、教学研讨等定期活动共同学习、交流学习进度。理论学习主要围绕以下三点展开：

[1]　Sawyer R K. Introduction：The New Science of Learning［M］// Sawyer R K. *The Cambridge Handbook of the Learning Sciences*（Second Edition）. New York：Cambridge University Press，2014：1—20.

1. 认识学习科学的基本体系、基本原理，选择学科案例对相应原理做出解释。

2. 对物理学科知识体系再回炉，加深对教材逻辑、学科本源和发展的深入理解。

3.《应用学习科学》中关于学习的理论：三种隐喻——增强反应、获得知识、知识建构；三条原理——双重通道、容量有限、主动加工。还有教学设计、有效学习、促进认知加工的相关原则与策略。

（二）实践研究

在理论学习的基础上，承担教学实践研究的两个小组运用学习科学相关理论，进行教学设计与实施，并在教学设计中结合物理学科特点，选取若干学习科学原理加以实践。承担评估任务的两个小组同样用学习科学相关知识设计评价工具（问卷与课堂观察表），反映前两组对提升学习成效的作用，从量化评估和质性评估两个方面完善评价的客观性和全面性，从而为前两组改进实践提供基于证据的建议。

1. 概念、规律教学：应用学习科学的若干原则，对物理概念、规律的形成、应用及迁移，真实情境中问题的解决，设计有效教学模式，实现学科逻辑、认知逻辑和教学逻辑的有机统一。

2. 实验教学：应用学习科学的若干原则，对实验教学做深入探索，设计任务型学习活动，开发不同类型实验教学的规范流程和典型案例，提高实验对学科素养中观念形成、探究能力提升、科学思维培育的功效。

3. 课堂观察：应用学习科学的有效教学和学习的原则，设计课堂观察评价表并在实践中应用，评估教学中是否有利用学习科学原理、关键环节应用得当与否，进一步澄清课堂教学中存在的问题和成因，同时修订评价表，再次应用于教学实践，力求观察评价表能有效反馈学生学习状态和成效的关联度。

4. 学习评估：应用学习科学原理开展课堂实践改进的目的在于提高学习达成度。评估对教学过程的指导不可或缺，有效的评估可以了解学生学到了什么、学习能力的水平，从而衡量教学的有效性。根据评估科学，结合学习心理，针对不同阶段（课内、课外、单元），设计科学合理的评估测试，确定教学实践的成效，以利反思改进教学。

三、研究方法

最初，我们计划采用设计研究的方法开展项目研究，但随着文献综述的深入和对研究目标的反复思考，我们逐渐意识到，即使基于设计的研究是以"在实践中不断改进"为特点，也依然有一套标准严格的研究规范与流程。这对一线教师的实践极不友好，也不利于后续的推广。为此，在团队内反复研讨，并咨询相关研究人员后，我们决定以行动研究法为主要方法，同时融入设计研究迭代循环改进的精髓，再辅以文献综述法、问卷调研法、个案研究法等做补充，以求尽可能地实现学习理论与教学实践的直接对接，达成促进学生有效学习的初衷。

（一）整体研究方法

整体研究方法的使用如图 1-1 所示。高校专家、研究人员与授课教师共同构成行动研究的实践者，团队在专家指引下学习相关文献，并尝试转换视角，应用学习科学若干教学、学习、评估的最新研究发现进行教学设计。项目的整个结构框架其实就是一个反馈的循环体系，它是由计划、行动、观察和反思构成的。根据改进课堂教学提升核心素养的总目标制订计划，接着分概念规律教学和实验教学进行行动，然后进行学习评价和课堂观察，这里采用了个案研究、问卷调查等方法来客观反馈教学效果。根据第一轮总结调整修订第二轮计划，接着进行行动。如果对课堂教学效益有提高的，提炼出课堂教学样式和教学策略，并将此样式和策略运用于教学实践，起到验证的作用，或者微调从而更适用于实践。如果有不合理的地方，则要修订、改进，再开启第二轮实践研究，如此往复，最终形成促进有效学习的物理课堂样式。最后根据总目标以及前面的第三轮计划做出比较全面的总结，并且整理研究成果。在整个行动研究的过程中，每一轮计划都是根据总目标而设的，并且每一次的评价总结都会以总目标为依据，以检测每一轮行动的结果是否达到了目标或者向总目标靠近了一步。

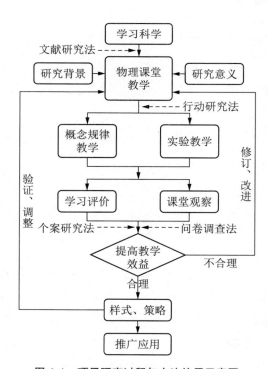

图 1-1　项目研究过程与方法使用示意图

（二）文献综述法

认识学习科学在课程改革中发挥的重要作用，探讨学习科学的相关研究运用于中学物理课堂的可能性；站在大观念角度重新理解物理学科知识体系，深入分析教材逻辑、学科本质和未来发展。

1. 学习科学内容领域的研究

近年来，关于学习科学领域的研究内容日益深入而广泛。2018 年 6 月，在伦敦大学学院举办的第 13 届学习科学国际大会上，国际学者就学习科学八大热点话题展开了讨论。[①]

华东师范大学裴新宁教授基于三个理论假设，将学习科学的研究内容概括为："基于'学习是计算'的假设，研究学习的认知机制；基于'学习是社会性的'的假设，研究学习的社会境脉；基于'学习由连接感知和行动的大脑回路支持，极其复杂的大脑需要持续适应和塑造'的假设，研究如何设计学习环境，将学习的认知机制和社会境脉动力学整合为有效的学习方式从而促进教与学，给养学生的个性发展。"[②] 三个方向的研究相互关联，共同构成学习科学领域。我们从这三个视角出发，对学习科学的研究内容进行梳理。

（1）学习的认知机制

对认知机制的研究关注学习者"将基于不同对象的知识和技能加以组织，提取促进个体理解的学与教的结构和过程模型"的能力。[③] 不同流派的学者从不同角度对学习的认知机制进行了阐释。

信息加工理论从认知主义视角将人脑的运作与机器的运作类比，将认知过程看作信息加工的过程，并将其分为注意刺激、信息编码、储存信息、提取信息四个阶段。[④]

建构主义学者认为学生的心智发展主要遵循自身特有的认知程序，即学习是学习者主动建构的过程。布鲁纳（J. S. Bruner）的"发现学习"指出教学要为学生提供能够独自探究的情境，将知识转化为适应学生发展的形式。奥苏贝尔（D. P. Ausubel）的"意义学习"进一步指出"在学习中学生须表现出建立新学内容与已有知识有意义的联系的倾向"。[⑤]

近年来，基于建构主义的学习进阶理论受到了国内外学者的广泛研究，学习进阶理论聚焦于学科中的大概念学习，以学生学习前的知识水平及推理能力为始端，根据学生产生的迷思概念构建相应的"阶"，从而使学生达到对大概念的科学理解水平。[⑥]

① 王美，廖媛，黄璐，等 . 数字时代重思学习：赋予学习科学重要使命——第 13 届学习科学国际大会综述 ［J］. 开放教育研究，2018：110—122.

②③ 裴新宁 . 学习科学研究与基础教育课程变革［J］. 全球教育展望，2013（01）：34—46.

④⑤ 施良方 . 学习论［M］. 北京：人民教育出版社，2001：211—217，221—224，267—271.

⑥ 翟小铭，郭玉英，李敏 . 构建学习进阶：本质问题与教学实践策略［J］. 教育科学，2015，31（02）：47—51.

（2）学习的社会境脉

学习科学认为"社会情境是理解学习的一个先决条件，学习的发生不只是行为及其后果的结合，还需要社会因素作为中介"。从重视社会与文化作用的视点来说，学习被视为参与实践共同体的过程。[①] 班杜拉（Albert Bandura）认为人的学习是通过观察和模仿社会中的他人而实现的。[②] 让·莱夫和爱丁纳·温格提出了学习者通过"合法的边缘性参与"与其所在的真实环境以及环境中的物质和人力资源进行积极互动和意义建构，从而实现学习的发生。[③]

近年来，社会性学习研究进一步深入，许多学者从个体神经生物学、人际层面、群体层面、技术层面开展研究并尝试将研究的结果融入教育领域的实践中。[④] 钟启泉在《从学习科学看"有效学习"的本质》中提出，在课堂的学习中更应当关注学习的社会性，因为现实的课堂存在着由于过度聚焦个人而忘却了学习的社会性的倾向。"学习"即人的成长与变化，这种成长与变化是在同他人共同作业的条件下出现的，这就是"学习的社会性"——在同他人的共同作业中自己获得了成长。

（3）学习环境设计

学习环境是以"学"为中心的教学系统和学习系统的基础，强调通过各种学习资源和教学策略支持学习者的活动，不仅包括物质环境，还包括物质环境以外的教学模式、教学策略、学习动机、学习氛围等。学习环境与学习活动共存共生，随学习活动的进展而不断变化。[⑤]

此外，杨开城基于建构主义的学习环境强调了任务情境在集成各种学习资源中的作用，提出建构主义学习环境设计的六大原则。[⑥] 项国雄等将活动理论整合到学习环境设计中，为教学设计和学习环境设计提供了新的视角和框架。[⑦]

综上，国内外的学习科学理论研究的是泛在性的学习，包括正规学习、非正规学习、潜在学习，其中"正规学习"是指"学校制度下的学习"。学校提供特设的空间，通过课程实施和管理，借助测验加以测量学习的成果，是一种在特别设置的环境与制度中的学

① 金莺莲，裴新宁.学习科学视域中的社会性学习：过去、现在与未来 [J].开放教育研究，2014，20（06）：81—87.
② Bandura, A.（1977）. *Social learning theory* [M]. Englewood Cliffs, NJ: Prentice-Hall.
③ 莱夫·温格.情景学习：合法的边缘性参与 [M].王文静译.上海：华东师范大学出版社.2004.
④ 任友群，胡航.论学习科学的本质及其学科基础 [J].中国电化教育，2007（5）：1—5.
⑤ 武法提.基于 WEB 的学习环境设计 [J].电化教育研究，2000（04）：33—38、52.
⑥ 杨开城.建构主义学习环境的设计原则 [J].中国电化教育，2000（4）：10—14.
⑦ 项国雄，赖晓云.活动理论及其对学习环境设计的影响 [J].全球教育展望，2004，33（12）：45—51.

习。因为学校学习有比较一致的影响因素，所以成为学习科学研究的重要方向，也取得了相应的进展。因此学习科学的理论研究为课堂教学实践的转型提供了理论支撑，也为本研究提供了实践指导的理论依据。

2. 学习科学应用于课堂教学实践的研究

学习科学的理论研究最终要走向实践，在教育教学改革中引入学习科学是无可争议的立场。郑太年指出："讨论在教育教学改革中引入学习科学这个话题，我们就要考虑研究和实践的互动。所谓互动，就是说，一方面理论研究有了成果，实践中可以应用；另一方面研究本身要考虑实践的需要，为实践提供解决方案、工具和技术手段等。"[①]

许多学者为学习科学应用于课堂教学实践提供了可能的路径，对本研究有重要的参考价值。笔者从"学习科学应用于教学实践的路径研究"以及"在物理课堂中应用学习科学的相关研究"两部分对相关文献进行了梳理。

（1）学习科学应用于教学实践的路径研究

围绕如何促进有效的学与教，国内外学习科学领域研究者展开了内涵丰富的实践研究。

美国哈佛大学的珀金斯（Perkins）和昂格尔（Unger）等人（1999）与中小学合作，在长达十年的研究中提出了"面向理解的学与教"（Learning and Teaching for Understanding，LTFU）模型，提出为实现理解性学习的目标，教学主题设计须满足：围绕学科核心；学生感兴趣且能接受；教师也感兴趣；具有丰富性和启发性的大主题和相互联系的小主题等。[②]

华东师范大学学习科学研究中心裴新宁教授遵循学习科学面向真实世界的原则，认为学习应让学生在真实的情境中产生真实的问题，通过占有的知识资料，有条不紊地展开解决问题的方法并进行验证，从而提出从"知识维度""情境与活动维度"和"社会关系维度"逼近真实性学习的理论观点，建立了面向真实性科学学习的适应性设计模型（the Adaptive Design for Authentic Science Learning，ADASL），并以中学科学学习主题的学习项目设计与开发为例，具体阐释了适应性设计模型的运作机制。[③]

① 任友群. 学习科学：为教学改革带来了新视角 [J]. 中国高等教育，2015，（002）：54—56.

② Perkins D N, & Unger C. Teaching and learning for understanding [M] // Reigeluth C M (Ed.). *Instructional-design Theories and Models：A New Paradigm of Instructional Theory*. N.J.：Lawerence Erlbaum Associations，1999：91—114.

③ 赵健，裴新宁，郑太年等. 适应性设计（AD）：面向真实性学习的教学设计模型研究与开发 [J]. 中国电化教育，2011（10）：12—20.

美国加州伯克利大学的马西娅·林（Marcia C. Linn）教授团队在其开发的基于网络的科学探究环境平台（WISE）的基础上，利用技术将科学实践、元认知和物质科学的可视化相结合，插入多样功能的脚手架（智能导师、学习代理人、嵌入式评价等）帮助反思，创造性地提出了促进知识整合的科学探究学习框架——KI（Knowledge Integration）框架。[①]

（2）在物理课堂中应用学习科学的相关研究

在物理教学领域，华东师范大学的陈刚教授在《物理学习与教学论》一书中，从学习心理学的视角出发，系统地梳理了学习心理学取向的教学理论，并提出物理教学每一个环节的设计和结论的得出都应遵循认知规律，符合逻辑加工机制。针对物理学习中的概念学习、规律学习、态度习得等途径进行分析，明确不同途径中所要经历的必要子环节，以及在每个子环节中学习者所需的策略和必要技能，进而根据学习者内部的学习条件分析，合理选择教学方式和媒体，规划相应的教学活动，将教学的有效性建立在学习机制基础之上，从而指导物理教学活动更科学、高效地展开。[②]

北京师范大学物理系郭玉英教授团队从学习进阶的视角出发，对科学核心概念和关键能力的学习进阶开展了系列理论研讨和实证研究。第一阶段围绕核心概念和关键能力开展了基于文献的学习进阶研究；第二阶段以大样本、跨年级评测为基础，在层级复杂度和知识整合度等认知理论基础上，提出了以"经验——映射——关联——系统——整合"逐层进阶的科学概念理解发展的层级模型；第三阶段通过对建构的核心概念和关键能力的学习进阶的整合，拓展学习进阶的内涵，建立起基于学习进阶的科学教学设计模型，并通过准实验研究，验证了该学习进阶设计模型的有效性。[③]

上述研究都为本研究提供了理论框架的参考，对教学实践起到了指导作用。但同时检索发现（见表1-1），国内外现有学习科学在课堂教学中应用的相关研究主要还是集中在理论层面的探讨，缺少实证的研究，很少走进真正的课堂（广泛存在的班级授课制）教学，关注学习科学进入课堂教学实践的可行性，对于学习科学走进物理课堂教学实践的研究更是少之又少。

————————

① Linn M C，Eylon B-S. *Science learning and teaching*：*Taking advantage of technology to promote knowledge integration*［M］. New York：Routledge，2011.

② 陈刚. 物理学习与教学论［M］. 上海：华东师范大学出版社 .2019.

③ 郭玉英，姚建欣. 基于核心素养学习进阶的科学教学设计［J］. 课程 . 教材 . 教法，2016，36（11）：64—70.

表 1-1　学习科学在课堂教学中的应用研究

检索项	检索词	检索时间	检索结果
关键词 / 篇名	学习科学	2005—2019	614
关键词 / 篇名	学习科学　教学	2005—2019	50

由于学习科学多停留在理论研讨层面，学科实践层面研究极少，未见（或极少）物理学科层面实践，因此，在真实课堂探求学习科学的前沿理论在物理课堂教学实践中落地的途径具有较高的研究意义和价值。本研究将在参考上述研究的基础上，进一步开展在物理课堂教学中应用学习科学理论的实践研究。

（三）行动研究法

通过"合作行动研究"的方式，专家、研究人员、授课教师共同构成行动研究的实践者，应用学习科学若干教学、学习、评估的理论，转换研究视角，着力教学改进，形成有效学习的教学模式是实践重点，即行动研究是在文献综述基础上，将学习科学关于有效学习的认识应用到以下几个方面：

1. 形成概念与规律教学的样式。设计真实的情境，让学生在解决问题过程中掌握学科知识及其应用，形成科学观念，发展科学思维。

2. 形成以探究为主的实验教学方式。设计基于问题、任务驱动的实验教学，规范不同类型实验教学的流程，探索最大限度发挥实验教学在学生探究技能发展、科学思维培育方面所起作用的教学方法，形成典型案例。

3. 形成素养导向的课堂观察评价表。应用学习科学的有效教学和学习的原则，规划课堂观察评价表并在实践中应用，评价课堂教学是否以学生为中心，关键环节应用是否得当，是否支持和促进学生进行深层而有效的学习，进一步澄清课堂中存在的问题和成因。在此基础上，修订观察评价表后开展再实践，力求能有效反馈学生学习状态和成效。

4. 充分发挥评价促进反思的作用，实现学生有效学习。有效的评价不仅能给予教师反馈，更能不断地促使学生反思自己的学习进度，衡量学习目标与学习进度之间的差异，从而激发他们进一步学习的动力。为此，需要根据有效学习评价的相关研究，针对不同阶段（课内、课外、单元等），设计科学合理的评价测试，确定教学实践的成效，支持学生与教师开展反思，不断改进。

（四）案例研究法

就教与学的过程，通过教学评估和课堂观察开展教学案例研究，遴选最有应用价值的学习科学原理，为教学模式的有效性提供佐证。分析物理课堂教学案例，提炼针对性强、实效明显的学习科学原理在物理教学中的实施路径。

（五）问卷调查和访谈法

课前课后的问卷和访谈，从学生层面了解学生学习成效的主观感受，结合课堂观察评价表、课堂教学评估的结果，综合评判学生在课堂上的学习成效，反思教学设计和实施的有效性，从质性和量化两个维度来推断教学改进对于学习成效的作用。

四、研究策略

本研究在学习科学视角下分析影响物理课堂品质的关键问题，对接学习科学最新研究发现与已有实践经验，采用以行动研究为主的实证研究方法，通过理论学习与实践研究双驱动促进学与教的变革，实现教师专业发展、课堂教学改进与学生素养提升的目标。如图 1-2 所示，本研究采用理论学习与实践研究双驱动策略，尤其注重理论学习和实践研究的互动。

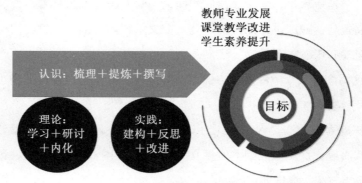

图 1-2　理论学习与实践研究双驱动策略示意图

理论学习可以概括为：学习＋研讨＋内化。首先通过阅读文本材料，邀请专家开展讲座报告、现场点评互动，开拓教师眼界；接着通过项目组研讨、小组内交流让教师畅通言路，分享学习摘要和成果，通过"头脑风暴"来开展思维碰撞，群体的研讨和分享都是健康的竞争，有利于拓展研究思路、加大探索力度；最后撰写读书笔记和心得，促进教师内化理论知识，探索理论与教学实践的连接点，找准实践切入口。

实践研究可以概括为：建构＋反思＋改进。本项目同时也是实践研究，实践必定不完美和有缺憾，实践后的反思极具价值，可以促进行为迭代精进，提高教学成效。首先将学习科学理论应用于教学，构建课堂教学初步样式；接着反思教学实践效果；最后提出改进建议。

认识方面可以概括为：梳理＋提炼＋撰写。首先梳理教学原则的使用，然后提炼出适切的教学流程等样式，最后撰写教学案例和论文。案例撰写和观察评价表的修订过程都是成员提高认识、推动项目研究形成物化成果的过程。

项目研究本身就是学习，项目研究也属于实践研究，因此借用学习科学的情境性特点和社会化特质，将研究任务加以合理分配，让每位教师都参与，成为合作共同体，在任务驱动中把研究深入下去。小组合作又能集众人所长，以他人行为、观点作为参照，修正自身的教学实践，取得优化的效果。

第三节　研究历程与实践成效

一、研究历程

本项目于 2018 年 9 月成立团队开始预研究，2019 年 4 月正式立项，到 2021 年 11 月已三年有余，大致经历了图 1-3 所示的三个阶段。

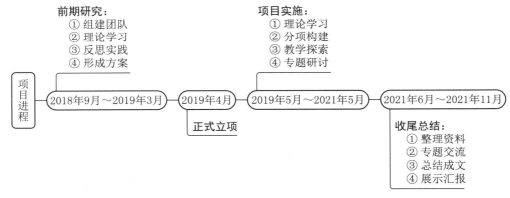

图 1-3　本项目进程时间线

第一阶段：研究先行，探索学习科学运用于物理课堂教学的可行性。通过分小组的文献研究以及专家引导下的交流研讨，总结促进有效物理课堂学习的几条原则。

第二阶段：循环迭代，不断提升物理课堂学习与教学质量。根据第一阶段总结的原则开展学习设计——实践——再设计，基于问卷调查和课堂观察评价表的证据不断进行教学改进实践，提升课堂质量。

第三阶段：形成样式，总结促进有效学习的中学物理课程特征与教学流程。在前两个阶段的基础上，总结规律，形成支持有效物理学习的课程范例，辐射影响。

随着项目的进展，在研究方向与焦点上，从开始的理论、实践并重，逐步转向依托已有的实践和理论，聚焦于中学物理课程教学的实践。

项目研究各阶段的任务汇总如表 1-2 所示：

表 1-2　阶段任务汇总表

阶　段	时　间	任　　务
前期研究	2018 年 9 月—2019 年 3 月	1. 组建团队 2. 广泛浏览、学习，完成文献综述 3. 研讨项目实施方案
项目立项	2019 年 4 月	1. 参加评审，根据专家意见修改完善方案 2. 开展"学习科学"理论的学习 　　学习专家讲座"学习科学和教师专业发展"，阅读相关书籍（《应用学习科学》《追求理解的教学设计》《可见的学习》等），撰写读书报告并交流 3. 研讨实践研究的内容、方向、路径和策略
项目实施	2019 年 5 月—2019 年 12 月	1. 理论学习和研讨 　　学习专家讲座"激发物理思维的课堂教学改进""信息加工心理学视角下物理教学设计""为素养而教之管见"等，阅读书籍（《教育研究方法》《如何让学生经历认知冲突，有效形成概念或建立规律》等），撰写读书笔记并交流 2. 项目实践研究 （1）课堂实践（研讨课，观察评价表试用，课堂评估试点） 　　（课题：《测电源电动势和内阻》《测定物质的密度》《电势、电势能》《力的合成》等） （2）研究操作策略和实施要点 （3）研讨观察评价表的设计和修改，评估有效性 （4）研讨概念规律课、实验课的教学范式
	2020 年 1 月—2020 年 5 月	1. 在家学习、阅读（《我们怎样思维》《高中物理概念教学方法策略与案例研究》等）和撰写读书笔记 2. 实践案例反思和撰写 3. 在线项目研究 　　交流教学实践中聚焦的学习科学原理对核心素养培育的作用；基于单元设计，以目标导向完善课时教学范式；梳理案例实践的得失，提炼有效做法；结合研究内容对空中课堂案例开展研讨
	2020 年 6 月—2021 年 1 月	1. 对实验班和对照班开展持续的教学改进对比。分成四组：初中组、高中组、概念规律组、实验组。实施前测和后测，实行 SPSS 统计分析 2. 大面积推广使用课堂观察评价表，以获得更多一手资料，不断完善观察评价表 3. 形成概念规律课的教学范式（揭示其蕴含的学习科学原理）和案例若干 4. 形成课堂评价的基本要素和评价范例若干（课时和单元评价）
	2021 年 2 月—2021 年 5 月	1. 完善实践案例的各项内容，包括问卷统计、访谈、观察评价表汇总等 2. 结合教学实践进一步优化两类课型的教学范式 3. 完善课堂评价的要素和实施建议
项目结题	2021 年 6 月—2021 年 11 月	撰写结题报告

二、实践成效

通过三年多的学习与研究，项目团队梳理出中学物理本体知识地图；明确了以概念、规律、实验为主题的三类物理课堂实践样式；归纳出表征形成、精细加工等两类八条具体教学策略；开发了课堂教学观察和学习评价工具；探索了以"研读—梳理—透视"为特征的物理教师专业成长路径。

项目团队成员加强了理论学习，在实践中有了不同程度的内化；教学实施中遵循了学习科学的基本原理；参与项目研究的教师在理论认识、教学改进方面进步较为显著，取得了一些研究的物化成果和教学成效。

（一）形成指向核心素养培育的常态课堂教学样式

在高校专家、正高级物理教师的引领下，团队通过反思和梳理课堂教学实践，形成样式，为教师践行素养导向的课堂教学提供了路径支持。

1. 形成概念规律课的流程样式。在应用学习科学的有效教与学原则的基础上，通过梳理提炼物理学科核心概念规律，逐步形成概念规律课的教学流程样式，解决教学中的难点和痛点问题，为同行提供可借鉴的范例。比如难点突破的若干途径，重点落实的几个要素；反映基于课时目标、单元目标如何设计教学；如何加强课时教学之间的解释性、关联性和进阶性；如何强化目标导向的教学实施和评价等。

2. 形成实验教学的若干要素和样式。结合学习科学的相关研究，厘清有效实验教学的四条原则。在此基础上，通过研究、学习、实践加深对物理实验的理解和认识，对物理实验类型、实验教学的逻辑结构进行梳理，提炼具体的实施原则，形成提升学生学习成效的实施流程样式，并且使其具有可推广性，供同行借鉴参考。

（二）形成关注学生发展的观察评价表和评价方案

1. 课堂观察

在前期课堂教学行动研究的基础上，项目团队以探究教学方式为核心，以学习过程为突破口，提炼出素养导向的课堂教学策略。依据《物理新课标》，借鉴已有的关注有效学习的课堂观察评价表，设计契合物理课堂的观察评价表。通过对课堂实施过程的观察，分析学生学习状态与效果，评价教学关键环节的设计和落实的有效性，发掘教学、学习过程中存在的问题。

作为听评课的证据材料，课堂观察评价表着眼于教学成效，扎根于学习成效，有助于对课堂教学的评价从关注"教师的教"转向"学生的学"，引导教师改变教学行为。值得注意的是，课堂观察评价表的形成并非一蹴而就，而是随着课堂教学的不断进阶而改进，在一次次实践中检验其效果。

2. 学习评估

在开展中学物理学习评估的实践时，首先，基于核心素养要求改进评价的设计和实施，提高评价的信度和效用；其次，基于评价结果反思改进教学实践，提升教师教学评估能力；最后，在案例实践基础上提炼、形成课堂学习评价的若干基本要素。

本项目就教学行为改进开展了初步的对比实验，具有一定的效度，如下述实例：

专题复习时，B 班（实验组—普通班）的教学实践应用学习科学的精细加工策略；A 班（对照组—创新班）采用传统的教学方式。如表 1-3 所示，B 班与 A 班在复习功能专题之前的检测分数显示，B 班得分率较 A 班低。经过 SPSS 独立样本 T 检验后，有显著差异。后测成绩的分析结果显示方差齐性，B 班的进步显著。

表 1-3　实验组与对照组的对比分析

	前　　测	后　　　测			
		题目 1	题目 2	题目 3	题目 4
B 班得分率均值	74.9%	100.0%	79.0%	93.5%	87.8%
A 班得分率均值	89.4%	93.0%	63.3%	95.7%	90.0%
方程方差的 Levene 检验	方差不齐性（P=0.000）	方差不齐性（P=0.000）	方差不齐性（P=0.006）	方差齐性（P=0.058）	方差齐性（P=0.528）
独立样本 T 检验	P=0.000	P=0.049	P=0.119	P=0.298	P=0.749

尽管教学实践中难以严控实验变量，用实证方法来比对成效较为困难，但我们仍选用准实验法开展对比实验、收集数据，用学习评估的数据比对实践成效。

（三）以学科教学的进阶发展促教师专业成长

本项目组教师在研究有效学习的相关原理和最新发现过程中，逐渐意识到"以学生为中心"进行教学设计的必要性，知道如何做才能实现以学生为中心，认识到学情分析的关键在于知道学生头脑中有什么，而非教材已经教过什么，理解在教学过程中要通过情境与问题的设计促进学生不断反思自己所学的内容。问卷调查与课堂观察评价表的设计和使用，让教师在课后能够借助工具开展基于证据的反思与教学改进。通过学科教学的进阶发展，学生成为学习活动的主体、知识建构者；教师成为学习活动的设计者、组织实施者，成为学生知识建构和探究的支持者、促进者，使学生在真实物理问题的解决过程中实现素养的提升。

在"学习设计——实践——再设计"的教学改进的进阶过程中，教师不断强化以理论指导实践的意识，逐步摆脱教学惯性，以经验应对教学新要求和多变灵动的学生，减少无效行为，逐渐形成稳定、优质的教学行为。研究团队教师的专业得到发展，其中获评正高级教师一位，特级教师两位，中学高级教师三位，区学科带头人三位；录制空中课堂48节，获 2019 年和 2020 年部、市一师一优课；参与市、区级课题研究 17 项；出版专著、编著或参与编写专业书籍六本，发表学术论文十多篇，开展讲座报告二十多场。

第二章　学习科学在中学物理课堂实践中的应用总则

  学习科学自诞生以来，因其"针对真实情境中的学习开展科学研究"的理念，迅速在国际上的教育研究和实践领域引起热议。不过学习科学本身提供的是一种全新的思考视角与有力工具，而非"为某些教育困境提供具体答案——用于教学的'菜单'"[①]。教学实践从来都是复杂而多变的，每一位学生都有其独特个性，学习科学的最新发现与研究成果需要针对具体对象和具体境脉进行调整后才能真正促进有效学习的策略。考虑到本研究针对的是中学物理课堂的教学，本章对学习科学的成果分析也聚焦于其在物理课堂的潜在应用上，同时本书的后续章节也提供了这些成果如何应用于实践的案例，但这些都只能作为工具或参考，是否适合、如何应用，还需要作为读者的您联系自己的课堂、自己的学生情况等进行批判性思考和综合研判。

第一节　学习科学推动教育深层变革

一、学习科学的基本内涵

  现代学校的构建理念成型于工业时代，那时对效率的追求造就了被称为"授受主义"的传统教育模式的盛行。这种教育模式能快速培养拥有操作简单程序技能的车间工人，但无法满足智能时代对创新人才的渴求。学校的教育模式和教育目标的脱节促使人们开始深入思考学习的本质、学习发生的原因，关注作为个体的人是如何学习的。

  对行为主义的反思促使了建构主义的兴起，在跨文化研究过程中意外获得的对学习社会性的理解解放了被困在实验室研究学习的心理学家，信息技术与神经科学的迅猛发展为人类的学习提供了新的研究工具与方法……来自不同领域的研究者跳出自身学科背景局

---

① （美）科拉·巴格利·马雷特，等 . 人是如何学习的 Ⅱ：学习者、境脉与文化［M］. 裴新宁，王美等译 . 上海：华东师范大学出版社，2021：1—4.

限，积极寻求合作，学习科学由此诞生。学习科学的这一跨学科特性使得不同的研究者对"学习是什么"给出了不同解释："学习是信息加工""学习是社会性协商""学习是思维技能""学习是知识的建构""学习是大脑中的生物化学活动"……①

这也从侧面反映出学习本身具有复杂特性，涉及学习的神经机制、学习者个体差异、所在学习环境、环境给予的资源给养、所属社会团体和身处的文化环境等。因此，很难对学习科学"是什么""有什么"等问题给出清晰答案，但从学习科学诞生的过程和其针对的问题可以看出，学习科学的一大特征是强调从多学科角度解释真实情境中的学习，进而通过精心设计进行干预以实现有效学习。由此，学习科学的使命有二：一是理解真实的学习；二是促进有效学习的发生。

二、学习科学的理论立场

（一）认知科学取向

教学设计很重要的一块内容是学情分析，分析学生已经知道什么，不知道什么，由此展开教学环节的设计。也就是说，教学必须基于学生的已有经验，这一设计是有认知神经科学基础的。来自脑的可塑性的研究表明，婴儿一出生就具有基础知识/反射基础，这些知识让他们能够在与他人、与环境互动过程中不断吸收与整合新知，进而改变大脑神经回路以更好地适应世界。②

事实上，知识的整合是事件记忆形成和巩固的天然产物之一，在巩固记忆的时候，学习者将构成经验的感觉表征联系在一起，同时这些表征也有可能与储存先前经验的长时记忆整合在一起，使知识得到拓展，记忆被重新加工。③正因如此，学习者能够从自己的直接经验中获取新知，也能借助头脑中的知识整合进行推理获取新知。

由此，获取和保持知识、积累经验在学习中显得尤为重要。来自心理学的学习研究者总结了五种有效的学习策略：提取练习、间隔练习、交错练习和变式学习、总结和提炼、解释。④前三种也被部分心理学家称为练习律，适当的练习能够促进知识积累，为知识迁

① （美）戴维·乔纳森.学会用技术解决问题：一个建构主义者的视角［M］.任友群等译.北京：教育科学出版社，2007：1—10.
② Meltzoff, A.N., Kuhl, P.K., Movellan. J., & Sejnowski, T.J.（2009）. Foundations for A New Science of Learning［J］. *Science*，325（5938）：284—288.
③ Linn M C, Hsi S. *Computers, Teachers, Peers: Science Learning Partners*［M］. New York: Routledge，2000：3—38.
④ （美）科拉·巴格利·马雷特，等.人是如何学习的Ⅱ：学习者、境脉与文化［M］.裴新宁，王美等译.上海：华东师范大学出版社，2021：87—110.

移、问题解决等提供支持；后两种强调通过学生主动参与总结、提炼和反思来促进知识的整合。在物理课堂进行概念与规律的教学时，这些策略值得借鉴。

（二）社会文化学取向

就物理学习而言，学习的社会文化学取向是指学习者在特定文化境脉中学习物理概念与规律，形成对已有物理学解释的理解，并据此迁移到其他问题情境中。社会文化影响着学习者对物理学科本质的认识以及对物理学习者身份的认同，进而影响着他们物理观念的形成。

课堂文化同样会影响着学习者对学科的认识。过去物理课堂为人诟病的一个地方就在于物理知识与生活情境的脱节，以至于学生认为"课堂学习用于考试，生活常识解决生活问题"。当下课堂教学特别强调学科与生活的联系就是向学习者展现物理学科的学习价值，促使他们将物理与生活、社会发展联系在一起。同时，过往课堂、作业和考试经历让学生认为记忆事实性知识是学习概念和规律的一个有效策略[1]，于是学生习惯了记忆而非理解概念与规律，习惯所有问题都有标准答案。让学生经历完整的实验探究，在探究过程中提升自主学习能力、培养物理思维、发展物理观念是解决这一问题的有效方法。

（三）设计研究取向

不同于中小学教师备课过程中开展的教学设计，研究领域的教学设计研究是指通过系统设计产生有效学习结果的研究。一段时期内，教学设计利用系统工程学原理开发了统筹设计教师、学习者、教学环节/技术等影响学习因素的设计模型，试图通过这些模型让更多教学者学会有效教学。[2]但实践证明，过于系统且程序化的教学设计模型并不适用于真实情境。

为此，近年来，学习科学的研究者将目光转向了设计研究——一种借助迭代循环设计来研究不同情境学习的研究方式，每一次的迭代都能为研究者检验和改进研究的新的理论或想法。[3]近年来，不少教学研究者和实践者也尝试将设计研究应用于改进教学的设计，这一过程强调的是从待解决的课堂实践问题出发，使用特定的学习理论来设计教学，在真实情境中检验理论，并根据实践效果进行改进。[4]这一方法因其直面实践困境而广受学界关注。

对教师来说，将学习到的有效教与学理论运用于实践，在实践中检验后进行改进，这一过程类似于开设公开课之前的"磨课"过程，利用特定的学习理论设计教学，易于理解与操作。

① Linn M C, Hsi S. *Computers*, *Teachers*, *Peers*: *Science Learning Partners* [M]. New York: Routledge, 2000: 3—38.
② 吕林海. 探寻有效教学设计的共通基础：基于原则的分析 [J]. 远程教育杂志, 2012（3）: 73—80.
③ 任友群, 胡航. 论学习科学的本质及其学科基础 [J]. 中国电化教育, 2007（5）: 1—5.
④ The Design-Based Research Collective. Design-based Research: An Emerging Paradigm for Educational Inquiry [J]. *Educational Researcher*, 2003, 32（1）: 5—8.

三、学习科学的重要成果

（一）跨领域的共识

在数十年研究的基础上，学习科学领域的研究者就学习者的学习达成了以下共识[1][2]：学习者只有在理解概念的基础上才能将知识进行迁移；学习者只有通过积极参与自身的学习而不是被动接受，教学才能达成概念理解；学习者的先前知识对后续学习具有重要影响，只有在激活和联系学习者已有概念的基础上才能促进学习者的有效学习；学习者反思所学时，他们会学得更好；学习者身处的文化环境影响着他们的学习；学习者对学科特定语言、学科实践的认识影响着他们的学习。

由此可知，有效的教学必须：

1. 让学习基于学生的已有概念、经验。

2. 重视民主、自由、友好的课堂文化氛围建设，让学生能够在安全的课堂环境中畅所欲言，给予学生不断反思所学的机会，促使学生在不断反思中实现对概念和规律的理解。

3. 针对物理学习，重视学科实践，让学生经历完整的物理探究对学生物理概念和规律的学习至关重要。

（二）关于有效实验学习的共识

现有的研究表明，包括物理学在内的科学实验经历能够支持和促进以下学习目标的达成：增进对学科知识的理解；培养科学推理能力；理解实验工作的复杂性与不确定性；发展实践技能；理解科学本质；培育科学兴趣和科学学习兴趣；提升团队合作能力。简而言之，科学实验经历对发展学习者的科学素养尤为重要。

能促进有效实验学习的教学原则共有四项：一是在设计时有明确的教学目标与学习结果；二是实验教学的安排与课堂教学内容相匹配，不存在单独滞后或提前的情况；三是实验教学有机融入科学内容的学习和科学研究过程的学习中，不会单独进行无目的的实验；四是实验教学过程不断为学习者提供反思和讨论的机会，促使他们真正进行探究，而不是亦步亦趋地跟着教师做实验。[3]

---

[1]　Sawyer R K. Introduction：The New Science of Learning［M］// Sawyer R K. *The Cambridge Handbook of the Learning Sciences*（Second Edition）. New York：Cambridge University Press，2014：1—20.

[2]　（美）科拉·巴格利·马雷特，等.人是如何学习的Ⅱ：学习者、境脉与文化［M］.裴新宁，王美等译.上海：华东师范大学出版社，2021：1—9.

[3]　Lunetta H V N. The Role of the Laboratory in Science Teaching：Neglected Aspects of Research［J］. *Review of Educational Research*，1982，52（2）：201—217.

（三）素养导向的有效评价

受升学压力影响，当前中学物理教学仍以"授受主义"为主，教师注重物理基础知识和固定解题技巧的讲解，忽视学生兴趣、思维和能力的发展，评价也以纸笔测试为主，缺少形成性评价。① 课程标准要求的核心素养在日常教学中如何落地是所有物理教师需要面对的现实问题。学习科学领域研究者在对学习本质理解的基础上开展了学习设计研究。②

受到学习科学对先前知识重要性关注的启发，美国教育部、地平线研究小组等多组织参与开发了 ACOP（The AIM Classroom Observation Protocol）课堂教学质量评估系统，聚焦学生概念学习和转变的"学习机会"，通过测量学生学习机会的数量与质量，评估课堂的教学质量。③ 我国学者崔允漷基于我国课堂情况，综合运用多种学习与教学理论，从学生学习、教师教学、课程性质和课堂文化四个维度提出了 LICC 课堂观察范式，让课堂过程性评价有据可依。④

第二节　学习科学视域下的物理课堂教学变革

一、当前中学物理课堂教学改革的现状与发展

《普通高中物理课程标准（2017 年版）》在 2018 年初发布后，培养高中学生的核心素养已逐渐成为中学物理界的共识，如何在物理课堂教学中实现核心素养的落实成为中学物理教学研究的新课题，教师普遍关注素养的四个要素如何在教学中体现：如何形成物理观念，如何培育科学思维，如何培育科学探究能力，如何促进学生形成科学态度和责任。

核心素养被认为是 3.0 版本的课程目标（1.0 版本被认为是"双基"，2.0 版本指"三维目标"），因而当下中学物理改革的现状就是转向对核心素养落地的研究。项目小组对近五年中学物理教学研究的文献（主要是对教学杂志）进行了粗略研究，研究结果初步表明：（1）以核心素养培育为导向的教学设计的文章数目逐年递增。以《物理教师》杂志为例，近五年涉及核心素养的教学研究文章统计分析显示，涉及核心素养的篇目有 521 篇，占全部篇目的 32.3%，如关于大概念、真实情境等。（2）概念课课型及力学、电磁学领域是改进教学设计的重点内容，多样化的教学方法和策略引领教学改进。（3）涉及实验课、复习

---

① 高鹏. 浅析高中物理核心素养教学的实践与思考 [J]. 教育研究，2020，3（8）：61—62.

② 冯晓英，王瑞雪，曹洁婷，等. 国内外学习科学，设计，技术研究前沿与趋势——2019"学习设计，技术与学习科学"国际研讨会述评 [J]. 开放教育研究，2020，026（001）：21—27.

③ 周丐晓，刘恩山. 从美国 ACOP 课堂教学质量评估系统看对有效教学的追求 [J]. 外国教育研究，2020（5）：103—118.

④ 崔允漷. 论课堂观察 LICC 范式：一种专业的听评课 [J]. 教育研究，2012（05）：79—83.

课等课型的相关教学设计、实施策略较少。（4）课堂教学改进的理论基础基于认知科学的较少，从学生学习维度提出教学改进的实施策略的研究极少。

（一）课堂教学现状中的微扰因素

1. 强灌输

课堂教学以讲授为主，作为工业时代教学体制的主要特征，仍然是当下课堂教学的主要行为。从教学效率而言，无疑教师讲授是最高效的，因为学生活动、探讨、问答都会占用相当一部分时间，容易导致教师完不成教学进度（教师通常以自身完成讲授所需的时间来设计课堂教学）；但是从学习效益而言，讲授往往是低效的，听到教师最多的吐槽就是：明明讲过几遍了，怎么就是记不住呢？其实质还是学的效益低下。教和学的关系要明了：教是为了不教，从"学会"到"会学"才是终极目标。

所以，讲授作为课堂教学的重要手段，如何安排其占比、方式、内容是我们教师要思量的，否则，看似完成了教学任务，其实在学生层面未能引起学习的发生，甚至引发学生对学习的厌恶，从长远而言，无论对物理教学还是学生未来发展都是不利的。

2. 弱关注

互联网时代信息爆炸，人们在短时间接受大量信息的同时学会了迅速筛选、模块化阅读、短平快的吸收，造成浅阅读、浅认知、浅摄入。中学生在学习方式上不可避免地受其影响，表现在课堂学习中，容易觉得教学内容寡淡、逻辑推理烦琐、深度思考费力，于是表现出弱关注——对教学内容无感。教师对学生课堂投入度不足，将学生的问题轻易归结为学习习惯不佳、学习基础不扎实等，忽略从自身的教学行为中发掘不利因素，没有深刻意识到自己的教学一定要建立在学生的元认知、激发兴趣和动机的基础上，造成课堂内学生对教学内容的弱关注。课堂上教师滔滔不绝，而学生却一片漠然，此情此景让人心生悲凉。

3. 轻体验

物理学科是一门建立在实验基础上的自然科学，初中物理考虑到学生刚刚接触物理，内容简单，主要为定性分析，可能涉及较多的实验，教师演示、学生观察及动手较多一些；高中物理则进入较多的推理论证阶段——定量研究为主，兼之考试学业压力（仍然是纸笔考试，实验操作考试基本上人人过关，因而不足以引起重视）、实验准备时间长、课时紧张（上海地区高中物理大多为每周2课时），有些实验难以达到理想的教学效果（如静电实验受制于天气、物理实验受制于仪器设备），于是很多物理课就变成了"空讲"。学生接触的绝大多数都是文本，没有体验，很多抽象的概念和规律没有具象的呈现，难以给学生留下深刻印象，更遑论理解、掌握了。以练代讲、以讲代做，看似节约时间，实际是制约了学生的思维发展。学习需要多种感官共同作用，神经传导才会顺畅，大脑才会积极工作，知识内化、技能形成、思维力的提升才成为可能。

4. 微反馈

课堂教学的效益要提高，一定是师生同频共振，对话题有兴趣，共同探讨、探究，达成一致，形成共识。教师在教学过程中因教学相长而对此课有了新的认识和体会，学生因在教师引导下逐步探索，开拓思维，获得新的认知，体验到完成任务的成就感。这都要建立在师生双方不断的对话、思辨过程中，需要教师及时做出评价、启发、诱导，甚至是"挑衅"，让学生不断突破思维的障碍和边界，获得成功的喜悦。

物理课堂教学中如果设计问题，就要倾听学生回答，甚至指导、修改他们的作答，费时费力。于是，当下的课堂中，教师疏于提问，于教师自身而言，一路讲解最为轻松，按照既定轨道进度流畅。学生几乎不用思考（因为没有提问，或者教师对着全体学生的泛泛提问，又或者自问自答），因而没有负担，自然也不会太关注课堂教学内容，再加上缺乏教师对学生学习过程的反馈，学生得不到正向的激励，教学效益自然会打折扣。

以上种种，只是从大量课堂观察中提取的比较有共性的课堂低效的现象，究其根本，还是一些教师对于学习本质的认识不足，对学生学的状态的关注不够，若是用一个比较犀利的词表述，就是"目中无人"，因此没有从如何提高学的效益角度去反省自身的教的问题，缺乏改变的有效切入口。

（二）中学物理教师的苦恼

课堂观察教学成效是以第三者的眼光来评判，那么课堂教学的主导者——教师面对当下的教育改革形势也有他们的无奈和苦恼，经过访谈和梳理，他们的苦恼主要集中在以下几方面：

1. 关于时间：上海地区高中的物理课时紧张（每周2～3课时），这几年等级考试显示考试难度在慢慢提高，考纲边界也变得模糊。为了应对考试，很多物理课实际都在赶进度，教学节奏受进度影响较大，很多东西还没有讲透就过去了，大大缩短了学生自由思考的时间；而探究实验、问题讨论等需要学生打开思路自由发挥的部分，受限于时间很难充分实施；大部分学生停留于人云亦云的地步。长此以往，学生的求知欲会受到打击，他们也会丧失提问的能力。尤其是新教材教学容量大，课时仍然是2课时/周，教学广度、深度、难度都较难把控，高一学生认知水平有限，大多数时候学生只能跟着老师的思路学习，极少独自探索和亲力亲为。

2. 关于实验：实验的设计更多考虑教学进度而不是学生认知规律。物理实验教学，教师注重实验内容的讲述，缺乏开放性，忽略了学生的自主体验和思考；学生对于实验学习，更关注的是实验操作的完成，缺乏对实验内容的深入理解。

3. 关于问题：现在物理教学的最大弊病是课堂提问中，填空式问答过多，开放性问答偏少，不利于学生思维能力的发展；基于物理情境的问题还是不够多，学生建立物理模型的能力较弱；过多地注重学生解题能力的培养，而忽视了解决实际问题能力的培养；由于注重结果评价，学生对问题的认识和讨论最终归结到"对还是不对"，而忽略了在问题研究过程中的经历和收获。

4. 关于课堂效益：学生水平参差不齐，课堂教学很难面面俱到，由于一些拔尖学生的快速反应，教师容易产生大家都跟上了的错觉，忽略了那些还云里雾里的学生。在课堂教学时间限制下，教师无法给予学生充分的时间开展深入的探究、思考、交流等有意义的课堂活动，无法兼顾课堂上每个学生的思维过程，进而无法激发学生深度思考，提升其思维水平。

综合教师们的反馈，可以发现，主观上教师有改变教学现状的意愿，一方面把困难归咎于客观因素，如课时紧（忙于赶进度，因而无法开展充分的有意义的教学活动）、学生水平参差不齐（所以无法兼顾每个学生的思维活动）；另一方面教师对课堂现状有清晰认识，如问题质量不高、与生活情境结合得不够、缺乏过程性评价等。教师提出的客观困境是所有教师都会面临的，没有人会认为课时是足够的，没有哪个班级的学生水平是整齐划一的。所以教师的主观意愿要达成，不可能通过增加课时、编制水平整齐划一的班级等这些本身不符合教育公平原则的措施，我们的突破点在于：追求单位时间的效益，在教学的优化过程中追求学习效益。

根据学习科学理论中作为基础的认知科学理论，学习要顺应学生的心理特征，教学必须基于学生的已有经验，学生主动参与总结、提炼和反思将有效促进知识的整合。此即意味着我们常用的创设物理情境引入新课，必须是建立在学生已有的学习和生活经验上，使学生获得必要的感性认识，不能为引入而引入；同时要将引入的情境与教学目标紧密结合，才能缩短教学中的无效认知时间，拓展课堂的思维空间。

根据学习科学理论中的社会文化学取向原则，物理学习的社会文化学取向是指学习者在特定文化境脉中学习物理概念与规律，形成对已有物理学解释的理解，并据此迁移到其他问题情境中。因而教师设计的教学问题要有情境支撑，让学生感受到物理学习的价值感和意义感，在课堂上学习掌握的物理学思想和方法能在其未来生活中发挥作用，能够在真实情境中进行问题梳理、模型建构和分析解决。教师在物理课堂上提出有质量的问题，给予学生深度思考的空间、充分的体验，使学生自主形成问题解决的策略，这样的课堂对学生思维力的提升是显而易见的。即便无法顾及每个学生，但是每节课都有一些学生的思维得到发展，长此以往，学生的蓬勃成长就是值得期待的。

根据学习科学理论中设计教学的取向原则，我们应从待解决的课堂实践问题出发，使用特定的学习理论来设计教学，在真实情境中检验理论，并根据实践效果进行改进。教师要掌握一定的学习科学中"教与学"的原则，根据自身教学所面临的实际问题，灵活选取合适的策略和方法来改进教学，并加以迭代升级，不断提升教学成效。因此引导教师学习、理解并运用相关的学习科学原理进行有效的课堂实践改进，才可能有针对性地解决课堂中的"弱关注、微反馈"，进而提升学习成效。

综上，在学生层面上，物理课堂中行为参与和思维参与等维度的主体性不足；在教师层面上，在具体的教学实践中缺乏针对性的具体可行的有效策略。这两个层面的问题归结于一点：教师缺乏学习科学理论的指导和实践，"教"没有立足于学生的"学"，产生了脱节现象，导致教学效益低下。为此，项目组结合中学物理的学科特点，探索不同物理课型下物理课堂教学的策略，努力践行"聪明教物理"。

二、学习科学视域下中学物理课堂教学变革的理据与模式

（一）社会发展与物理学科的基础地位

2015 年 5 月国务院发布了《中国制造 2025》，部署全面推进实施制造强国战略。这是我国实施制造强国战略第一个十年的行动纲领。

《中国制造 2025》指出：制造业是国民经济的主体，是立国之本、兴国之器、强国之基。18 世纪中叶开启工业文明以来，世界强国的兴衰史和中华民族的奋斗史一再证明，没有强大的制造业，就没有国家和民族的强盛。打造具有国际竞争力的制造业，是我国提升综合国力、保障国家安全、建设世界强国的必由之路。中华人民共和国成立尤其是改革开放以来，我国制造业持续快速发展，建成了门类齐全、独立完整的产业体系，有力推动工业化和现代化进程，显著增强综合国力，支撑世界大国地位。然而，与世界先进水平相比，中国制造业仍然大而不强，在自主创新能力、资源利用效率、产业结构水平、信息化程度、质量效益等方面差距明显，转型升级和跨越发展的任务紧迫而艰巨。[①]

科学与技术有着不同的发端，但是在 16—19 世纪，古典科学全面发展，技术革命爆发，科学和技术逐渐靠拢；到了 20 世纪，现代科学进一步发展，科学技术日趋紧密融合。[②] 如图 2-1 所示，社会管理领域的软技术领域映射着历史学、社会学、法学和政治学等社会科学学科，化学工业、农业、医疗等门类技术领域映射着化学、生物学等自然科学的学科，机械制造与工程、信息技术等多数领域映射着物理学、系统科学等基础理论学科。门类技术的特点是相关学科与相关技术基本融为一体，基础技术的特点在于它不仅直接服务于人类生活，更是对其他科技领域有着不可或缺的基础支持作用，时间上纵向与横

---

① 杨明，李北光."中国制造 2025"核心在于创新驱动发展 [J].装备制造，2015（7）：5.
② （英）J. D. 贝尔纳.科学的社会功能 [M].陈体芳，译.北京：商务印书馆，1982.

向的影响非常深远。①

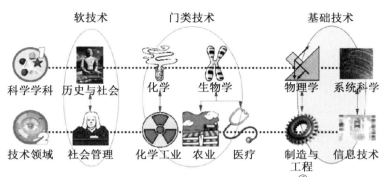

图 2-1　技术的领域聚类与科学的学科映射②

这类科学与技术的相互关系也在基础教育课程设置中得到直接反映，物理学课程是中学学科课程中不可缺少、重中之重的基础课程。

（二）概念与思维

"概念"是什么？《心理学大辞典（上卷）》指出，概念是人脑反映客观事物本质特性的思维形式。③陈琦、刘儒德则认为，概念是代表一类享有共同特性的人、物体、实践或观念的符号。④

梁爱林在讨论"概念"的概念时，梳理出三类"概念"的定义：作为思想单元的概念、作为知识单元的概念、作为认知单元的概念，并指出它们之间不是互斥的关系，而是从思维、学科本体和认知发展三个不同的层面点明了"概念"的属性。⑤

希尔加德（E. R. Hilgard）、阿特金森（J. W. Atkinson）等心理学学者也指出：概念是思维的构件。⑥青少年接受学校教育的目的之一在于发展思维。既然概念作为思维的构件和最小的知识单元，它的形成过程体现了认知的发展，那么在学科教学中，教师对概念的清晰表述、学生在经验基础上形成概念是学与教活动最基本的组件。

（三）物理学科本体知识的学习

2017 年，我国物理教育基于发展学生核心素养的新一轮课程改革启动，提出了物理学

① （英）J. D. 贝尔纳 . 科学的社会功能［M］. 陈体芳，译 . 北京：商务印书馆，1982.

② 柳栋，沈涓，武健 . 通用技术课程本体知识框架——兼论 STEMx 和创客教育［J］. 中国电化教育，2016（10）：79—82，101.

③ 林崇德，等 . 心理学大辞典（上卷）［M］. 上海：上海教育出版社，2003：45.

④ 陈琦，刘儒德 . 当代教育心理学（第二版）［M］. 北京：北京师范大学出版社，2007：267.

⑤ 梁爱林 . 术语学研究中关于概念的定义问题［J］. 术语标准化与信息技术，2005（02）：9—15，20.

⑥ （美）E. R. 希尔加德，R. L. 阿特金森，R. C. 阿特金森 . 心理学导论（上册）［M］. 周先庚，等译 . 北京：北京大学出版社，1987：414.

科核心素养的概念，主要包括"物理观念""科学思维""科学探究"和"科学态度与责任"四个方面，并于 2018 年初正式发布《普通高中物理课程标准（2017 年版）》，对物理学科教学方式产生了重大影响。

概念学习和实验教学是物理学科本体知识学习的重要组成部分。物理学的概念教学主要集中在"物理观念"板块，物理学的实验教学主要集中在"科学探究"板块，当然，概念学习和实验教学在其他两个板块中都会涉及。

杨帆凡等学者运用内容分析法，以《物理教学》期刊 2018—2020 年间发表的相关论文为样本，对普通高中物理学科核心素养研究现状及趋势进行了研究与分析。他们从研究角度将这些文献分为以下五类：综合研究（包括了后面四个类别的综合研究）、物理观念、科学思维、科学探究以及科学态度与责任[1]，数据统计如表 2-1 所示。

表 2-1   论文研究角度频次及比例统计

研究角度	综合研究	物理观念	科学思维	科学探究	科学态度与责任
论文发表总数（篇）	148	9	29	14	3
比例（%）	72.9	4.4	14.3	6.9	1.5

观念是客观事物在人脑中留下的概括性认识。物理观念是物理学家经过长期的实践和理论研究，概括总结出的对物理世界的根本认识。[2] 此处的"观念"可近似地等同于前文所述的"概念"。

从杨帆凡等学者的研究结果中，我们或可得出这样的推断：就物理学科研究五年来的文献而言，整体式的"论"占了相当大的比例，而对概念教学、实验探究教学的细分专项研究总量不多，仅为 10% 左右。

以下几位学者在这两个细分专项领域的工作给我们的探索不少启发。北京教育学院冯华在 2014 年明确提出以物理观念来统领物理教学。[3] 西南大学范增在 2013 年指出[4]：

> 科学概念具有精确性，应能够准确地揭示科学对象的本质属性；
>
> 科学概念具有可检验性，科学概念所包含的内容应当而且最终可以在观察实验中加以检验；

---

[1]   杨帆凡，许怡然，李春密.普通高中物理学科核心素养研究现状及趋势研究——基于《物理教学》期刊论文（2015—2020 年）的内容分析［J］.物理教学，2021，43（12）：5—7，4.

[2][3]   冯华.以物理观念统领物理教学［J］.课程·教材·教法，2014，34（08）：70—73，85.

[4]   范增.我国高中物理核心概念及其学习进阶研究［D］.西南大学，2013.

科学概念是科学思维结构的基本单元，形成科学概念后，才能进行推理和判断，进而形成科学理论；

科学概念的形成离不开思维的参与，思维主要通过抽象和概括的过程来解释实物的本质属性与内在规律；

科学概念是经过假设和检验逐步形成、不断发展的。

首都师范大学艾伦则是我国对理科实验教学研究比较多的学者之一，他在 2020 年的工作中比较了不同的实验教学概念，指出中小学的"实验教学"是为学生提供了利用工具、数据收集技术、模型和科学理论，以及直接与物质世界（或从物质世界提取的数据）互动的机会。

（四）学习科学视域下中学物理课堂教学变革的模式

根据上述阐述，我们提出了学习科学视域下中学物理课堂教学变革的模式框架（如图 2-2 所示）：

1. 聚焦物理观念，重视学生科学概念的形成，充分运用演示实验支持学生的概念形成；

2. 重视学生实验，强化基础技能训练，通过分组验证实验逐步走向自主探究活动；

3. 伴随概念学习、实验教学，深化思维发展，养成科学态度和社会责任感。

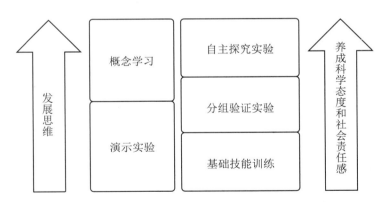

图 2-2　学习科学视域下中学物理课堂教学变革的模式框架

三、学习科学背景下中学物理教师的角色转换与定位

美国心理学家索里（J. M. Sawrey）等在 20 世纪较为系统地梳理了教师的社会角色，认为教师主要的社会角色分三类，共八种[1]。

---

[1]　（美）索里，等 . 教育心理学［M］. 高觉敷，等译 . 北京：人民教育出版社，1982：82—94.

消极的作用：替罪羊、侦探与激励执行者；

权威者的作用：家长的代理人、知识的传授者、团体的领导、模范公民；

支持的作用：治疗学家、朋友与知己。

天津师范大学周晓菊则讨论了国内常见的传统教师角色隐喻，如"蜡烛""园丁""灵魂工程师""一碗水一桶水""重现历史的理想主义者"等，指出传统教师角色的四个强调和四个忽视：

强调教师的社会责任，忽视教师个人的生命价值与需要；

强调教师的权威，忽视教师与学生的合作关系；

强调教师的学科素养、教学技能、实验技能，忽视教师促进学生个性成长的专业意识；

强调教师劳动的传递性，忽视学与教的创造性。[①]

霍力岩在 2001 年根据工业社会到信息社会的社会发展要求，梳理出教育的四个转型：

1. 封闭式教育转型为开放式教育

工业社会中教育定位在学校围墙内，教师是知识的拥有者和唯一源泉，教学就是单向的传输；信息社会中现代信息打破了学校"围墙"，由于教育环境的充分敞开，教师不再是学生获取知识的唯一源泉，教师仅仅充当知识输出者的角色就会禁锢学生的头脑、限制学生的眼界，会妨碍学生运用符合时代特点的先进方法掌握更多、更有效的知识。

2. 继承式教育转型为创新型教育

工业社会的教育的主要目的是帮助学生学习前人积累下来的知识经验和历史上已经确立的原则、方法，以便学生能够运用继承来的知识经验和原则、方法去解决将会重复出现的问题。在信息社会里，对于人来说，最为重要的是创新、是开拓，是做那些电脑无法胜任的创造性的工作。获取间接知识经验被视为获取直接知识经验的基础和手段，让学生通过自己的主体性活动获取直接知识经验的观点受到广泛的重视。

3. 职前教育转型为终身教育

工业社会的教育是职前教育。在工业社会里，知识和技术的革命性变化往往要几

---

① 周晓菊. 物理教育中教师角色的转换 [D]. 天津师范大学，2007.

十年甚至上百年才能出现，教育的主要职责是为学生适应以后几乎终生不变的职业需求进行知识准备和技能准备。在信息时代里，社会不仅对年轻公民进入工作岗位前的教育要求越来越高，而且更为重视在职人员在工作岗位上不断的职业成长。一次学习受用终身的看法已经为社会所抛弃。

4. 整齐划一的教育转型为个性化教育

在工业社会大规模生产和复制工业产品的背景下，教育以班级授课制为唯一形式。在学校里，教育不是把学生看作各具特点的人，而是假定他们是相同的个体。虽然这种整齐划一的教育为工业化社会普及教育、储备劳动力做出了贡献，但它是以压抑甚至牺牲学生的个性发展为巨大代价。信息社会是一个以人的个性化为基础的社会，它需要的人才是多个方面、多种类型和多种规格的。因此，它要求我们的教育成为个性化的教育，以培养出它所需要的各种各样的具有个人特点、类型和风格的人才。①

霍力岩进而指出为了应对教育的转型，教师的角色需要转换——

教师要由知识的输出者转变为学生自主学习的引导者；
教师要由书本知识的复制者转变为学生创造能力的培养者；
教师要由知识的给予者转变为学习方法的给予者；
教师要由强调统一性的教育者转变为真正意义上的因材施教者。②

综合来看，教师角色有着以下四个特点：

个体自主性：无论从教学手段选择，还是从教学组织形式来看，都有着很强的自主性；
个体创造性：体现在对不同学生的因材施教和教学行为方式等方面；
人格化特征：通过自己的人格和道德力量影响感染学生；
多样性与发展性：教师的社会角色有多重社会期待，并且这类期待随着社会的发展而发展、变化。③

———————————
①②　霍力岩 . 教育的转型与教师角色的转换 [J]. 教育研究，2001（03）：70—71.
③　周晓菊 . 物理教育中教师角色的转换 [D]. 天津师范大学，2007.

综上，中学物理教师的角色定位是：

学科价值的弘扬者：对物理学科的课程目标有着清晰的认识，认识到物理学科对人类发展的巨大推动作用，意识到学科教学对学生科学素养培育的重要作用；自身对学科有着热爱和自豪，并能够在教学中有效地向学生传递这份学科情怀，让学生感受到物理之大美、物理学习带来的成就感和愉悦感。

学科教学的创造者：对物理教学过程有宏观视角，重视课程价值引领下的教学设计，充分激发学生的能动性、自主性、创造性；课堂教学中秉持主导原则，引导学生去发现和创造，给予学生充分的体验和经历，伴随顺应学习心理的策略和方法，让物理学习成为学生的历险之旅。

终身学习的示范者：保持自己不竭的学习动力，始终以探究的初衷去丰富自己的教育教学素材，持续输入，从而在课堂上有更精彩的输出，彰显学科底蕴。

平等理性的引导者：始终以发展的眼光看待学生，不断提高自身的共情能力，呵护学生的好奇心，发现学生的灵光一现，给予学生积极的学习过程体验。

开放心态的入局者：坚持"目标导向"下的教学实施，广泛开展实验，善于借力技术，量化研究数据，持续深究物理学习的效益提升之道。

第三节　学习科学与中学物理课堂实践应用

一、基于学习科学的中学物理常态教学类型

学习科学中关于如何开展学习的三种隐喻中，学习即知识建构的隐喻认为学习是学习者主动建构自身心理表征。这个隐喻与概念、规律、策略的学习融为一体。学习即增强反应的隐喻与认知技能的学习密切相关，比如实验技能。结合教学实际，从实用性和典型性出发，中学物理常态教学类型有物理概念课教学、物理规律课教学、物理实验课教学、物理习题课教学四种物理教学的典型课型。

（一）物理概念课

物理概念是物理规律的基础。如果没有一系列的物理概念作为基础，就无法构建物理学的体系。例如，若没有时间、位移、速度、加速度等一系列概念，就不可能构建运动学内容体系。物理概念是物理教学的关键。如果不能形成正确的概念，不仅会影响学生对有关物理规律的理解、掌握，而且还会直接影响学生整个物理学科的学习质量。因此，在中学物理教学中，首要的就是让学生掌握物理概念。在物理概念教学中，教师要掌握课堂教学的时机，经过对比分析，揭露事物的本质属性后，因势利导，立即转移到定义概念这一

环节上，如用物理量之比定义新物理量。教师要通过教学内容实现对学生物理观念和科学思维素养的培养。

（二）物理规律课

物理规律是物理基础知识中最重要的内容之一，是物理学知识体系的中心。学生感觉物理学科学习难度大，是因为在物理规律课堂教学中教师很多时候是重视理论推导，轻视亲身体验，认为学生记住物理规律后会应用规律解题就可以了。殊不知，学生由于缺少对物理规律得出过程的体验，以至于不能真正理解规律，灵活运用就更难了。而且在物理规律教学中还有很多物理学发展的历史逻辑、符合学生学习的认识规律以及物理思维方法教育等需要教师进一步显性化。比如对库仑定律的教学可以采用和万有引力相类比；再比如点电荷概念的提出（用到了模型建构的科学思维），还有探究的思想（即提出假设、实验验证），任意带电体可以看作由无数个点电荷组成的思想（等效替代的思想）等。

（三）物理实验课

在物理实验课堂教学中积极开展探究式教学是激发学生学习兴趣、提高学生核心素养的有效手段。在创设实验培养学生提出物理问题的能力过程中，要在启发性上下功夫，在演示实验过程中不断引导思维，让学生把观察和思维紧密结合起来进行思考，使学生的认识由表及里逐步深化。在物理实验课教学过程中，不要害怕学生实验出错。有时实验出错恰恰是暴露学生学习中存在问题和解决问题的最好时机。学生通过亲历完整的探究过程，不仅纠正了之前的错误认识，对知识本身产生了深刻的认识，更重要的是掌握了科学的研究方法，发展了思维能力，培养了实验能力以及独立分析解决实际问题的能力。学生只有自己亲身经历的东西才是"活"的，才能在学习后体验到成就感，从而使探究兴趣和探究能力得到逐步提高。

（四）物理习题课

物理习题课教学是巩固与灵活运用所学物理知识解决实际问题、培养学生迁移能力的一种主要形式，是中学物理教学的一个重要组成部分。在习题教学中，教师应采用习题变式训练的教学方式，对物理中的问题进行不同角度、不同层次、不同情形、不同背景的变式，以暴露问题的本质特征，揭示不同知识点间的联系。与习题课对应的学习科学中有开展练习的实证教学原则，也就是如何练习完成待学任务。学生在练习完成某项任务时，划分操作步骤，完成练习后及时收到教师对正确行为的解释性反馈，练习前先尝试正确地完成相似的任务，并在练习时得到适当的指导。

概念规律课的教学既有承接性又有共同点，故而既会出现在新授课中，也会出现在习题课和复习课中。所以本研究从教学内容以及核心教学目标来说，主要聚焦于概念规律课、实验课这两种常态教学类型。概念规律课旨在培养学生理解概念、规律，运用概念、规律解释有关物理现象，提高解决有关物理问题的能力，提升学生思考的积极性，使学生在学习过程中形成正确的物理观念和科学态度。实验课旨在培养学生的实验能力，提高实验素养，使学生掌握学习现代科学技术所必需的基础物理知识，从而提高自学能力、运用知识综合分析的能力、动手能力和创新能力。

二、基于学习科学的中学物理教学设计原则

（一）实现生成的实证教学原则

1. 什么是生成认知加工

"学习即知识建构"的观点认为学习是生成活动，"主动学习是学习者在学习过程中进行恰当的认知加工"。生成学习理论是由维特罗克（M. C. Wittrock）提出的，强调在学习中主要的认知加工应该是积极参与学习策略，这样学起来才更加深入透彻。生成认知加工是在学习中开展深层认知加工以便能领会所呈现的材料，这是由学习者付诸学习努力的动机引起的。生成认知加工包括进一步组织信息以及新知识之间、新知识与原有知识之间的整合。由此可见，生成学习依赖学习材料的呈现方式，更取决于学习者的认知加工过程。

2. 教师如何开展课堂教学

对于抽象的概念来说，具体化原则和抛锚式原则是促进生成认知加工的重要的教学原则。

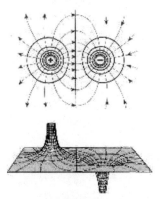

图 2-3　等势线和等高线的类比

（1）具体化原则的含义：使用将已学知识与新知识联系起来的方式学习，效果更佳。对应的教学策略是具体先导策略，即为了深层学习，在课前展示学习者熟悉的知识。具体先导教学策略的价值在于，学习者激活原有的知识，并借此同化新知识，能够促进"整合"。

案例一：理解电源在电路的作用时，与水泵在水循环回路中的作用相类比。

案例二：理解抽象的等势线时，与地理上表示地势高低的等高线相类比。图2-3为等量异种电荷的等势线与等高线对比的示意图。

（2）抛锚式原则的含义：学习者在熟悉的学习情境中学习，效果更佳。"锚"作为核心要素——问题情境，是学习者的知识增长点，帮助学习者将所学知识与原有知识联系起来。如何设计"锚"呢？可以是问题引领式的"锚"（比如案例三中坐车情境的系列问题），也可以是认知冲突式的"锚"（比如案例四中的"锚"是水果电池点亮小灯的任务）等。

案例三：在《牛顿第一定律》的引入环节，采用"情景模仿秀"，想象学生在乘坐一辆"伽利略"号大巴，让他们模仿刹车、拐弯时乘客的样子。

问题1：乘车模拟中，体现了什么物理原理？（引出运动和力的关系问题进行探讨）

问题2：能不能用定律比较完整地解释乘车模拟现象？

问题3：如果在这辆匀速行驶的大巴上竖直上抛一个球，球会落在哪里？

通过实验研究此问题：小车匀速直线运动过程中利用弹射装置向上射出小球。

问题4：如果乘坐的大巴上有一个氦气球，突然刹车时，氦气球会移动到哪里？（推动学生逐步理解牛顿第一定律的深刻内涵）

案例四：在《闭合电路的欧姆定律》的课前，提出用水果电池点亮小灯的情境任务。学生发现虽然水果电池能让灵敏电流计发生偏转，也有电动势，但却不能让白炽灯发光。这是为什么呢？学生猜测，水果电池可能有内阻。由此分析电源和闭合电路结构，研究电动势与内外电压的关系，得出闭合电路欧姆定律，最后解决情境任务，让白炽灯成功发光！

除了具体化和抛锚式原则，还有多媒体原则、人性化原则等。在线课程更需要使用多媒体原则，比如依据双重通道原理进行设计，按照空间邻近、时间邻近、聚焦要义等教学原则改进教学材料的呈现方式。

以上教学原则都属于教师对学习环境加以控制，用于改进课堂教学环境和学习资料的呈现形式。然而，学生是学习的主体，其角色是理解所呈现的材料的意义，而教师是主导，是认知的指导者，教学是"双主"互动的过程。即使具备了合理的教学环境和资料的呈现形式，也具备了原有知识的基础，但是如果缺乏学习者的主动加工，则意义学习仍然不能发生。所以教学设计还要激发学生的主动性，从学生活动来考虑促进生成学习的行为。

3. 学生可以做些什么

学习科学研究非常重要的层次是教育领域中的学习研究。思维具有独特性，学生的思维并不是其所接收到的教师传输给学生的观点序列的集合，而是学生所启动和调用的关联。学生已有概念是其学习的工具，同时也可能成为新概念的理解障碍，所以在教学中要更加关注学生的已有知识，深入认识主动学习的重要性，强调学习过程的不可替代性。

《应用学习科学》提炼了实现生成的教学设计原则，其中有自我解释原则和设问质疑原则。

关于规律的学习，奥苏贝尔学习理论指出，其实质是新知识和原有认知结构已有部分观念形成联系，其外显行为是能用自己的语言陈述其内容及获得依据。认知心理学认为陈述性知识的获得过程是使新的信息与原有结构中已有信息形成联系，其心理变化是形成新的联系（出现新的意义），其外显行为是能够陈述规则的内容。

在以上学习理论指导下，结合教学实践，我们达成以下共识：当学生对所学规律进行自我解释时，学习效果更好。简而言之，在规律学习中要让学生达到深层学习，其教学原则是：学生能够用自己的语言陈述规律内容，并举出符合规律的例子。

此外，在让学生进行自我表述之外，为促进深度理解，还需要教师点拨设问、制造冲突，以引导学生思辨，还可以让同伴提问或是要求举例解释，帮助学生把握规律本质，即学生要能够经受设问和质疑。

（二）开展练习的实证教学原则——分步练习和指导发现原则

关于规律的运用，布鲁姆教育目标分类学中对运用的界定是把所学知识应用于新情境的能力。在规律学习过程中，教师更多呈现的是理想化的物理情境，学生运用规律须将新情境转化为熟悉情境，为此教师可将任务分成几个部分分段完成。如动能定理应用，首先从受力状态着手，再分析单一过程，然后过渡到两个过程，最后提炼到全过程应用，这样的分步递进比一次集中练习的效果更好；而且学生在完成任务时还能得到教师示范、辅导和提供支架等帮助，如例题示范、同类变式，或者提供分析路径，或者设置阶梯问题引导学生顺藤摸瓜等，都可以使学习效果更佳。

（三）适用于实验教学的教学设计原则

1. 技能型分组实验：基于"明确期望"进行教师讲解；基于"时间邻近"进行操作示范；基于"切块呈现"原则进行学生模仿；基于"人性化"原则进行练习矫正。

2. 验证型分组实验：基于"具体化"原则进行实验方法解释；基于"时间邻近"进行实验操作示范；基于"切块呈现"进行实验过程体验；基于"有效整合"原则进行实验结果分析。

3. 探究型分组实验：基于"聚焦要义"提出问题；基于"明晰目标"设计实验；基于"指导发现"进行实验等。

三、基于学习科学的中学物理课堂实施策略

对于学习科学视域下的中学物理课堂教学变革，我们强调真实的学习情境，聚焦实践问题的基础研究，基于认知主义学习观——学习者的知识（事实、概念、程序、策略或信念）发生变化，因此物理课堂教学变革的策略应立足于使学习者的物理观念得以养成，形成科学探究和科学思维的习惯，具有正确的科学态度和世界观、价值观。

课堂教学的实施过程都是以一个个学生的学习活动和师生对话作为载体的，洛根·费奥雷拉（L. Fiorella）和 E. 梅耶（E. Mayer）在学习科学相关的文献中也详细探讨了可以做些什么来促进生成学习，即"生成学习策略"——这些学习活动均能有效促进学习者尝试理解所呈现的材料内容，进行积极的认知加工，即通过选择最相关的信息，组织形成连贯的心理表征，与已有知识进行整合。绘制图示、自我解释、乐于教人等策略适合物理学科的概念、规律的学习，经过实证研究，在一定边界条件下，这些策略对生成学习起到积极作用。结合课堂教学，我们将基于实证的教学原则细化到具有可操作性策略，将中学物理课堂实施策略归为两类——表征形成和精细加工。

（一）表征形成的策略

如何表征物理现象、问题和概念是物理课程学与教的第一步。项目组通过学习、反思与梳理，归纳出下述四条用于表征形成的具体策略。

1. 多元感知策略

这个策略构建的理论基础是不同的个体有不同的感觉优势，或是视觉优先，或是听觉优先等。在呈现相关信息时，可以丰富或调整呈现样式以达成更好的感知效果。

比如课堂导入阶段或新内容阶段的视频运用，针对听觉优先的学生，视频信息配合语音信息呈现更为合适；针对视觉优先的学生，影像就要配合字幕来呈现。再比如在"力的合成"设计时，用幻灯片显示汉代石刻画像"泗水拔鼎"，配上《水经注·泗水》文字记载，用形象图式直接触动学生的感知。

2. 情境关联策略

这个策略的构建遵循了人类认识是从感性到理性的基本规律、皮亚杰认知发生论等理论。这个策略在呈现相关学习内容时，或是从学生熟悉的生活情境出发，或是将已学知识与新知识联系起来。

比如在学习描述磁场强弱物理量时，可提供具体的实例用以直接感知；在学习位移概念时，可借助手机导航功能来加深理解和应用。

3. 结构标识策略

这个策略的构建遵循了认知信息加工的规律。在给学生呈现文本学习素材时，或是筛选关键信息，或是在学习任务单中加粗标记学习任务序列大标题和分解任务标题。通过这类文本的结构标识，引导学生开展学习活动，促进自主学习能力的发展。

另外，除了教师呈现信息，也可以引导学生呈现。无论是做小结、做笔记、写提纲、写对比表格，还是绘制思维导图，都是学生将呈现的材料转换为各种形式的表征（如文字、框架结构、图片等），转换的过程可以促使学生先主动地选取相关度最高的信息，再通过寻找所选取信息间的关联来组织材料，逐步形成合适的表征，最终把组织好的新结构与长时记忆中激活的已有知识整合到一起。在教学中，表格、维恩图、框架结构图都是常用的表征形式。

案例五：如图 2-4 所示，请在图中两个圆的重叠区写上物体的动能和分子的动能的共性，在重叠区之外写上各自独有的特性。这种维恩图，有助于学生归纳两个概念的异同。

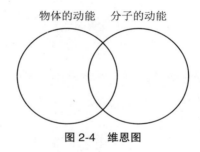

物体的动能　　分子的动能

图 2-4　维恩图

案例六：在原子结构模型的概念习得过程中，结合实验、历史人物、结论等内容，对原子物理的历史发展脉络用框架结构进行梳理，从而将原子结构模型的演化阶段形成意义学习。

4. 提前准备策略

这是一个时间管理类的策略。这个策略构建的目的有两点：一是保证课堂新授时，学生已经初步阅读了教材或者对某些现象有所认识和体验，使得课堂有更多的学习时间用于概念正反例与变式的辨识，用于对物理现象的聚类分析等方面的学习；二是使学生逐步养成自主学习、体验尝试的习惯。

（二）精细加工的策略

学习不只是了解事实性知识，而是要在逐步理解的过程中运用这些知识、规律与方法来解决问题。课堂中学与教的焦点在于理解，由表及里地深入本质。精细加工策略运用的主要目的在于促进真正的理解，需要学生对学习内容进行深层的加工。应用此策略时教师应极其关注学生的生成能力，通过行为使思维过程外显，鼓励学生运用已有知识对接收的材料重新建构，从而形成更有意义的连贯表征。在具体教学实践的过程中，精细加工策略的实施可以表现为以下四点：

1. 自陈外显策略

这条教学策略的构建依据是人的内在心理活动需要通过外显行为才能够为他者感知这条基本规律。

如图 2-5 所示，运用自陈外显教学策略要求学生在学习物理概念和规律时，用自己的话说出对这个概念和规律的认识，包括对其内涵和外延的理解。这样教师就可以了解到学生的认识达到了什么程度，进而帮助学生跨越认知障碍。

图 2-5　自陈外显策略的大致过程

2. 设问质疑策略

如图 2-6 所示，这条教学策略构建依据与自陈外显策略基本一致，不同点在于设问质疑策略是教师根据具体教学场景中的物理现象与学生的反应，通过设问引起学生的认知冲突，激发学生的思考，并根据学生的响应反馈来促进学生认知的发展。

图 2-6　设问质疑策略大致过程

比如教学"楞次定律"时，在观察演示实验后提问：为什么两个灯不是同时亮，而是依次发光？

又比如，在案例七中采用了设问质疑策略，当学生提出深层次的问题并做出回答时，学习效果更好。

案例七：学习"相互作用力'总是'大小相等、方向相反"时，学生质疑道，马拉着车加速时，马对车的力大于车对马的力。带着这样的猜想，通过课堂演示实验，从实验现象发现相互作用力总是等大反向，与运动状态无关。并且通过理论分析，将实验现象合理化，达到了与已有认知图示的整合，实现了意义学习。

3. 进阶练习策略

这是一个顾及学习者成长过程与心理感受、顾及不同学习者个体差异的教学策略。这个策略主要是将练习任务分成不同构成分段，逐步提升难度来完成。

比如将牛顿运动定律应用的练习任务分成若干阶段定时完成，随着发展，完成任务的步骤跨度逐步加大，通过这样的方法渐进发展学习能力。

4. 支架支持策略

这个策略遵循了建构主义的学习理论，如在探究规律的过程中，依据什么物理知识、利用什么实验装置、设计什么实验方案、按照什么实验步骤等都是学生自主探究所需的支架，为学生指明探究的方向、提高规律探究的效率，支持学生开展半开放性、开放性的探究实验学习。

比如在探究两力合成的实验中，教师设计的教学环节分三步：（1）引导学生讨论获得"等效"这一测量原理；（2）引导学生思考测量什么、如何测量、如何记录、如何减小误差等；（3）引导学生思考如何比较合力与分力，借助什么工具等。每次探究的指导都针对学生的思维痛点，给予支架支持。

以上策略在不同的课型结构中有不同的应用，教师可以因教学内容、教学节奏、学生层次而做灵活的选取和应用，从而取得用较少时间取得较大教学成效的结果。

第三章 基于学习科学的中学物理概念和规律教学实践

第一节 中学物理概念和规律教学的现状与发展

在物理教学过程中，教师的教学重点是教好概念和规律，学生的学习重点在于学好概念和规律。但由于一些众所周知的原因，学生普遍存在着"学物理就是做题"的错误思想，不能静下心来领会物理概念和物理规律的内在物理意义，在浮躁心理的驱动下热衷于刷大量的习题，并且以能做题、会做题作为学好物理的标准。这样的学习并没有使学生建立起对物理世界图像的清晰认识。做题是检测和进一步理解物理概念和物理规律的一种手段，而掌握物理知识、提高学生的物理思维能力才是目标。如果本末倒置，盲目地大量做题，不仅浪费了学生的时间、精力，也没有从根本上提高学生的核心素养。

一、中学物理概念和规律教学的现状

"物理概念"与"物理规律"是中学物理教学的重要内容之一。在当前的物理教学和应试背景下，教师和学生都过于注重概念和规律的应用，而忽视了从学生的认知规律、学习规律和物理逻辑方法的角度来引导学生理解概念和规律。对"物理概念"和"物理规律"意义的理解和运用，在教学目标上分别属于不同的层次，深刻的理解可以帮助解决问题，促进更好的应用。以及在高中等级考的 A 和 A+ 等级率的比拼中，教学依然要面对艰巨的升学任务。在中考压力下，当前中学物理教学仍以"授受主义"为主，教师注重物理基础知识和固定解题技巧的讲解，无暇顾及学生兴趣、思维和能力的发展，评价也以纸笔测试为主，缺少形成性评价。课程标准要求的核心素养在日常教学中如何落地是所有物理教师的现实问题。基本概念、规律教学的现状有一些共同点，比如对形成过程不够重视，对物理前概念的影响关注不够，等等。

（一）物理概念教学中存在的常态问题

1. 教师方面的表现

（1）压缩概念形成过程的教学。概念在教学中常被用作陈述性的知识，学生通过死记硬背的方式学习概念，没有引导学生理解概念形成过程的"概念形成性教学"和"概念过程性教学"。

（2）缺少对学生已有知识的关注，尤其是忽视前概念的负面影响。

（3）让学生通过题海战术机械地记忆概念，而不是在感觉上"升华"。在学生没有理解概念的实质的前提下，教师就开始讲例题，给学生布置大量的试题来训练，造成"高负低质"的恶性循环，从而形成了学生惧怕物理学科的环境氛围。

概念外在讲解的设计——从概念引入方式的研究到概念在学生头脑中如何建立分析，再到概念建立后的内涵及外延与应用，这些都是必需的。

2. 学生方面的表现

（1）只记结论，不注重概念的引入过程，学习死记硬背，只有表层学习和肤浅理解。

（2）只背公式，不理解其含义，忽略其适用条件，不理解公式产生的背景，不理解公式应用的实际条件，造成了机械地套用公式的现象。

（3）回答概念题时按照文本习得的新知识，思考问题时受前概念影响依然"我行我素"。

（二）物理规律教学中存在的常态问题

1. 教师方面的表现

（1）以习题教学代替规律探究。习题课一直以来是高中物理规律课中重要的环节，也是实现教学目标必要的教学手段。如果忽略探究规律的来龙去脉、物理意义、适用条件等，最终会影响到学生对规律的掌握与运用。

（2）没有采用有效的教学策略让学生真正成为学习主体。为了检验规律的掌握情况，教师会配以大量习题，如果不加以挑选典型适当拓展，不采用有效策略对学生的实操情况进行有效指导，规律应用将始终难到位。

（3）缺少现场的证据。由于等级考走班制的实施，全年级的物理课是在同一时间段上的，导致实验室的器材供不应求，有时候各个班级错开进度来调整实验器材的供应，有时候一节课里面实验器材轮流拿到各个班级使用，即使这样也经常解决不了这个问题。于是在黑板上"做实验"或以观看空中课堂中现成的实验视频代替随堂实验、演示实验，使某些基于实验探究得到物理规律的课程变得了无生趣，学生只停留在结论或公式的机械记忆上，长此以往，终将扼杀学生探索规律、探索科学的兴趣，剥夺其科学探究素养提升的契机。

2. 学生方面的表现

（1）教学内容中的物理现象，由于学生日常生活经验的不足，导致亲身经历感受不到位，感性知识储备不足。

（2）易受到日常生活中所形成的经验的干扰。

（3）不能科学地运用物理规律去说明解释具体现象、分析解决实际问题。

物理规律反映了各物理概念之间的联系，它是物理知识结构体系的枢纽。学生运用物理规律的准确和熟练程度，取决于对规律的理解深刻程度。由此可见，规律教学是重心。

对于课本中明确表述的规律，不仅要记住它具体的表述内容和对应的表达式，更要深刻理解其含义及应用条件，从而定量解决物理问题。

（三）改变教学方式时的常见误区

1. 对接受学习的全面否定。在不断接受新的教学理念后，部分教师认为传统的教学方式需要改变，认为接受学习是机械的、被动的。真正有意义的接受学习，同样需要学习者主动思考，如果学习材料本身具备逻辑意义，而且学习者的认知结构中有同化新知识的原有适当概念，那么有意义的学习就能够顺利地完成。接受学习是一种高效地传授学科内容的方法。

2. 对发现学习、合作学习的过度推崇。物理规律教学要求掌握规律的同时运用规律进行解题，其实还要让学生掌握科学的研究方法，提高科学探究的能力，激发学生进行科学探索的热情。在进行科学探究时，发现学习和合作学习是经常被采用的方法，这些学习方式是为了鼓励学习者进行意义学习，就目的而言是有价值的。但是研究表明，纯发现学习增加了无关认知加工，而以降低基础认知加工为代价，这使得意义学习的目标落空了。

3. 对高行为活动的关注超过高认知活动。学生在行为活动中可能表现得很积极，比如小组讨论、实验，这些行为能促进学生主动学习；值得注意的是，不是所有的高行为活动都能产生意义学习。也有可能学生只是根据实验步骤机械地动手操作，看起来很热闹，但没有产生意义学习。无论行为活动水平是高还是低，只有高认知活动才能促进学生进行意义学习。

二、中学物理概念和规律教学的发展

（一）以教学理论指导课堂教学

1. 以物理课程的目标为宗旨

在以发展学生核心素养为目标的教育背景下，如何通过教学设计实现核心素养的落实已成为中学物理教学研究的新课题。项目组对《物理教师》中涉及核心素养的教学设计文献进行统计分析，分析结果表明：核心素养教学设计的占比呈逐年递增趋势；设计角度聚焦于综合素养维度；概念课课型及力学、电磁学领域是教学设计的关注点；多样化的教学方法和策略引领教学设计特色；对物理观念、科学态度与责任等维度的挖掘深度不够，教学设计的理论基础亟待提升。

2. 以多种学习理论和教学模式为依据

一个好的课堂教学是教会学生在探究某个问题时学习许多新东西；反之，一个低效的课堂教学则是在学生面前呈现了很多内容，学生却一无所获。以深度学习、学习科学等理论来指导课堂教学，都是很好的尝试。教育部基础教育课程教材发展中心倡导的深度学习，可以促进学生对物理概念、规律的深度理解，是符合时代需要的学习理念。从我国教育教学变革的需求来看，学习科学的核心观念可以概括为，学习就是通过积极参与探究和实践，建构知识，发展能力。基于项目的学习、基于问题的学习、基于探究的学习、基于批判性思维提升的教学设计、追求理解的教学等，都是促进意义学习的教学理论和方式。

本项目组用学习科学的理论改进常规的课堂，不是试图在常规的课堂之外进行教学改革，其探索的是基于学习科学的教学原则和策略进行概念规律课的教学设计，通过学生学习活动的设计来改变学生在知识建构过程中的"非介入"状态，从而更有效地建构知识。而只注重知识讲授—接受的课堂，常常使学生感到厌倦乏味，学生获得的很多是惰性知识；只注重活动的课堂，难以有效地完成教学任务，到头来损失的也是课堂实效。

除了科学思维和科学探究，物理学科中的物理观念也是一个重要的核心素养。物理观念的形成和建立，必须重视学生思维中前概念（包括迷思概念）的存在，在教学中，必须考虑到学生有着自己的思维和推理方式，他们会用朴素理论解释现象和结果、预测结果和解释证据。物理概念教学应该通过多种活动的设计让学生呈现这些迷思概念，促进概念的转变，逐步发展出科学概念。单一的物理概念、物理规律不等同于物理观念，它们是形成物理观念的载体，只有零散的知识，容易形成错误的物理观念。物理观念是某一领域内自下而上，在认知各种物理现象和事实，建立相关基本物理概念和规律的基础之上，通过基本概念和规律相互联系和整合，构建或确认核心概念与规律；再通过核心概念和规律之间的联系整合，提炼升华而成的。

3. 以单元教学设计、课时设计、活动设计为落脚点

新修订的课程标准在目标、内容、实施建议等整个标准中贯彻核心素养，根据课程标准，区域教研活动或者学校的物理教研组在制定单元教学目标时，需要匹配与教学内容相对应的物理核心素养的要素。比如，围绕一个单元的教学设计，创设真实情境，以该情境问题作为该单元的大任务，围绕大任务的解决，分课时小任务搭建台阶，并细化到学生活动中逐一落实，从而展开教学。物理概念规律的教学要注重提升物理观念、科学思维和科学探究能力，教给学生能带走的东西，借助对问题的解决促进物理学科核心素养的达成。

（二）基于实证研究提高教学有效性

学习科学研究的框架是围绕学习的发生过程构建起来的，主要聚焦于两大方面的研究：一是对学习发生机制的研究；二是对学习环境创设方法的设计研究。

学习具有高度的情境性，所以需要走向真实的学习环境，研究的对象需要相应地拓展到不同情境脉络中的人的学习的研究。在一个学习环境中，到底发生了什么？它是如何有助于学习者的表现和改进的？这一问题始终贯穿于学习科学研究的历程中。这里的学习环境包括环境中的人，环境中的计算机、物理环境和设施，以及社会文化环境等。研究对象就从传统的对于学习的某一个方面，比如记忆、感知，转向了学习发生的整体环境，从抽象的人转向具体活动中的学习者，相应的研究问题就转化为不同的学习环境如何对不同的学习者产生不同的影响。关于真实实践中的学习的研究，就是从这个角度展开的。学习环境的研究并不是把学习的发生过程这一研究问题中获得的解释性原则和原理简单地应用于教学，而是在理解那些原则原理的基础上，面向实践和创新的需要，创造性地进行设计和开发。比如教师在学生的学习过程中，应该提供哪些以及如何提供脚手架？促进深度学习的有效组织方式是什么？如何创设新型的学习环境？等等。

学习科学的研究者建构了强大而实用的学习理论。以每一种教学方法是如何影响学生的认知加工为依据，教学方法得到了更有效的检验，这一发展使教学科学受益良多。梅耶（R. E. Mayer）将学习科学和教学科学之间这种新型的互惠关系称为"双向道"。在"双向道"的研究现状中，心理学家将研究领域扩大到了真实的学习情境中，比如研究学生是如何建立物理概念的。与此同时，教育工作者关注如何帮助学生建立概念，而这种关注既要基于实证研究依据，又要考虑教学方法是如何影响学生学习的理论基础。而学习科学和教学科学的交叠关系，就是属于基于实践问题的基础研究。

比如说发现学习，我们认为发现学习培养了学生的探究能力，但是要通过实证研究来检验教学的有效性，从而更好地提高有效性。发现学习和合作学习的优势是促进生成认知加工，但是如果以增加无关认知加工、降低基础认知加工为代价，就势必会造成优势与代

价互相抵消，那是不是要使用这两种教学方法就要打一个问号了。发现学习和合作学习都是为了鼓励学生进行学习，它们的目标很有价值，但是实证研究表明，当教师采用纯发现学习或无效合作学习的形式时，这一目标就可能落空了。因此，在采用发现学习或者合作学习的教学方法时，要促进学生的生成认知加工，同时引导学生进行基础认知加工，并尽量减少无关认知加工。

第二节　基于学习科学的中学物理概念和规律教学原理阐释

课堂历来是教育教学的主阵地，基于上一节对中学物理概念和规律教学的现状与发展的阐述，我们发现，中学物理概念和规律教学更具研究和实践价值。高中物理概念和规律教学不应该止步于从经验的视角传授给学生知识内容，而应更关注学习科学的视角，营造一个学习支持的浓厚氛围和体验场域。本节主要基于学习科学的中学物理概念和规律教学原理进行阐释。

一、基于学习科学的中学物理概念和规律教学的理论依据

学习科学是关于如何学习的科学研究。它之所以是一门科学，是因为它是建立在实证依据的基础上，而非专家的意见、口号或引文。物理概念和规律是中学物理最主要的教学内容，传统的概念和规律教学比较重视概念的背诵和规律的记忆，忽视对概念和规律的建立过程的理解与探讨，换言之，忽视从学习者、学习的本质特点去展开概念和规律的教学。

以下主要从核心概念和规律的梳理、学习原理的遴选以及两者之间的逻辑关联出发，阐述基于学习科学的中学物理概念和规律教学的理论依据。

（一）初、高中核心概念和规律的梳理

中学物理是以概念和规律为主干构成的一个完整体系，如果说概念反映的是一类对象和其本质属性之间的联系，那么规律则反映的是概念间的联系，例如牛顿第二定律是由质点、力、质量和加速度等概念间的关系构成，该规律表明了研究对象（质点）的加速度与研究对象的质量和所受的合外力之间的定量因果关系。

形成和理解物理概念与发现和建立物理规律是中学物理教学的中心任务。一直以来，教师重视照本宣科的施教，忽视了物理核心概念和物理规律的梳理，学生脑海中呈现的概念和规律比较零散，缺乏关联和建构，也就谈不上理解和掌握了。基于现行物理课程标准，对照全国版初、高中教材，结合课堂实践，现就初、高中物理核心概念和规律汇总列表 3-1（初

中）、表 3-2（高中）如下：

表 3-1　初中物理核心概念、规律清单

一级主题	核心概念	核心规律
物　质	密　度	
运动和相互作用 机械运动	力、重力、压力、压强、速度	二力合成的规律、二力平衡的条件、杠杆的平衡条件、液体内部压强的特点、阿基米德原理、牛顿第一定律
电磁运动	电流、电压、电阻	欧姆定律、串并联电路特点、右手螺旋定则、光的反射定律、平面镜成像的特点、凸透镜成像规律
能　量	功、功率、温度、热量、比热容、电功、电功率	能量守恒定律

表 3-2　高中物理核心概念、规律清单

模　块	核心概念	核心规律
必修 1： 机械运动与物理模型	质点、位移、平均速度、瞬时速度、加速度、自由落体、匀变速直线运动	匀变速直线运动规律
必修 1： 相互作用与运动规律	弹力、摩擦力、力的合成与分解、惯性、超重与失重	平行四边形定则、共点力平衡、牛顿运动定律
必修 2： 机械能及其守恒定律	功、功率、动能、重力势能、机械能	动能定理、机械能守恒定律
必修 2： 曲线运动与万有引力定律	平抛运动、匀速圆周运动、线速度、角速度、向心加速度、向心力、万有引力	平抛运动规律、圆周运动的应用、万有引力定律
必修 3： 静电场	电场强度、电场线、匀强电场、电势能、电势、电势差、电容	电荷守恒定律、真空中的库仑定律
必修 3： 电路	电功、电功率、电动势、闭合电路	简单的串联、并联组合电路，闭合电路欧姆定律
必修 3： 电磁场与电磁波初步	磁感应强度、磁感线、磁通量、电磁感应	右手螺旋定则
选择性必修 1： 动量与动量守恒定律	冲量、动量、弹性碰撞、非弹性碰撞	动量定理、动量守恒定律
选择性必修 1： 机械振动与机械波	简谐运动、振幅、单摆、受迫振动、波长、波速、横波、纵波、波的干涉与衍射	单摆及其振动周期、波的干涉
选择性必修 1： 光及其应用	光的全反射，光的干涉、衍射和偏振	光的折射定律
选择性必修 2： 磁场	安培力、洛伦兹力	左手定则
选择性必修 2： 电磁感应及其应用	自感、涡流	楞次定律、法拉第电磁感应定律

续表

模　块	核心概念	核心规律
选择性必修 2： 电磁振荡与电磁波	电磁振荡、电磁波谱	
选择性必修 3： 固体、液体和气体	扩散现象、布朗运动、气体状态参量	气体实验定律
选择性必修 3： 热力学定律		能的转化和能量守恒定律
选择性必修 3： 原子与原子核	放射性元素的衰变、半衰期、人工转变	天然放射现象、人工转变过程中和转变的规律性
选择性必修 3： 波粒二象性	光电效应	波粒二象性

　　基于上述两表，在梳理中学物理学科所涉及的物理本体知识基础上，为更清楚核心概念和规律间的关联，我们研绘了初高中概念和规律图（见图 3-1 和图 3-2）。

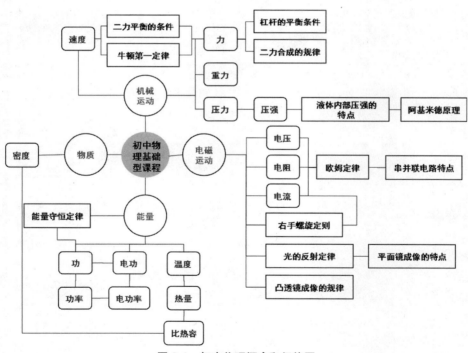

图 3-1　初中物理概念和规律图

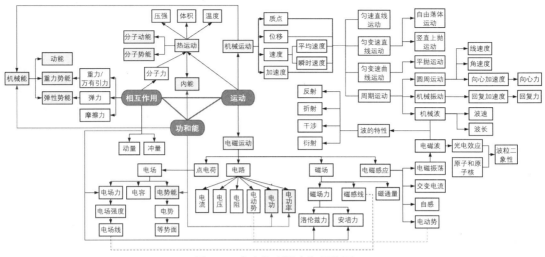

图 3-2　高中物理概念和规律图

（二）学习科学若干教学和学习原理遴选

学习科学可以向两个方面延伸：第一，学科学，即研究如何使学生学习科学，不仅仅是获取知识，更重要的是掌握获取科学的方法，培养科学精神、科学态度和科学研究能力等；第二，为了科学地学习而研究学习的科学，即把学习置于有关学科的指导之下，研究学习的规律，研究学习如何有效地从原有知识向新知识转移。

基于学习科学，课堂学习有十二条教学设计原则，主要聚焦于如何为学习者呈现信息，比如以文本形式、课堂讲解或在线呈现等形式呈现信息；同时也提出了八条有效学习教学设计原则，主要探讨激发学习者行为、引导成功学习。现就中学物理概念和规律教学设计可借鉴的原则与策略梳理列表 3-3 如下。

表 3-3　若干条对教学设计可借鉴原则与策略清单

原则与策略	含　义	举　列
标记结构	突出关键材料后，学习效果更佳	在探究实验教学"牛顿第二定律"时，设置学习任务单的同时，列出任务单的文本提纲和分解小任务标题
调整通道	多媒体学习使用语音而非书面形式呈现文本时，学习效果会更佳	在分享核能相关内容时，用带有语音的视频而不是带有文字的视频进行信息分享
具体化	使用将已学知识与新知识联系起来的方式学习，效果更佳	学习描述磁场强弱物理量时，可以提供具体的实例和类比电场的活动，鼓励开展相关的活动
抛锚式	学习者在熟悉的学习情境中学习，效果更佳	学习位移概念时，可借助手机导航功能来学习位移的概念
提前准备	提前了解核心概念的名称和特征，学习效果会更佳	布置学生进行物理课前预习，能让学生明确课堂的主要任务，同时也能让学生更好地理解新的物理概念，并能在教师的讲解中更深刻地理解概念的内涵与外延

续表

原则与策略	含　义	举　　例
多媒体	使用文本和图片比单用文本学习的效果更佳	在"力的合成"设计时,用幻灯片显示汉代石刻画像"泗水拔鼎",配《水经注·泗水》文字记载,再辅以设问:拔鼎真的如此困难吗
自我解释	让学生对概念进行自我解释,效果会更佳	阅读关于摩擦现象的材料后,学生用自己的话说出与原有概念冲突的想法,并解释摩擦力产生的条件
设问质疑	学生提出更深层次的问题并做出回答,学习效果会更佳	在"力的合成"设计时,观察演示实验后提出问题:为什么用一根细线提起砝码时细线没断,用两根细线提物体时细线反而断掉了
分步练习	将练习任务分成几个部分分段完成,比一次集中练习的效果更好	比如学习者将牛顿运动定律应用的练习任务分成若干阶段定时完成,每个阶段进行进阶,随着应用次数的增加,技能逐渐实现自动化
指导发现	给学生示范、辅导、提供支架等帮助,而非单纯的发现,学习效果也更佳	在探究规律的过程中,依据什么物理知识、利用什么实验装置、设计什么实验方案、按照什么实验步骤等都是学生自主探究所需的支架,不仅为学生指明了探究的方向,还大大提高了规律探究的效率

（三）学习科学原理和中学物理概念和规律教学的逻辑关联

基于上述原则梳理,我们可知学生必须经历概念转变的过程,当然,这种转变不是简单的获得。那么这种转变需要经历怎样的过程呢?概念和规律教与学的逻辑要义又是什么呢?

1. 概念转变需要经历的学习历程

概念转变的概念部分不能停留在字面理解上,而应该追寻物理概念与规律教学要求的逻辑内涵。而实现这一转变,必须回答如下问题:教学要求的理论依据是什么,逻辑顺序是什么,究竟包含哪几项,有没有遗漏,是否存在重复。显然,只有正确回答这些问题,才能重构物理概念与规律教学的要求,进而突破传统物理概念与规律关于教学要求的认识。

《剑桥学习科学手册》一书中也曾指出:概念转变是学习科学最核心的领域之一。科学上不少重要的观点似乎都受到来自疑难问题学习的挑战的影响,概念转变同样也引发了一些关于学习的最深奥、持久的理论问题。[①]

由学习科学原理阐述可知,学习是建立在学生已有知识基础之上的一个动态的生成,只有将学生置身于真实的问题情境中,使学生自主解决问题的时候,学生才会积极调动脑海里的库存（旧知）,在问题的解决中获得新知（如建立物理概念、获得物理规律）,并把获得的新知添加到自我的知识体系中,从而更好地生成新的知识网络体系。[②] 而教学是教

① （美）R.基思·索耶.剑桥学习科学手册［M］.徐晓东,等译.北京:教育科学出版社,2010.
② （美）M.戴维·梅里尔.首要教学原理［M］.盛群力,等译.福州:福建教育出版社,2016.

师努力改变学习者知识的过程，教学过程中有两个重要角色，即教育者和学习者。前者创设能引发学习者经验的学习环境，且这种经验能促进学习者的知识产生变化；后者的任务是与环境互动来创造各种经验，以引起自身知识的变化。①

2. 概念及规律教与学的逻辑要义

在物理概念和规律教学中，当教师基于情境（如问题情境等）的创设引起了学生的经验，而这些经验又反过来促进学生的知识产生改变时，教学就发生了；在经验促进学生的知识（如概念、规律等）产生改变的过程中，学习也就产生了。

有效的中学物理概念和规律教学应基于一定的逻辑道路，在概念和规律教学中指导学生的认知加工并促进学生的知识建构。研究物理概念与规律的教学，仅从经验层面是无法发现逻辑缺失的，只有通过对以科学方法为中心的物理学知识结构的深入研究，才能发现物理概念与规律建立和应用的逻辑道路。

物理概念与规律的教与学一般包括五个部分，依次是：创设建立物理概念与规律的情境——运用科学方法得到物理概念与规律——诠释物理概念与规律的本质——借助科学方法应用物理概念与规律——运用物理概念与规律解释物理现象。概而言之，基于学习科学原理，达成物理概念与规律教学要求的逻辑自洽与内涵合理，从而为物理概念与规律教学提供实践导引。

在物理概念及规律的教与学中，如何表征物理现象、问题和概念是物理课程学与教的第一步。基于前述梳理，多元感知、情境关联、结构标识、提前准备是表征形成的具体教学策略。

另外，对概念和规律的学习不只是了解事实性知识，而是要在逐步理解的过程中运用这些知识、规律与方法来解决问题。课堂中学与教的焦点在于理解，由表及里地深入本质。基于前述梳理，自陈外显、设问质疑、进阶练习、支架支持是精细加工的具体教学策略，这些策略的进一步解读和实施将在下一节中详细呈现。

二、基于学习科学的中学物理概念和规律教学设计规格和要点

物理知识学习的基本认知过程，可概括为物理概念和规律的形成过程、物理概念和规律的运用过程。物理情境始终贯穿于这两个过程，涉及多个学习科学原理的应用。其基本过程大致经历了"情境—问题""活动—探究""巩固—应用"这三个阶段。

---

① （美）理查德·E. 梅耶 . 应用学习科学：心理学大师给教师的建议［M］. 盛群力，等译 . 北京：中国轻工业出版社，2019.

（一）基于学习科学的中学物理概念和规律教学设计规格

物理学科的特点是通过创设情境，基于双通道原理，帮助学生进入所学的内容；然后，通过科学探究，基于主动加工原理，认识、理解和内化物理概念，掌握物理规律；最后，将所习得的概念和规律与生活和生产实际中的问题联系起来，达到学以致用的目的。这样的学习过程主线可提炼为"情境——探究——应用"，具体的流程如图3-3和图3-4所示。

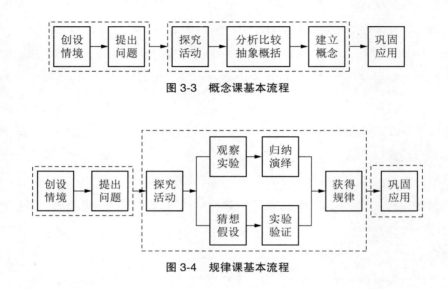

图 3-3　概念课基本流程

图 3-4　规律课基本流程

（二）基于学习科学的中学物理概念和规律教学设计要点

由上述设计基本流程可知，关于概念、规律的学习，因其特点，有细节上的差异，但两者的教学设计有不少共同点。首先，物理概念和规律学习离不开物理环境的刺激，所以创设情境是实现学习的前提；其次，基于学习科学原理，通过体验、认识、质疑，可以有效感知物理现象，形成物理概念，建立物理规律，也是实现物理学习的关键；最后，可以通过支架支持，强化学生的自主活动，这是实现物理学习的核心。

根据学习科学原理，结合物理概念和规律课堂教学实践，教学设计须关注以下要点：第一，注重物理情境的创设、感知和再加工，就是利用多媒体视频、实验体验等展示物理情境，并针对情境，有针对性地提出核心问题或分解问题群；第二，注重方法指导和概念规律的形成，具体指基于核心问题或分解问题群，结合思维方法等，指导学生从物理学的视角认识客观事物的本质属性、内在规律及相互关系，进而形成概念、建立规律；第三，注重问题（问题群）设计、分析和解决，是指针对所形成的概念和所建立的规律，设计和选择进阶练习，及时调整学习进程，养成运用概念和规律分析与解决物理问题的能力。

第三节　基于学习科学的中学物理
概念和规律教学实施策略

一、优化课堂呈现行为，实现可见学习

　　课堂教学的组织形式和呈现方式是决定课堂教学效果的关键性因素。我们在探索有效的课堂教学方式的过程中，也在努力探索如何以更优的方式呈现教学内容，让学生能够更易于理解和接受，从而实现学生的可见学习。

　　（一）多元感知——情境关联的运用策略

　　早在 1971 年，艾伦·帕维奥（Allan Paivio）在其著作《图示加工与言语加工》中就指出，人拥有两个单独的信息加工通道，即用于加工言语材料的言语通道和用于加工图示材料的视觉通道。从呈现模式来说，学习者的一个通道用来加工言语材料，另一个通道用来加工非言语材料；从人的感觉通道来说，学习者的一个通道加工视觉表征的材料，另一个通道加工听觉表征的材料。但是两个通道并不是完全独立的，信息通过其中的某个通道进入人的信息系统后，也可以在另一通道中进行。比如屏幕文本最初在视觉通道中被加工，读者往往会在心理上把图像转换为声音，通过听觉通道进行加工。因此，艾伦·帕维奥认为人在学习的过程中，如果能够将这两种信息通道整合起来使用，对学习是非常有益的。这个策略能在呈现相关信息时，丰富或调整呈现样式以达成更好的感知效果。

　　在物理教学中，物理概念和物理规律用语言描述起来往往比较抽象，学生学习过程中也常常感到理解起来比较困难。因此教师在教学过程中充分利用学习科学的双重通道原理，将概念、规律的口头讲述与图片、视频、实验的演示、学生的体验相结合，让学生在耳听教师讲述的同时，能够辅以眼睛的观察，在这样的情况下，画面的信息和语言的信息会同时刺激人的言语通道和视觉通道，在大脑中产生不同的神经元回路，并促成这些工作记忆的相互协调补充，将两个通道获取的信息进行整合加工，以更深刻地理解所学的物理概念和物理规律。

　　首先，进行概念教学时创设可视化的情境。这个策略在呈现相关学习内容时，或是从学生熟悉的生活情境出发，或是将已学知识与新知识联系起来。情境是物理教学中非常重要的元素，情境创设要能够增强学生的体验感，引起学生的共鸣。熟悉的情境更容易引起学生的好奇心，能够引发学生的拓展联想，使其自主寻找生活中类似的情境，从而在情境中体验、感悟概念建立和规律形成的过程，更好地激发学生对知识的自我建构。可视化的情境可以是图片，可以是动图或小视频，也可以是模型演示。例如在圆周运动的教学过程中，通常会选取空中转椅作为引入圆周运动基本概念的实例，在引入该实例时，教师展

示的是一幅动图，学生很快就产生了身临其境的感觉，紧接着教师展示了旋转木马和摩天轮的动图，更让学生有了置身游乐场的感觉，并同时开始思索游乐场还有哪些项目的运动也属于圆周运动。几个简单的示例，就已经能够让学生在脑海里自主建构起圆周运动的概念。在此基础上，教师进一步让学生交流不同的游乐设施的体验感有何不同，这就顺其自然地进一步引入圆周运动快慢的描述及向心力、向心加速度等概念的学习。

其次，在进行概念剖析和规律探究时提供必要的示意图。比如在分析圆周运动的条件时，学生进行了自主活动：用细绳拴住一个小球，用手将绳子一端按在桌面，让小球在水平桌面上做圆周运动。学生在进行了这个自主活动之后是否就能得出结论：小球做圆周运动的受力条件是始终受到指向圆心的力呢？其实不然。很多学生能够感受到绳子对小球有拉力，但要归纳出上述结论，对很多学生来说还是有一定难度的。这时，教师可以在PPT上进一步呈现小球在不同位置的运动方向以及绳子的拉力方向，通过几组示意图的对比，学生就能够更好地从中找出规律，从而归纳出结论。

最后，在同时进行多个概念的教学或容易混淆的规律教学时，可通过图表的形式进行强化对比，加深学生对概念和规律的理解。例如，在圆周运动快慢的描述的教学中，同时讲到了线速度、角速度、周期、转速四个物理量，从容量有限原理来说，这是违背学习科学的；从学生的听课表现来看，确实能够感觉到学生有点晕。但是从知识的系统性来说，这四个物理量是相互关联、不可割裂的，因此这时教师可以通过表格（见表3-4）的呈现，帮助学生将四个概念重新梳理一遍，这样既能达到强化巩固概念的目的，也能让学生在思维上对概念再次进行辨析。

表 3-4　描述圆周运动快慢的几个物理量

	线速度	角速度	周　期	转　速
符号	v	ω	T	n
意义	物体单位时间通过的弧长	物体单位时间内绕圆心转过的角度	物体转一圈所用的时间	物体单位时间转过的圈数
单位	m/s	rad/s	s	r/s 或 r/min
对快慢的描述	线速度越大，表示运动越快！ 角速度和转速越大，表示物体绕圆心转动越快！ 周期越长，表示物体绕圆心转动越慢！			

（二）提前准备——结构标识的运用策略

学习科学最为重要的一个观点是容量有限，即每个通道一次只能加工一小部分材料。这就提示我们在进行教学设计时，要精简教学内容，优化教学结构，降低学生的内在认知负荷。在教学实施过程中要聚焦要义，减少与教学目标无关的材料；通过标记结构，突出知识要点，促进学生的短时记忆。这个策略的构建遵循了认知信息加工的规律。在给学生呈现文本学习素材时，或是筛选关键信息，或是在学习任务单中加粗标记学习任务序列大标题和分解任务标题。

首先，在教学资源的选择上，要紧紧围绕教学目标，突出教学重点。很多教师在新课的引入过程中为了引起学生的兴趣，常常会选择一些视觉上很震撼的图片或视频资料，然而实际上，学生看过热闹之后并没有理解图片或视频所涉及的物理知识或原理；或者教师为了引入某个概念或得到某种方法，列举了大量的示例，学生的发散思维导致其获取的更多的是跟概念或方法无关的其他信息，从而削弱了对核心概念与方法信息的获取。因此在教学资源的选择上应该少而精。在新课程背景下，我们从单元教学设计出发，进行单元核心任务的设计，就是为了让学生聚焦要义，围绕核心任务，逐步开展各项学习活动，以提高学习的效率和效果。

其次，在教学过程中，教师要通过教学 PPT 和板书的设计突出重要知识点，凸显知识结构和知识点之间的逻辑关系，帮助学生有机串联各知识点，这样才能达到更好的学习效果。在 PPT 制作中，可以通过统一格式的小标题设计呈现一节课的各个教学环节重要知识点。例如在《向心力》的教学中，一位教师的 PPT 的小标题设计如表 3-5 所示。

表 3-5　《高中物理》必修二：第五章第四节第一课时《向心力》教学 PPT 小标题设计

PPT 页码	小　标　题	主　要　内　容
P0	课题	第五章第四节：向心力
P1	课堂引入	图片展示空中转椅，提出问题
P2	思考与讨论	围绕自主活动，讨论做圆周运动的小球的受力特点
P3	一、向心力	建立向心力的概念，指出匀速圆周运动物体所受合外力特点
P4 ～ P6	二、向心力的来源	通过典型的实例分析向心力来源
P7	关于向心力的几点说明	小结向心力可以由哪些力提供，并强调向心力是效果力
P8 ～ P14	探究向心力大小的表达式	P8：定性感受 P9：定量研究的实验器材介绍 P10：实验方法 P11：步骤一，控制砝码质量不变和角速度不变，研究向心力与半径的关系 P12：步骤二，控制砝码质量和半径不变，研究向心力与角速度的关系 P13：步骤三，控制砝码运动半径和角速度不变，研究向心力与砝码质量的关系 P14：实验结论归纳
P15	课堂小结	小结本节课的重要知识

在该 PPT 的设计中,清晰地呈现了《向心力》这节课的教学环节,从课堂引入到思考,到提出向心力的概念,到分析向心力的来源,通过实例的分析,小结了在理解向心力概念时需要注意的点,然后探究向心力大小的表达式,最后进行课堂小结。整节课的教学逻辑跟探究新知的层次都很分明,最后的小结也有助于学生进一步明确本节课所需要掌握的重点知识。应该说,这节课的设计很好地体现了结构标识策略。

二、倡导课堂互动对话,实现高效学习

建构主义的学习观认为:学习是学生自己建构知识的过程。学生不是简单被动地接受信息,而是要主动建构知识的意义。学习是学习者根据自己的经验背景,对外部信息进行主动的选择、加工和处理,对所接收到的信息进行解释,生成个人的意义或者说是自己的理解。个人头脑中已有的知识经验不同,调动的知识经验相异,对所接受到的信息的解释就不同。因此建构主义的教学观认为:教学不能无视学习者已有的知识经验,不能简单地强硬地从外部对学习者实施知识的"填灌",而是应该把学习者原有的知识经验作为新知识的生长点,引导学习者从原有的知识经验中主动建构新的知识经验。教学不是知识的传递,而是知识的处理和转换。教师和学生、学生与学生之间,需要共同针对某些问题进行探索,并在探索的过程中相互交流和质疑。为此,依据建构主义理论,学习科学提出了促进学生生成认知加工的教学设计原则,通过学生的自我解释、设问质疑等课堂对话方式实现高效学习。

(一)自陈外显的运用策略

在课堂教学过程中,教师首先要引导学生学会与学习资料对话,并实现自我解释。在实施过程中,教师应该给学生明确的任务,让学生带着问题进行阅读,并能够自行组织语言对问题进行解释。语言是思维的外壳,能够用简单准确的语言表达,则说明学生在思维上能够更好地理解问题。运用自陈外显教学策略要求学生在学习物理概念和规律时,用自己的话说出对这个概念和规律的认识,包括对其内涵和外延的理解。这样教师就可以了解到学生的认识达到了什么程度,进而帮助学生跨越认知障碍。例如在电势能的教学中,为了通过类比让学生能够自主建构起电势能的概念,教师提供了已经学过的重力势能和即将学习的电势能的教材文本,让学生通过阅读文本完成表 3-6。

表 3-6 从情境出发,通过类比重物的自由下落和电荷在电场中由静止释放后的两个运动,从受力、做功、能量变化的角度引出对应的势能的概念,进一步结合重力势能大小的确定需要选择零势能面,从而引导学生思考在电场中如何选择零势能面,再根据重力势能大小与重力做功的关系得到电势能大小与电场力做功的关系。学生通过对文本的阅读,并

表 3-6　类比电荷在电场中由静止释放后的运动与重物在空中释放后的运动

情　境	重物在空中自由下落	电荷在电场中由静止释放
受力		
做功情况		
能量变化		
零势能面的选择		
对应的势能大小		
势能的特点		

根据已掌握的重力势能的知识，能够用自己的语言来定义电势能，并说明电势能的大小如何确定，这就实现了学生的生成认知加工。

当然，自我解释也可以是当教师提出某个概念时，让学生通过对生活实例的列举来检验对概念的理解。例如在学习惯性时，教师给出惯性的概念为：物体保持静止状态或匀速直线运动状态的性质。这时可以让学生列举生活中哪些物体在什么情况下会表现出该性质。学生的举例往往会暴露出很多问题，比如语言表达的不完整性，当学生想要说明汽车刹车时，乘客由于具有惯性，要保持原来的速度前进，因此会相对于车向前冲，而学生的回答往往就是简单的"汽车刹车时人会向前冲"，没有把其中的因果关系交代清楚；或者是语言表达的不准确性，很多学生会把上述例子叙述为"乘客由于受到惯性而向前冲"。惯性是物质具有的一种属性，不是力，因此不能表达为物体受到惯性。可见，让学生举例的同时，既能检验学生对概念的理解，也有助于学生语言逻辑表达能力的提升。

（二）设问质疑的运用策略

能够提出问题是一种学习能力，敢于质疑更是一种宝贵的品质，教师在组织课堂教学的过程中应当鼓励学生提出问题，大胆质疑。教师要善于改变学生被动听课的状态，积极带领学生沿着课堂教学的主线一路探索。途中，教师可以故意设置障碍以引起学生的注意、思考、质疑，也可以在某个知识点上给学生提供一些线索，引发学生提出更深层次的问题，然后再通过生生对话以及思维的碰撞找到问题的答案，这样才能加深对知识的准确理解。这条教学策略构建依据与自陈外显策略基本一致，不同点在于设问质疑策略是教师根据学与教现场的物理现象与学生的反应，通过设问引起学生的认知冲突，激发学生在头脑中思考，并根据学生的响应反馈来促进学生认知的发展。

例如在《力的分解》的教学中，教师可以开启问题链的第一环：如何把一个力进行分解？然后让学生根据这个问题继续提问。学生一开始对于提问可能并不适应，这时可以让学生进行分组讨论，学生可以提出各种不同的问题，然后对问题进行筛选，各小组提出一个认为比较有意义、值得讨论的问题。教师记录下学生的问题，然后再带领学生按照逻辑顺序，将问题进行梳理排序，形成完整的问题链：

① 一个力可以分解为几个力？

② 如果分解成 2 个力应遵循什么规律？

③ 一个力分解成 2 个力有几种分解方法？

④ 在实际问题中怎么分解更有实际意义？

然后顺着问题链带领学生一一寻找答案，最终得到本节课的重点：按力的作用效果分解力。

三、自主探究学习指导，实现主动加工

发现学习与合作学习是两种典型的主动学习方式，然而学习科学研究表明，并非所有的主动学习都有助于学习者进行意义学习，教师要根据不同的教学内容，用不同的方法指导学生主动发现、开展合作学习，这样才能真正促进学生的生成认知加工。

（一）指导发现：进阶练习的指导策略

物理规律的探究过程，首先是发现的过程，教师在教学过程中要引导学生去观察现象，发现现象背后的本质问题，找到探究规律的有效途径。所谓物理规律往往是多个变量之间的定性或定量关系，因此探究规律的一般思路就是通过一个现象的观察，尝试改变某个参数或条件继续观察，从而找到变量之间的相关性，接着通过进一步的实验进行定量探究。这是一个顾及学习者成长过程与心理感受、顾及不同学习者个体差异的教学策略。这个策略主要是将探究任务分成不同构成分段、逐步提升难度来完成。

比如在探究向心力大小表达式的过程中，首先让学生体验用细绳拴住小球，让小球在水平面上做圆周运动，学生在体验的过程中比较容易发现小球运动越快，绳子拉力越大，即向心力越大，此时可以及时引导学生归纳向心力大小与速度大小有关；紧接着，可以让学生进一步尝试，比如让不同质量的小球做圆周运动，绳子拉力大小对比情况如何？如果用不同长度的细绳拴住小球，小球做圆周运动时绳子拉力大小对比结果会如何？在教师的提示下，学生经历不同的体验，才能够更准确高效地发现向心力大小与小球质量、轨道半径、运动速度的相关性，然后才能进一步通过实验寻找其定量关系。

当然，物理规律中很多变量之间本身存在着逻辑关系，教师也可以引导学生利用逻辑推理寻找变量之间的相关性。比如在《磁场对电流的作用左手定则》的教学中，要寻找磁场对电流的作用力遵循什么规律，首先要寻找该力的方向与哪些因素有关。从逻辑关系上说，电流所受的力是磁场施加的，而磁场本身是有方向的，因此电流所受的力一定与磁

场方向有关。其次，电流本身也有方向，故与电流方向也有关系。这里，可引导学生进行逻辑分析后，再加以实验演示，证实磁场对电流的作用力方向确实跟电流方向、磁场方向有关。这样的指导发现过程更能培养学生的逻辑思维能力，当学生养成了这样的探究习惯后，在探究未知问题的时候，能够更快更准地把握研究的方向和思路。

在指导学生探究物理量之间定量关系的过程中，需要让学生学会数据分析的一般方法。比如在研究加速度与质量的定量关系实验中，若学生得到了表 3-7 中的实验数据：

表 3-7　研究加速度与质量关系的实验数据

次　数	1	2	3	4	5	6
力 F/N	0.073	0.073	0.073	0.073	0.073	0.073
质量 m/kg	0.422	0.372	0.322	0.272	0.222	0.172
加速度 a/m·s^{-2}	0.05	0.07	0.09	0.12	0.16	0.23

此时教师不应直接让学生利用 DIS 实验软件进行绘图，而要引导学生观察实验中数据的分布规律和特点，这样既培养学生对数据的敏感性，也能加深学生对实验结果的印象，以免出现把结论记反的现象。当学生发现随着物体质量的增大，物体的加速度在减小时，教师又可以引导学生去大胆猜测加速度跟质量之间可能会存在何种数量关系。学生可能猜测加速度与质量成反比，从物理规律的简洁美角度，教师对学生的猜测要给予极大的肯定；但是从科学探究的严谨性角度，还需要进一步验证。如何验证呢？图像是最好的方法。此时教师再引导学生利用 DIS 软件描绘 a-m 图像。学生得到图像后也许会感到很兴奋，认为图像就是一条反比例函数图像。这时教师可以给学生泼一盆冷水，让学生冷静一下。怎么泼冷水呢？某教师就利用图形计算器的绘图功能同时绘出了 $y=1/x$ 图像和 $y=1/x^2$ 图像，如图 3-5 和图 3-6 所示，并隐去了函数关系式，让学生观察两个图像，充分发现其相似性，然后展示两个图像的函数关系式，并说明在数学的图像中，横坐标与纵坐标均是数的概念，单位长度代表的数是一样的。图形尚且如此相似难辨，在物理图像中，横纵坐标代表不同的物理量，且单位长度所代表的数值往往不同，更加不能简单根据曲线的形状直接得到反比例关系，而需要进一步通过化曲为直来验证猜想。

指导学生进行物理规律的探究，还要充分应用类比的思想。在研究加速度跟质量的定量关系中，经过了数据观察分析、猜想、图像分析、化曲为直的研究过程，在研究气体的压强与体积关系时，可以引导学生采用相同的方法得到气体压强与体积的定量关系。

（二）支架支持：自主合作学习的指导策略

这个策略遵循了建构主义的学习理论，如在探究规律的过程中，依据什么物理知识、利用什么实验装置、设计什么实验方案、按照什么实验步骤等都是学生自主探究所需要的

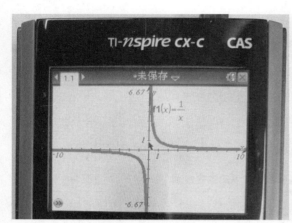

图 3-5 $y=1/x$

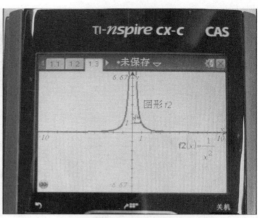

图 3-6 $y=1/x^2$

支架，为学生指明了探究的方向，提高了规律探究的效率，并支持学生开展半开放性、开放性的探究实验学习。比如：在利用 DIS 实验探究小车 a 和 F、a 和 m 间的关系时，可以基于文本阅读，主要解决实验思想方法、小组猜想、物理量测定等问题，学生思考后提出问题并进行分享。基于合作交流，学生主要完善实验操作步骤及注意事项，上台进行预演交流，探讨方案的合理性和可行性，再进一步寻找 a 和 F、a 和 m 的定量关系，最后小组合作交流得出实验结论等。

另外，合作学习是一种通过小组或团队的形式进行学习的方式。合作学习强调学习过程中的合作行为、协同工作以及共同分享学习目标的学习过程。但是很多学生对于物理合作学习的理解可能仅限于实验操作过程的分工合作，这种理解显然是片面的、狭隘的，因此教师在组织学生进行合作学习时，同样要给予必要的指导。

指导合作学习，首先要让学生进行合理的分工，要充分发挥每个学生的特长，促进小组成员之间的互补，从而使合作学习更高效。比如在实验探究过程中，需要有组长带领同学进行实验方案的讨论，并根据组员的特长进行实验的分工：A 同学负责实验软件的操作，B 同学负责实验装置的搭建与调试，C 同学负责数据的记录与分析，D 同学负责进行实验结果的交流与分享。

但是在合作学习的过程中，如果每次由同一个学生担任同一类别的任务，久而久之，必然会导致其他能力的缺失，因此在指导学生合作学习时，要求学生每次承担不同的任务，让擅长该项任务的学生培训不擅长的学生，这就是合作学习中的互助学习。这样的互助学习才能更好地促进学生的意义学习。

合作学习重在全员参与、共同体验，在学习的过程中互帮互助、互相启发，加强"头脑风暴"，促进思维的碰撞，这样才能达到共同进步的目的。因此，教师在指导学生合作学习的时候要注重评价方式的改变，充分调动每一个小组成员参与的积极性。

综上所述，我们发现：应用学习科学的教学、学习的若干策略，有助于对物理概念、规律的形成、应用及迁移，有利于为真实情境中的问题解决服务。

第四节　基于学习科学的中学物理概念和规律教学实践成效

一、基于学习科学的教学原则的课堂实例分析

（一）基于"生成认知加工"的课堂实例分析

本课例片段为上海教育出版社九年级物理教材《6.4 阿基米德原理》的内容，阿基米德原理是力学中最基本、最经典的规律之一。以往的教学设计，往往以情境引出"浮力大小可能与哪些因素有关"开始本节课的教学。根据《应用学习科学》中提到的实现生成的实证教学原则，生成学习是学习者参与教师为促进其学习而设计的教学活动中。如何使学生的被动学习变为相对主动学习？教师可以设计一些环节来帮助学生，例如可以通过回忆之前学习的内容来检查验证；可以通过阅读教师提供的教材片段或者教学材料进行自我解释；可以根据情境中一系列的问题进行设问质疑；可以通过小结学习内容，提炼新知识或新技能的关键点来进行对知识的精细再加工。本节课的教学设计以引导学生重温阿基米德原理被发现的过程为主线，在实验探究过程中学习浮力的方向、浮力大小的测量、浮力大小与哪些因素有关等知识，通过小组合作学习体验学习的乐趣（见表 3-8）。

根据初中学生的思维深度，本节课将实验定位在了"验证阿基米德原理"，通过让学生了解并模拟阿基米德当年的体验，使学生体会到提问、思考、质疑的重要性，认识到自己虽然和科学家只差一步，但这一步要付出很多。从中，学生自然能感受到探索自然现象和日常生活中的物理规律的方法。学生对通过此类活动而习得的知识，才会印象深刻，其效果是一般讲解所无法达到的。对于刚接触物理的学生，不是所有的问题都容易在课堂上进行探究，我们要化被动为主动，引导学生进行有深度的检查验证，在被动学习的课堂中促进深层次的认知加工。

（二）基于"设问质疑、支架支持"的课堂实例分析

本课例片段为上海科学技术出版社高一年级物理教材第三章《牛顿第二定律》的内容，牛顿运动定律是物理学中最经典的规律之一。以往的教学设计，往往以情境引出"物体加速度与其所受的作用力和物体质量有怎样的关系"开始本节课的教学，有些直接，缺

表 3-8 《6.4 阿基米德原理》教学设计

活动内容	教师活动	学生活动	说　明
引入：创设情境，模拟深坑取球。学生观看四格漫画视频，并想办法将小足球取出	组织讨论浸在和全部浸在水中的球是否受到浮力以及浮力的方向。鼓励学生与同学一起分析方法的可操作性和准确性，并用不同的方法来证明	学生根据生活经验提出： 1. 足球会向上浮起来，是因为它受到浮力 2. 根据初二学习的二力平衡的知识以及三力平衡的知识，分析足球的受力情况 3. 根据生活经验，人浸入水里会感觉身体变轻	教师设计的情境和问题，有利于学生回忆之前学的知识，并与本节课的内容相结合，不但可以自我检测之前学习的成果，还能根据就近发展区原理继续学习下去
活动：在水面上放一只盆子，让它漂浮在水面上，然后用手将它慢慢向下按，描述手的感受，并观察水面	组织学生分组感受浮力的大小，并相互交流	通过体验和观察，在交流与分析中得出"$V_排$越大，$F_浮$越大"的结论	通过情境中的问题链：往下压盆子时，观察到水平面升高，手为什么会感受到向上的力？这个过程中，手受到向上的力为什么会越来越大？浮力可能和什么有关？浮力的大小可能等于什么？为学生提供深层次的问题并做出回答，学习效果更好
活动：验证阿基米德原理	为学生提供实验器材，组织学生讨论实验方案	1. 学生讨论交流 $F_浮$ 如何测量；$G_排$ 如何测量 2. 分组实验验证阿基米德原理 3. 讨论设计实验方案，并利用 Pad 进行交流 4. 根据设计方案，小组进行实验，并利用 Pad 全程记录实验过程，进行交互分享 5. 教师将实验记录下来，并以表格推送	学生讨论实验方案后，各组完善自己的实验方案，将实验步骤记录在学习活动卡上，在精细加工的过程中为之后的开始实验操作做好知识上的准备

乏认知冲突。根据学习科学原理，教师根据学与教现场的物理现象与学生的反应，通过设问引起学生的认知冲突，激发学生的思考，并根据学生的响应反馈来促进学生认知的发展。具体分析如表 3-9 所示。

二、基于学习科学的教学设计对物理概念和规律进行课堂教学优化

（一）优化信息呈现渠道，激活主动认知心理

每个学生在学习的时候都有两个单独的信息加工通道，一个是用于加工我们语言材料的言语通道，还有一个是用于加工图示材料的视觉通道。当学生在学习某一个抽象的物理概念或规律时，教师可以通过语言描述或者图片展示。学生大脑对言语描述的编码比较简

表 3-9　《牛顿第二定律》教学设计

活动内容	教学资源	教师活动	学生活动	说　明
情境引入	情境：放置在水平特制导轨上的小车（DIS 所用器材） 情境加工：创设两辆放置在水平特制导轨上的小车（1号车2个钩码拉，2号车4个钩码拉）	设问1：水平导轨上的小车处于什么状态？有什么办法使水平面上的小车改变其运动状态 设问2：运动学上通常用什么物理量描述运动状态变化的快慢 设问3：在观察的基础上猜测同时同地释放的两辆小车，哪辆加速度比较大，并分享猜测的依据	亲身体验，思考对话，对上课内容进行自我解释 观察、分析，讨论分享观点	借助学习的"双通道原理"，学生经历观察、猜测和讨论，激活原有知识，对上课内容进行自我解释，然后进行现场体验，进一步观察现象，引发认知冲突，提出深层次的问题
探究活动	情境再现：DIS 实验探究小车 a 和 F、a 和 m 间的关系	设问4：物体加速度与作用力、物体质量有怎样的关系？两辆小车加速度到底多大呢	小组活动1：文本对话、伙伴对话——做什么 小组活动2：文本对话、伙伴对话——怎么做（学生设计） 小组活动3：伙伴对话、自省对话——收获如何（学生实验） 小组质疑：猜想合理吗方案的合理性和可行性如何 学生：寻找 a 和 F、a 和 m 定量关系，小组合作交流得出实验结论 小组质疑：a 和 F、a 和 m 图像关系是否能找到物理量的规律	学生基于文本阅读，主要解决实验思想方法、小组猜想、自我解释、怎么测定物理量，思考后提出问题并进行分享。借助教师进阶设问，提高学生的科学探究意识和推理能力 学生基于合作交流，主要完善实验操作步骤及注意事项，上台进行预演交流，目的在于提高学生探究的证据意识和论证、评估能力
巩固应用	情境翻转：把水平导轨上的小车进行翻转，小车在拉力作用下为何运动状态没发生变化，是否与牛顿第二定律矛盾	设问5：结合探究实验，a 与 F、a 与 m 的定量关系如何表述？为什么 设问6：规律的三类表达方式、牛顿第二定律数学表达式是什么 设问7：联系前面两辆小车的加速度大小，我们可以用所学知识判断了吗	质疑1：为何 a 与 F、a 与 $1/m$ 的图像不过原点？思考并回答 质疑2：牛顿第二定律中 F 是指什么	学生对上课内容进行自我解释，共享实验所获。思考课堂同一情境翻转，深度探讨，从物理学视角对内在规律及相互关系再思考"牛顿第二定律"的更一般表述，并自我解释

单，而对抽象概念对应的图片进行编码则比较复杂，根据帕维奥双重编码理论，人们运用两种编码构建新信息的心理表征比用一种编码效果要好。

图示优势效应也能证明这个观点。与文字呈现的信息相比，人们更容易记住以图片呈现的信息。所以针对抽象的物理概念和规律的教学设计，我们要关注两种通道的信息呈现方式。对于抽象的概念，我们尽可能利用图示的方法将抽象的概念形象化。良好的信息呈现方式有利于学生记忆和理解，并且能够促进学生更好地生成认知加工。

（二）优化认知容量，促进生成认知加工

对于学生个体而言，每一个通道一次只能加工一小部分学习内容。在课堂教学中，教师要明确意识到学习记忆的这种容量限制，这对如何进行教学设计有重要的启发。教师在教学设计中需要对相关的学习内容进行选择，否则一节课所需的认知加工可能会超过学习者的认知容量范围。概念课和规律课教学设计的主要挑战是，既要保证学习者能够进行适当的认知加工，又要保证这种加工不会使认知负荷超载。所以，教学中必须减少与教学目的关系不大的材料信息。我们可以采用的方法是聚焦要义，去除有趣但无关的文本或者图表，标记结构突出关键材料。提前告知学习者要重点关注的某一部分内容，学习效果往往更佳。

（三）优化认知加工过程，增加意义学习

教师要使学生参与到教师为促进其学习而设计的教学活动中，才能够促进学生的深层认知加工，激发深层学习。当学生处于被动学习的课堂中时，教师要尽可能地增加学生课堂的参与度，才能让学生产生生成认知加工，形成意义学习。不合理的教学设计或不良的学习策略，会导致学生在课堂上被动学习，产生无关认知加工。无关认知加工将会导致无效的学习，只有生成认知加工才能产生有意义的学习。认知加工是由物理知识的内在复杂性引起的深层认知加工，学生必须自主组织和整合所学的知识，它只能由学生的学习动机引起。优化认知加工过程的方法有两种：可通过回忆所学知识，进行课堂自我检测；也可通过自我解释，总结知识内容，列出内容提纲或者详细阐述新知识。在自我解释原则中，学生自动生成的自我解释不仅能监控学习过程，而且能纠正原有的错误认知，有利于对概念、规律的理解。自我解释是深层学习的一种形式，能优化学生参与教学所进行的认知加工，有助于学生深度理解所学知识。

（四）优化知识构建行为，促进深度学习

教学的目的在于帮助学生达成学习目标。具体来说，教学的目的就是在学习过程中指导学生的认知加工，促进学习者的知识构建，并提升思维品质。只有在学习过程中经历了以下三个重要的认知加工时，真正的意义学习才产生：（1）学生关注与课程相关的信息；（2）为学习的知识建立一个有组织的知识结构；（3）将新知识与原有知识相联系。

教师在概念课和规律课的教学设计中要关注学习过程中发生的这三种认知加工方式。教学上首先要强调一节课的学习目标，明确应该从这节课学到什么，设计有助于实现教学目标的前置问题，促使学生关注有助于回答这些问题的课堂内容；其次设计后置问题，即学习完每一部分后需要学生回答的问题，让学生在不同教学环节回顾和关注这类问题对应的知识内容；最后在教学设计上要重视引导学生对知识进行组织和整合，不经过有效的组织，学生的大脑只会记住一堆孤立零碎的信息，有效的组织对帮助学习者实现意义学习起着至关重要的作用。

组织的教学策略可以通过课前总概述、小标题、绘图表等方式，为学生提供课程内容走向的地图，帮助学生有序地组织信息，将主要知识点绘制成矩阵图、知识网或者按层级进行排列。整合的教学策略可通过具体先导、具体示范的方式实施。为促进深层学习，教师在课前和授课中可有意识地展示学生熟悉的知识，激活学生原有的知识并借此同化新知识。组织和整合这两种优化过程的教学策略，可以帮助学生将所学知识与原有知识联系起来，以熟悉的或具体的知识为模型，促进学生领会新知识或抽象的知识。

综上所述，本项目组从中学物理概念和规律教学的现状和发展说起，厘清存在的常态问题，提出优化概念和规律教学方式的行为活动；基于对现状和发展的阐述，从理论依据、教学设计规格和要点、设计视角深入进行原理解读；同时基于表征形成和精细加工两方面提出了基于学习科学的中学物理概念和规律教学实施策略，并结合课堂实例进行教学实践成效分析。

在当下"双新"背景下，知识的传播伴随着包罗万象的人机交往的网络化，显著地影响着教育的传播方式。在数字化时代，网络是学生信息获取和情感沟通不可忽略的途径，需要引起我们对课堂教学的重视。如果教师能够转变传统师生关系，在教学过程中充分应用学习科学相关原理来展开教学，对学生的学习需求和动机给予高度关注，就可以促进高效学习，进而帮助学生加深对物理概念和规律的理解，更好地掌握物理学研究的基本方法，提升学生的物理学科核心素养。

第四章　基于学习科学的中学物理实验教学实践

第一节　中学物理实验教学的现状与发展

一、中学物理实验教学的现状

（一）中学物理实验教学的研究现状

1. 国外中学物理实验教学的研究现状

从 20 世纪 70 年代起，一些发达国家（美国、英国、德国、日本等）就已经非常重视基础教育阶段的物理实验教学了。加上 20 世纪 80 年代以来全球在中小学课程进行的大规模改革，使得基础教育更加大众化，这些转变引起了课程和教材的改革。英、美、德等发达国家对初中物理实验教学有了更加明显的重视和加强。

自第二次世界大战以来，美国先后进行了四次重大的教育改革实践。在新课程标准的推动下，美国在教学创新的运动中指出，学校要不断强调体验探究式的学习。在初中物理实验教学实践活动中，美国提倡利用生活中常见的材料来进行实验，例如透明胶、硬币、米尺、木板、橡皮筋、管、纸杯、硬纸板、塑料袋等。因为材料容易获得，故而有利于学生在生活中进行探究和重复性实验。由于实验时所运用的器材很多不是专业测量器材，美国中学实验的精准度较低，其目的也不在于严格定量的实验过程，而更加看重实验过程中的简便性、趣味性以及对学生相应能力和科学方法的训练。[1] 学生在实验中充分感受到物理来源于生活，生活中处处皆是物理。探究性实验教学方法鼓励学生亲自设计实验，观察现象，收集相关数据并进行分析，从而验证猜想与假设，主动写出实验报告。这种探究性实验教学方法最先在美国活跃起来，其中最具代表性的人物是最先提出"通过解决问题进行学习""从做中学"的教学方式的著名教育家杜威，他的教学过程为：困难→问题→假设

① 沈俊妮，周延怀.美国高中物理教材的学生实验分析与借鉴［J］.学科教育，2004（12）：46—49.

→验证→结论。其后，美国的布鲁纳（J. S. Bruner）、施瓦布（J. Schwab）、费尼克斯（P. Phenix）等教育家也都大力推崇探究式学习方法。著名心理学家加涅（R. M. Gagne）还从理论上对"探究式学习"进行了充分论证，使得此种学习方式得到了人们的普遍认可，吸引了更多的科学家对其进行研究。

英国的科学教育历史悠久，在英国的普通教育中占有十分重要的地位。最初的物理教育是融于科学教育中的。英国《1988 年教育改革法案》规定：中小学开设核心课程和基础课程两类课程。英语、数学和科学属于核心课程。在之后的二十几年里，英国教育部对科学教育课程标准进行了多次修订，其中科学探究是其学习计划的主要内容之一。英国物理教育由原来单纯的知识性目标转向知识性目标与过程性目标并重，重视促进学生在观察、描述、量度、预测、实验、分析和解释等科学探究过程中的发展能力。英国实行实验室授课制，物理课都是在实验室授课，其教学活动基本上也是围绕实验展开。据统计，低年级的学生（中一、中二）每节课的学生活动时间占到了 70% 以上，高年级中学阶段实验时间占到了全部教学时间的 50% 以上。[①] 在学生成绩评定方面，学校会依据学生在实验中的实验操作、观察、数据处理、对象分析、归纳能力等方面做出综合评定。同时，在教师培训方面，物理实验的改进和物理教具的制作也作为培训的主要活动。

德国也非常重视初中物理实验教学，每次物理课都会做 2—3 个演示实验。德国初中阶段物理课程教材设置了 400 个实验，这些实验包括教师演示实验和学生实验。在学习物理知识的过程中，学生起主导作用，几乎所有知识的获得都是学生自己在实验、思考、总结中获得的，这极大地提高了学生的学习积极性和创造性。也有部分实验，由于安全和技术设备问题，只能由教师进行演示。教师往往利用自制教具，由浅入深、由表及里、阶梯分明地进行实验。

日本虽然非常重视考试，但其初中物理教学是比较活泼的，实验活动也非常丰富，并且 50% 以上的教学活动是在实验室开展的。这样的教学活动可以促使学生学会发现规律和解释自然现象的方法，同时培养学生对事物和现象的科学观点以及将其与日常生活联系起来的态度。

俄罗斯的中学物理课都在实验室上，实验室内有配套的仪器设备，为学生提供了很好的学习环境。教学大纲要求学生要具备一些实验技能，而且列出了 256 个演示实验、46 个实验作业、55 次实验室实习，加大了学生独立实验的时间比例。可见，俄罗斯的中学物理教学很重视实验教学。

---

① 曹磊，谭树杰．各国物理教学改革剖析［M］．上海：上海教育出版社，1997：23—87.

2. 国内中学物理实验教学的研究现状

新的课程改革要求学校重视对学生科学探究能力的培养，以及动手和实际操作能力的培养。《国家中长期教育改革和发展规划纲要（2010—2020 年）》明确表示，要"倡导启发式、探究式、讨论式、参与式教学，帮助学生学会学习。激发学生的好奇心，培养学生的兴趣爱好，营造独立思考、自由探索、勇于创新的良好环境"。自 20 世纪 80 年代中期以来，我国对初中物理实验教学的很多环节都有独到的深刻论述，但由于没有得到相关部门的重视，许多都处于研究阶段。

我国初中物理课程改革的目标是培养全民的科学素养，物理实验教学起着重要作用。目前的大部分初中物理教学还存在这样的普遍现象：重灌输、轻启发；重理论、轻实验。不少学校的物理实验教学仍然是用"讲"实验来代替"做"实验，所以，必须对初中物理实验教学进行改革。

不少教育工作者已经对物理实验教学的相关方面进行了研究，很多成果已经付诸应用与实践，如张常虹的《中学物理实验教学的完善和发展方向》、李克林的《课程中物理实验教学的改革研究》等都提出了相应的改革措施，逐步地在完善物理实验教学方法。

有学者还研究了物理实验教学对学生能力发展的影响。在实验教学促进学生创新思维方面，上海师范大学的王巍通过对多个教学案例进行分析，研究了创新思维在课堂上的行为表征，同时提出了实验教学培养创新思维的有效途径。[1] 马丽娜通过对创新思维的理论研究发现，实验教学能够培养学生的创新思维，培养学生独立思考问题的能力和动手能力。[2] 除了理论研究外，有学者根据相关理论进行了物理实验教学的实践研究，在促进学生创新能力的实践研究上取得了进展。例如：华中师范大学的方路线通过进行物理实验教学实践，在培养学生的创新能力上取得了良好的效果和反馈；[3] 周维新对创新能力构成及中学生创新能力的要素及训练激发进行了梳理，选取高中物理必修一和必修二的部分实验作为教学内容，在教学前后对学生进行了思维品质测量，通过数据表明学生的创新能力得到了提高。[4] 在实验教学对学生探究能力的培养方面，辽宁师范大学的米洋洋分析了三种实验形式（演示实验、学生实验、课外实验）的特点，并结合三个教学案例论述了物理实验教学在培养学生探究能力方面的作用。[5] 首都师范大学的刘智敏选择了以探究式课堂展开

① 王巍. 高中物理实验教学中培养学生创新思维的实践研究［D］. 上海师范大学，2012.

② 马丽娜. 初中物理实验教学中创新思维能力的培养［D］. 天津师范大学，2012.

③ 方路线. 物理实验教学中培养学生创新能力的探讨［D］. 华中师范大学，2007.

④ 周维新. 中学物理实验教学中学生创新能力的培养研究［D］. 苏州大学，2008.

⑤ 米洋洋. 高中物理实验教学中学生探究能力的培养［D］. 辽宁师范大学，2014.

的探究模式进行教学，通过问卷调查得知，在探究式物理实验教学干预后，学生的选题能力以及制订研究计划的能力都得到了提高。①

初中物理实验教学评价主要是针对中学物理实验教学的效果和学生的实验动手能力衡量方面，起指导和监督的功能。然而注重纸笔考试、机械记忆实验相关信息、轻视学生亲自动手的实验操作和实验探究等传统的实验教学评价已不能适应教学发展的需求。在新课程标准改革的时代背景下，一些教育工作者通过自己不断地去研究、总结，努力寻找适合初中生终身学习、发展的评价方式。

（二）中学物理实验教学的教学现状

物理是一门揭示物理现象并得到相对应的物理规律的基础学科，实验对于物理教学尤为重要。通过问卷和访谈，实验教学的研究团队在中学物理教师、八年级至十一年级的学生中展开了关于实验教学相关问题的现状调研。通过对获得的数据进行分析，我们发现问题主要集中在教师的教与学生的学这两个层面上。

1."教师的教"现状

绝大部分教师认为实验教学在物理教学中的作用是非常大的，但是从实验员安排、实验教学的培训等方面来看，相关部门的重视程度不够。这一点可以从以下问题的回答情况中分析得出。

问题 1：我认为实验教学在物理教学中的作用？（见图 4-1）

选　项	小　计	比　　　　例
非常小	0	0%
不太大	0	0%
一般	1	1.23%
比较大	14	17.28%
非常大	66	81.48%

图 4-1　问题 1 的教师调研数据分析

问题 2：我所在学校的物理实验员是？（见图 4-2）

选　项	小　计	比　　　　例
专职物理实验员	31	38.27%
物理教师兼职实验员	33	40.74%
其　他	17	20.99%

图 4-2　问题 2 的教师调研数据分析

① 刘智敏. 在物理教学中培养中学生科学探究能力的研究［D］. 首都师范大学，2002.

问题 3：近 3 年内，我参加过物理实验教学方面的培训吗？（见图 4-3）

选　　项	小　计	比　　　　例	
参加次数超过 3 次（包含 3 次）	28		34.57%
参加次数少于 2 次（包含 2 次）	37		45.68%
没有参加过	16		19.75%

图 4-3　问题 3 的教师调研数据分析

通过分析问题 1、问题 2 和问题 3 的调研数据可以看出，绝大多数教师认为实验教学在物理教学中的作用是非常大的，而物理实验室的专职实验员比较少。近年来，教师参加物理实验教学方面的培训也比较少。

问题 4：学校的实验器材能满足实验教学的需求吗？（见图 4-4）

选　　项	比　　　　例	
严重不足		14.81%
经常缺损		13.58%
一般		27.16%
基本满足		37.04%
完全满足		7.41%

图 4-4　问题 4 的教师调研数据分析

问题 5：平均一个学年内，我的学生进行学生实验的次数大约是多少次？（见图 4-5）

选　　项	比　　　　例	
3 次以内		9.88%
4—5 次		29.63%
6—7 次		30.86%
8 次以上		29.63%

图 4-5　问题 5 的教师调研数据分析

问题 6：我在实验教学中演示或讲解实验时，经常会借助什么？（见图 4-6）

选　　项	比　　　　例	
以实验仪器为主		16.05%
实验仪器与多媒体演示相结合		79.01%
仅以多媒体演示为主		2.47%
以黑板讲解实验为主		0%
其他教学辅助工具 _____		2.47%

图 4-6　问题 6 的教师调研数据分析

通过问题4、问题5和问题6的调研数据可以看出，学校配备的物理实验器材大部分情况下无法满足实验教学的需求，老师一般只能通过"纸上谈兵"替代。结合教师所处的学段、物理教学基本要求等，可知还有少部分学生没有按照基本要求操作过学生实验。教师在演示或讲解实验时，以视觉信息为主，并未给予触觉信息。

问题7：在课堂的学生实验环节中，我一般如何指导学生实践？（见图4-7）

选　项	比　例	
自己操作一遍，然后让学生模仿操作		19.46%
播放视频等多媒体，让学生对照操作		10.81%
让学生按照书本或教师讲授的操作步骤进行操作		27.57%
先让学生操作，然后有针对性地点评		16.22%
很少让学生实验操作		0%
其他方式 _____		25.94%

图4-7　问题7的教师调研数据分析

问题8：我的学生在做学生实验时的行为一般是？（见图4-8）

选　项	比　例	
对实验步骤不熟悉，完全依赖同组同学		3.7%
尽量让同组同学操作		28.4%
主动操作		53.09%
主动操作且主动思考		8.64%
其他 _____		6.17%

图4-8　问题8的教师调研数据分析

通过问题7和问题8的调研数据可以看出，部分教师在进行物理实验教学时，是通过视频播放或自己操作给学生做出演示，然后让学生模仿操作，而实验操作步骤往往比较复杂，容易超出记忆容量阈值。学生在操作时，如果遗忘了操作步骤，只能依赖其他同学，主动操作且思考的比例较低。

问题9：如果我的学生在课堂实验过程中发现了与教学内容密切相关的物理问题，我会尝试着设计物理实验加以验证吗？（见图4-9）

选　项	比　例	
经常这样做		48.15%
偶尔这样做		50.62%
从不这样做		1.23%

图4-9　问题9的教师调研数据分析

问题 10：我在教学中紧密结合教学内容，指导学生开展丰富多彩的科学实践活动（实验改进、发明创造、论文等）的频率是？（见图 4-10）

选　　项	比　　例
经常指导（每学期超过 5 人）	13.58%
偶尔指导（每学期 1—5 人）	49.38%
很少指导（每学期 0—1 人）	30.86%
从没指导	6.17%

图 4-10　问题 10 的教师调研数据分析

通过调查发现，大部分学生都是带着问题离开课堂的，近半教师没有指导学生对问题进行更深层次的分析与加工，没有将课堂教学做有效的延伸。

综上所述，通过围绕物理实验教学的调研及访谈，我们可以初步得出这样的结论：当前物理教学中，虽然教师们认为物理实验教学在物理教学中的作用很大，但现实是，有关部门对实验教学的重视程度还是不够的，大部分教师的重点还是放在提分上，实验教学的真正价值没有发挥出来。不管是思想上，还是教学方法上，基于实验这种教学手段落实物理核心素养的培养都是缺失的。

2."学生的学"现状

学生在物理实验教学中的表现如何呢？下面就学生的几个相关问题的调研结果进行分析。

问题 1：得知下一节物理课是实验课，我会感到兴奋？（见图 4-11）

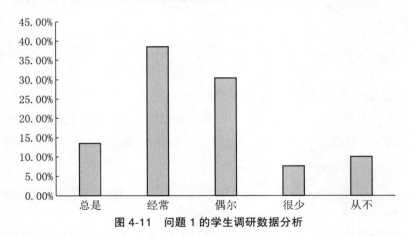

图 4-11　问题 1 的学生调研数据分析

问题 2：老师在做演示实验时，总体上我觉得？（见图 4-12）

通过问题 1 和问题 2 的调研数据可以看出，绝大部分学生对物理实验还是非常感兴趣的；在实验演示的过程中，部分教师没有关注到学生是否能看清楚物理实验的现象。因此，教师在实验演示的过程中，需要关注物理现象的可见度、清晰度，一定要让不同角度、不同位置的学生都能看清楚实验现象。

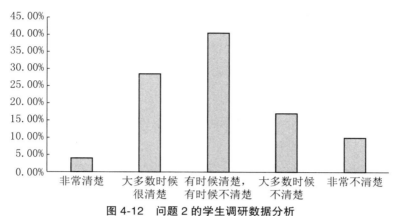

图 4-12　问题 2 的学生调研数据分析

问题 3：我能独立完成实验操作？（见图 4-13）

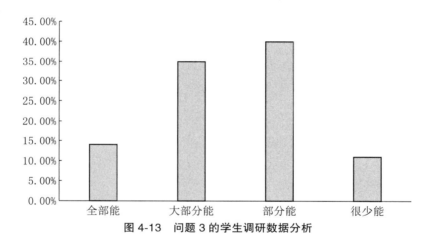

图 4-13　问题 3 的学生调研数据分析

问题 4：在进行实验时，我能分析实验现象或实验数据，得出实验结论？（见图 4-14）

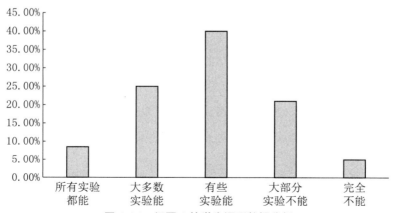

图 4-14　问题 4 的学生调研数据分析

通过问题 3 和问题 4 的调研数据可以看出，大部分学生无法独自完成实验过程，也无法从实验现象或实验数据得出实验结论。由此可以看出学生的实验动手操作能力以及分析现象和实验数据的能力有待加强。

（三）原因分析

在物理实验教学中，一直存在着教师重视程度不够、学生参与度低、教学效率低下等问题。下面将从影响学生实验能力的认知、非认知两大影响因素进行分析。

1. 认知因素分析

认知因素是指人在认识客观事物及其规律的活动中所表现出来的心理过程，包括感觉、知觉、记忆、想象、思维。

（1）感觉偏好对物理实验学习效果的影响

环境中的信息是通过五种感觉器官（视觉、听觉、触觉、味觉和嗅觉）被收集并加以处理后才进入大脑进行深加工的。如果人脑要将注意力用于所有外部环境的信息，显然是非常令人痛苦的。幸运的是，人脑对信息的加工是有选择性的。我们也经常被告知要特别去留意某些信息或者忽略某些信息，就像在课堂上，教师会帮助学生对他们应该获取、加工并保存的信息做出明智的选择。这个时候，学生可以留意到什么信息被过滤了。而实际上很多情况下，大脑在不知不觉中过滤了我们周围的很多信息，以至于很多信息都没有引起我们的感知，而且不同的人在相同环境中保留和过滤的信息也是不同的。这就涉及感觉通道偏好的问题。

事实上，学生在学习过程中并没有均等地调用视觉、听觉、触觉、味觉和嗅觉。由于物理课堂教学的限制，学生的味觉和嗅觉很少被调动起来，他们主要靠视觉、听觉和触觉来获取课堂上的信息。人们从环境中摄取的信息都有自己特有的某种偏好，认知心理学称之为感觉偏好或通道偏好，每个通道获取的信息率并不相同。

（2）记忆对物理实验学习效果的影响

记忆是一种复杂的过程，涉及编码加工、存储与提取的相互关系。一般认为什么样的信息得到存储取决于所知觉到的信息以及这些信息怎样被编码加工，而已存储的信息又决定了什么样的提取线索是有效的，可以通过它来提取已存储的信息。在信息加工模型中，记忆占据了非常重要的位置。感觉登记（亦称"瞬时记忆"，属于记忆系统的一种）接受外界的信息，短时记忆对其进行选择性编码并将它输入长时记忆，而长时记忆的信息也可以在我们需要的时候被提取到短时记忆中。学习和记忆总是紧密联系在一起，学习过程需要记忆，否则就不能通过学习影响我们的行为。记忆不仅仅是信息，它们还代表整个脑内的关联和类型。而且学习者如何加工学校、教室呈现的信息对其学习质量有很大影响，也是决定学习内容是否被保持和如何被保持的主要因素。

（3）生成学习对物理实验学习效果的影响

在信息加工系统中，生成学习强调学习过程是学习者原有认知结构与从环境中接受的感觉信息相互作用、主动建构信息意义的生成过程。大脑在信息加工过程中会接受很多信息，但同时也拒绝或丢失很多信息。

生成学习的主要步骤是：①长时记忆中影响个体注意经过和知觉的内容以及以特殊方式加工信息的倾向进入短时记忆，成为学习的动机；②经选择性注意和知觉而得到的感觉信息，与长时记忆中贮存的有关信息建立某种试验性联系；③通过与感觉经验和长时记忆中已有信息进行对照，检验新信息的意义是否构建成功；④做相应的调整后建立新的试验性联系，直至理解意义；⑤将新信息从短时记忆纳入长时记忆并同化到原有认知结构中或重组原有认知结构。

2. 非认知因素分析

非认知因素是指不直接参与认知过程，但对认知过程起作用的心理因素，包括个人需要、动机、兴趣、世界观、价值观、情绪情感、毅力、性格、自信心等。

（1）动机对物理实验学习效果的影响

动机是由某种需要所引起的有意识的行动倾向，是激励或推动人去行动以达到一定目的的内在动因。学习动机是直接推动学生进行学习的内部力量。心理学家通常认为动机可以分为内部动机和外部动机。内部动机是学生根据自身的意志、兴趣、爱好而进行学习的动机因素。比如，物理学业优良的学生学习物理是出于对物理感兴趣，并且希望通过学习获取物理知识，从而体验成功。这样的学习动机包含了三个因素：学习兴趣、学习目的和成就动机。

（2）意志与情感因素对物理实验学习效果的影响

意志是人为了达到一定的目的，自觉地组织自己的行动，并与克服困难相联系的心理过程。它是意识的能动表现。物理知识的获得和物理问题的解决的过程，是一个有目的、需要主体自觉组织思维活动、调动物理学习动机和物理学习情感，并通过持续而艰苦努力的物理认知过程。其中思维活动必然表现出思维的种种特性：概括性、间接性、逻辑性、目的性和问题性、层次性、生产性。这里思维的逻辑性、目的性和问题性的实现，尤其需要主体的意志行动的积极参与。又由于物理学习情境中的"问题解决"具有鲜明的创造性、探索性，因而它比其他学科更吸引着学生增长和发展才智。学生将获得克服障碍、逾越难关、坚忍不拔的精神，随着每一个新的成就充实起来，并且从中学会去经受挫折、失败，进而激发和促进意志品质的培养，强化意志对于物理认知结构的作用。总之，物理学习意志对物理认知活动起支配和调节作用。

　　情感是人对现实的对象和现象是否适合人的需要和社会要求而产生的心理体验。情感的内容揭露了一个人对现实的突出的、典型的态度。物理活动不仅是"物理认知的活动"，也是在情感参与下的活动。人们在物理活动中的情感，反映出主体在认知物理的活动中的精神世界和个性特征。学生在物理学习过程中既进行认知性学习，也进行情感性的学习，两者是密切联系的。教师在教学中如能把情感因素与认知因素结合得好，可以使学生在愉快的气氛中把认知活动由最初发生的快感或兴趣引向热情而紧张的思考，从而提高学习能力；教师以饱满的热情讲述物理内容，使学生得到获得知识的充实感和满足感，就会诱发学生学习物理的内部情感动力，使学生积极地开展认知活动。

　　（四）实验教学分类阐释

　　项目组基于文献研读，结合教学实践，从教学实践的角度将中学物理实验教学梳理成四大类，如图 4-15 所示。

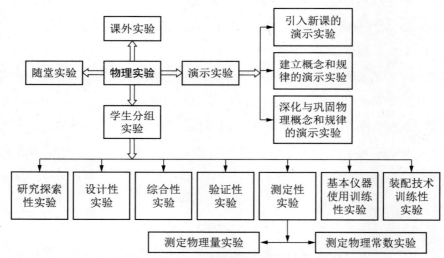

图 4-15　基于实践角度的四大类型实验教学

　　1. 演示实验

　　演示实验是指教师在课堂教学中，为组织学生观察、思考而进行的实验操作演示活动，也可以理解为是配合讲授或课堂讨论进行的实验，在物理课堂教学中是深受学生喜爱的实验形式。

　　物理演示实验紧扣教学环节，一般可分为以下三种基本类型：第一类，引入新课的演示实验；第二类，建立概念和规律的演示实验；第三类，深化与巩固物理概念和规律的演示实验。

2. 学生分组实验

学生分组实验是学生在教师指导下利用课堂时间，在实验室分组进行实验的教学形式。它是学生自己动手使用仪器、观察测量、取得资料数据，并独立分析总结的过程；是学生学习物理知识、培养实验技能和良好品德素质的重要环节。从教学目的侧重点来划分，学生分组实验大体上可以分为六类：研究探索性实验、验证性实验、测定物理量和物理常数的学生实验、基本仪器使用训练性和装配技术训练性的学生实验、综合性实验、设计性实验。

3. 随堂实验

随堂实验教学是指教师边讲边实验示范、学生边学习边做实验的教学模式。随堂实验是演示实验和分组实验的有机结合，是教师引导和学生自我探索相结合的教学过程。随堂实验的教学内容通常选择需要学生自己动手，但又需要教师及时指导的实验，或者能通过学生之间相互激发来达到一定教学目标的课题。

4. 课外实验

课外实验是指学生按照教师布置的任务和要求（或提示），用一些身边简单易得的器材或自己动手制作的简单装置，在课外独立或合作完成的实验。

当然，从不同角度划分，实验类型又不一样。按研究问题的质与量划分，有定性实验和定量实验；按实验目的划分，有探索性实验、验证性实验、训练性实验和测定性实验；按实验的手段划分，有对比实验、模拟实验；按实验主体的不同划分，有演示实验和学生实验；按照实验器材是否为学校配套厂家制作划分，有常规物理实验和非常规物理实验。

二、中学物理实验教学的未来发展

（一）培育物理学科核心素养，关注探究实验设计

1. 物理学科核心素养

物理学科核心素养包括物理观念、科学思维、科学探究以及科学态度与责任。在学生结束学习生涯以后，可能会对物理知识有所遗忘，但是通过物理学习获得的思维、品格和能力会使其受用终身。物理学科核心素养主要包括的内容如表 4-1 所示。

表 4-1　物理学科核心素养及其要素

四个方面	要　　　素
物理观念	物质观念、运动与相互作用观念、能量观念
科学思维	模型建构、科学推理、科学论证、质疑创新
科学探究	问题、证据、解释、交流
科学态度与责任	科学本质、科学态度、社会责任

2. 中学物理探究性实验（活动）汇总分析（高中学段）

表 4-2　高中物理探究性实验（活动）汇总分析

学　段	教　材	章　节	探究性实验名称
高中	必修一	第三章	探究弹簧弹力与形变量的关系
			探究两个互成角度的力的合成规律
		第四章	探究加速度与物体受力、物体质量的关系
	必修二	第五章	探究平抛运动的特点
			探究向心力的作用效果
			探究向心力大小与半径、角速度、质量的关系
		第七章	探究重力势能的影响因素
	必修三	第十章	电源电动势及内阻的探究

以高中部分为例（见表 4-2），上海科学技术出版社出版的普通高中物理教科书必修部分共有 12 个学生实验，其中有 5 个探究性实验；共有 21 个自组活动，其中有 3 个探究性活动；共有 8 个学期活动（上表中未体现），均需要学生的实验设计能力作为基础。

3. 探究性实验的教学对培育学科核心素养方面的意义

物理学科核心素养是中学生发展核心素养和物理学科本质特征相结合的产物，是物理学科教育教学的价值遵循，也必然是物理学科探究性实验教学的教学目标。每一个探究性物理实验都有自己的教学内容和教学思路，这就决定了每一个实验所承担的育人价值都是具体而独特的。有的探究性实验还有多种可供选择的实验方案，不同的实验方案可能会体现不同的育人价值。

探究性物理实验是以探究未知的物理相互作用关系和变化规律为目的的实验，这一类实验的重要特征即结论是未知的，学生需要通过实验的方法自主探究建构起对于物理定理定律的理解。探究的内容可以是物理量之间的关系，如探究向心力大小与半径、角速度、质量的关系，目的是研究向心力的影响因素以及具体定量关系，这种探究关系的实验在科学探究过程的设计中应该围绕着控制变量法展开，学生需要想清楚六个问题，也就是实验中要"控制谁""改变谁""测量谁"以及"怎样控制""怎样改变""怎样测量"。设计这个实验的过程，也就是培养学生核心素养的过程。考虑"控制谁""改变谁""测量谁"的过程，是一种严谨的科学思维的训练，体现了系统的观点。在进行实验的时候，离不开对物理量的控制和测量，比如在探究牛顿第二定律的实验中，系小桶的细线既不能太长——太长了会影响合外力的有效作用距离，小桶会过早落地；也不能太短——太短了会让轨道的利用不充分，使获得的实验数据偏少，实验误差较大。这里面就渗透了对学生操作技能的训练，也是技术和工程素养的初步体现。

另一类探究性实验是探究变化规律的实验，如探究平抛运动的特点，其本质就是探究平抛运动过程中水平方向的运动和竖直方向的运动规律。这一类实验要注意科学思维在探究实验设计过程中的运用，比如学生在研究平抛运动特点的时候，想到平抛运动是一种相对复杂的运动，而物理学研究问题的一个基本思路就是化繁为简，于是想到要对运动进行分解研究。在考虑分解方向的时候，要想到"力的独立作用原理"，要对运动在重力的竖直方向上和与重力垂直的水平方向上分别进行分析。在实验测量的过程中，也要考虑到尽量减小测量手段对被观测物理过程的影响，这里面涉及测量技术的应用。最后对实验现象进行分析的时候，要综合运用数学思维和几何思想，让学生能够以严谨认真的态度正确处理实验数据，正确对待实验中出现的误差，在对实际问题的分析中逐渐建构起科学态度和科学本质观。

　　因此，探究性物理实验的教学对于培养学生的学科核心素养要素具有重要的价值，在未来，探究性实验的教学不只是教会学生知识的手段，也是培养学生科学探究意识、实验操作素养、分析论证能力、科学态度责任的必要途径。

　　（二）重视物理实验资源开发，聚焦项目式学习

　　新课程改革对中学物理教学提出了全新的教学理念，首先是培养中学生了解并采用科学家的探究精神发现和解决物理问题，全面发展学生的科学素养；其次是引导学生学会细致观察生活中的物理现象，实现"从生活走向物理，从物理走向社会"的科学·技术·社会·环境教学理念；最后是通过多种学习与探究方式让学生发挥自身的想象力与创造力，发现和解决真实问题。学生通过亲身经历和体验实验过程，知道物理的本质，形成科学精神和科学价值观，从而全面提升自身的科学素养。想要落实新课程改革的理念，项目式的学习就是一个很好的载体。它是指以承载着物理学科关键知识与概念的生活化的项目主题为导向，让学生在教师的指导下，以团队合作的形式通过实验探究解决问题，获得综合能力提升的教学方式。

　　项目式学习的典型特征就是强调学科知识的交叉融合，主要表现在两个方面，其中一方面表现在项目主题是"跨学科"的，即这一问题的解决无法单纯依靠某一门学科知识。学生在高中阶段的学习以分科课程为主，这就人为割裂了知识的完整性，使得学生对知识的认识流于片面，因此在高中阶段开展项目式学习，能够很好地弥补分科课程带来的知识被人为割裂的不足，同时也能够给学生足够的探索空间，让学生的探索不会局限于某一学科，更多地拓展学生知识的广度。如开展主题为"解释交通法规中汽车刹车距离与车速之间的关系"的项目式学习，不仅要根据物体初速度、受力情况判断物体的运动轨迹等物理知识，还需要结合轮胎与路面之间的摩擦特性和附着因数等工程材料方面的知识，利用软

件进行模拟或捕捉真实刹车情况，计算出特定的运动轨迹等计算机知识。另一方面强调同一学科中不同模块知识的交叉，学生是在学习过程中分单元章节去学习碎片化的知识的，但是在实际生活中往往需要综合多个方面的知识。项目式学习能够将多个知识点进行整合，在学生头脑中形成逻辑性更强的知识框架，多用于复习类课程。如开展主题为"设计并制作一个能动态显示加速度大小的加速计"的项目式学习，能够综合运动学、动力学和能量等相关知识，培养学生知识学习的融会贯通能力。

因此，未来的实验教学发展方向可能会是项目式的物理实验教学，需要挖掘、整合和利用更多的实验资源，以拓展学生的视野，丰富学生的科技应用知识，增强学生对科学·技术·社会·环境之间关系的理解。

（三）深度融合现代信息技术，提升实验教学效率

在物理发展史上，人类发明了很多认知世界的工具。比如说借助望远镜观察遥远的天体运动，借助显微镜观察微观世界，借助摄像机记录物体的运动，人们可以通过不断地发明认知工具，进一步地认识世界，观察以前无法观察的现象。现如今，现代信息技术不断发展，不久的将来必将成为学生新一代的认知工具。在教学中将现代信息技术当作学生认知学习的工具，不仅是要运用现代信息技术去完成所要求的教学任务，还要运用现代信息技术拓宽学生的视野，开拓学生的知识面，从而达到培养学生探究学习以及创新的意识和能力。在现代信息技术普及的可见未来，运用现代信息技术进行物理实验教学将会成为师生互动的最好平台。

目前来看，现代信息技术主要突破了物理实验教学的三大难点：

（1）时间的调控：有许多物理现象发生的时间太短，不便于观测，如平抛运动速度过快，不利于学生观察，此时可以利用数码相机拍摄平抛过程，然后利用计算机视频播放软件的慢放功能放慢实验过程，让观察者清楚地观察到整个平抛过程，这对于验证实验规律很有说服力，也更有利于学生对实验深层次的理解。

（2）构建立体图景：有些物理实验用传统实验方式难以完成，教师仅靠口头讲述会让学生难以理解，此时需要运用动画的形式构建立体图景。如在教学中很难讲清楚卢瑟福的α粒子散射实验，卫星的发射、变轨、运行等问题，此时运用 flash 动画演示的方法，就可以让学生很好地学会并掌握这些难点知识。

（3）DIS 实验定量分析：有些实验通过传统实验仪器只能粗略观察实验现象，难以进行定量分析，运用计算机软件与力、热、光、电等物理传感器共同组成的数字化信息系统 DIS，能够迅速采集实验数据，并进行快速数据处理和分析，从而有效解决这一问题。如在传统实验中对于通电螺线管内部磁感应强度的定量测量，利用 DIS 实验系统就能很好地

解决这一问题。

随着现代教育技术和信息社会的飞速发展，虚拟仿真技术应运而生，也被广泛应用于实验教学中，未来甚至能将无法控制反应过程及在传统实验室无法完成的实验，或者完成实验过程有一定危险性的实验，更安全、直观地向学生展示，例如研究物体放射性的实验、静电喷涂实验、电子衍射实验等。

综上所述，未来中学物理实验教学多元的发展方向，能帮助学生在学习物理的过程中，将实验和探究活动更好地融合，更好地观察现象、提出问题、制订方案、实践操作和交流总结，从而加深对物理规律的认识，掌握物理学的分析方法，形成物理学视角的思考方式。

第二节　基于学习科学的中学物理实验教学原理阐释

一、容量有限原理

学习科学最为重要的一个观点是：每一个通道一次只能加工一小部分材料。工作记忆的这种容量限制对如何开展学习有着重要的启示。工作记忆不能加工所有进入其中的信息，因此，人们需要对相关材料进行选择性关注，并尝试赋予这些材料特定的意义。乔治·米勒（George Miller）在 1956 年的经典论文中写道："神奇的数字 7+2：这就是我们在信息加工时的容量限度。"米勒引用了先前所述的例子作为证据，当点数小于 7 时，人们能够凭直觉辨识出数目；当点数大于 7 时，人们就要估算一下了。这足以证明，人们在工作记忆中加工信息的容量是有限的。

根据容量有限原理，我们应该在备课时精简教学内容，优化教学结构，从而降低学生的内在和外在认知负荷。教学活动中学生的内在认知负荷与教学材料的特点和学生的认知水平有关，外在认知负荷与教学材料的呈现方式和教学设计水平有关。

（一）控制内在认知负荷：充分考虑教材特点与学生认知水平及其交互作用

案例一：以高一上学期第二章第一节《生活中常见的力》一课为例，在课的开始便明确"今天这节课我们来认识一些生活中常见的力，知道它们的产生原因、大小、方向和作用点"，即明晰本节课的目标，这样有助于学生明确本节课应学习到的知识点，引发他们关注能够实现教学目标的课程信息。

（二）降低外在认知负荷：优化教学材料呈现方式，提高教学设计水平

按照邻近原则呈现教学材料，减少注意分散和表征保存，即教学中的材料呈现应尽可

能在时空上保持邻近。凡涉及多来源的信息应该在物理上被整合，以降低对有限工作记忆的压力，并释放出认知容量进行其他的信息处理。

案例二：仍以高一上学期第二章第一节《生活中常见的力》为例，在对具体的性质力展开学习之前提出该学习环节需要解决的前置问题，如在认识重力环节，展示该环节要解决的问题：第一，重力产生的原因是什么？第二，重力的大小如何？第三，重力的方向如何？第四，重力的作用点叫什么？如何判断它的位置？引导学生关注能够解决这些问题的相关信息。

（三）提高相关认知负荷：激发学习动机

适当增加学生的相关认知负荷对教学是有益的。提高学生的相关认知负荷，关键是要激发学生的学习动机，使学生加大自身的认知努力。

案例三：在《气体的压强与体积的关系》教学中，关于实验误差分析，一直是学生实验能力提升中难以逾越的壁垒，这部分内容题型多变，如果压缩在一节课内完成教学，对学生的接受能力而言，将会是个很大的挑战。下面截取部分课堂教学内容谈谈具体做法（见表4-3）。

在测出五组压强和体积的数据之后：

表4-3 《气体的压强与体积的关系》教学设计

教师活动	学生活动	说　明
师：结合压强与体积的变化趋势，你认为压强与体积之间可能是什么关系？要证明压强与体积之间是反比关系，有几种方法	学生活动：分组讨论	抛出问题，引发学生的猜想，并引导学生在寻找方法的过程中能够通过表格法和图像法进行数据处理
师：在 p–V 图像中获得的图线能不能说明压强和体积之间是反比关系？要想说明压强与体积之间是反比关系，应该对图线怎么转换	生：可以转换成 p–$\frac{1}{V}$ 图像，或者 V–$\frac{1}{p}$ 图像，如果图线是过原点的直线，说明它们呈反比	在得出 p 和 V 之间的关系图线后，发现其并不能直接证明反比关系，进而激发学生思考转换坐标轴的可能性
师：那我们作 V–$\frac{1}{p}$ 图线试试	生： **图4-16　气体的压强与体积的关系图**	根据学生提出的方法进行操作
师：图线为什么不过原点	学生活动：分组讨论	对于由实验数据获得的误差进行可能的原因分析，既加强了学生的思维深度，促进了科学思维能力的培养，也在分析原因的过程中，很好地培养了学生严谨认真、实事求是的科学态度

学生猜想压强与体积可能是反比关系。最简单的方法是数学计算，可以直接验证。但是物理讲究数形结合的思想方法，所以教师进一步启发学生画图像来说明。从数学关系上来讲，作 p-$\frac{1}{V}$ 图线或者是 V-$\frac{1}{p}$ 图线都是可以的，但是由于气体体积测量时疏略了软管部分的气体体积，如果选择 p-$\frac{1}{V}$ 图线，学生将很难理解图线的物理含义，而且想要在一节课里把两种图像都解释清楚不太容易，会造成一定的混淆，所以由教师统一选择 V-$\frac{1}{p}$ 图像供学生一起分析研究，至于 p-$\frac{1}{V}$ 图像，可留着以后再解决。

二、双重通道原理

艾伦·帕维奥（Allan Paivio）在 1971 年发表的经典著作《图示加工与言语加工》中指出，人拥有两个单独的信息加工通道，即用于加工言语材料的言语通道和用于加工图示材料的视觉通道。大脑中的不同部分分别完成言语加工和图示加工，然后产生不同的心理表征。

那么这两个通道之间的关系如何呢？尽管信息是通过其中的某个通道进入人的信息系统，但是学习者也可以转换表征方式使之能够在另一个通道中加工信息。例如：屏幕文本最初可能是在视觉通道中被加工的，因为它是呈现给眼睛的，但是一个有经验的读者会在心理上把图像转换为声音，通过听觉通道进行加工。

在学习的过程中，如果能将这两种信息通道整合起来使用，对学习是非常有益的。

首先，我们要创设丰富有趣的学习环境，使得同一个学习内容既有丰富的图像和画面呈现，又有科学准确的文字表达。在这样的情况下，画面的信息和语言的信息会同时刺激人的言语通道和视觉通道，有利于学习者对新知识的认知理解。

案例四：在《气体的压强与体积的关系》一课教学的引入部分，运用双重通道原理，采用演示"硝化棉燃烧"的实验来引出气体体积变化时引起的压强和温度的变化关系（见表 4-4）。

表 4-4　"硝化棉燃烧"实验教学设计

教师活动	学生活动	说　明
演示实验一："硝化棉燃烧"实验 师：在上述过程中，气体的压强、体积、温度分别是如何变化的	学生活动：观察实验并思考	通过图示和言语双重通道传递给学生"硝化棉燃烧"实验的过程，加深学生印象的同时，也能很好地激发学生的思考
师：你是如何判断气体的温度变化的	生：硝化棉燃烧了，温度肯定变高了	引导学生对进入双重通道的信息进行有效提取
师：你是如何判断气体的压强变化的	生：猜想的	对于无法有效提取的信息，采取进一步引导的方式
师：请一名同学向下压活塞，并说说越往下压，感觉怎么样	生：越往下越难压下去	根据"调整通道"的教学原则，通过切身体验的实验，加深学生的感受
师：越难压是因为封闭气体压强大了还是小了	生：当然是大了	在实验体验的基础上，辅以跟进问题引导，帮助学生更为顺利地找到问题的答案

上述教学片段我们也可以从单一的言语表述给学生讲解，但远远没有学生亲身体验感受的效果好。通过演示实验，学生观察实验现象，体验实验效果，把抽象的教学内容具体化。气体体积减小后温度升高可以通过观察硝化棉燃烧看出来，压强增大则需要切身体验，活塞压不下去了，自然说明封闭气体压强大了，所以这部分内容结合语言教学和实验教学，双重通道的优势就凸显出来了，更加有利于学生对这部分内容的理解。

其次，容量有限原理告诉我们，认知通道上一次加工的信息量是有限的，这要求我们一是要同时启动可能的信息通道，两个通道肯定比一个通道处理的信息多；二是设法创设动态的视觉信息，让学生在一个信息通道中可以获得尽可能多的相互关联的信息组块，帮助学生更好地理解知识。

案例五：以高二拓展型教材第六章C节《测电源电动势和内阻》为例，在方案交流和评价环节，基于双重通道原理，安排每组两名同学上台交流，一人负责在黑板上作出实验电路图，一人负责介绍相关的实验方案及数据处理方法，同时利用用于加工言语材料的言语通道和用于加工图示材料的视觉通道帮助学生理解和消化。

最后，人类具有主动对新出现的信息进行注意和组织，并与其他信息相整合，建立一致的心理表征的行为，同时运用双重通道于学习之中，有助于主动学习习惯的养成。

三、主动加工原理

有意义的学习发生在学习者学习时进行适当的认知加工的过程中。主动加工的三个基本过程是：第一，选择相关的材料；第二，组织所选择的材料并形成连贯的表征；第三，将所选择材料与长时记忆中激活的原有知识进行整合。

维特罗克利用"生成学习理论"来解释这个研究结果，即：如果人能够自己生成一种学习策略，并为学习中的认知加工做好充足的准备，那么他就能进行更加深入的学习。

学习科学的新进展日益强调人们对学习进行自我调控的重要性，并将主动学习视为最重要的学习能力之一。主动学习可以探寻更为复杂的学科知识，并把所学的知识迁移到新的问题和情境中。

在教学实践中，要做到把主动学习能力的培养融合到每一个任务中，是个巨大的挑战，但这应该成为教学设计持续关注的核心问题。

案例六：以《测电源电动势和内阻》为例，在设计测量方案时，预设实验器材不受限的情境，引导学生大开脑洞，充分运用已学知识，选择相关的实验器材，并将所选器材与长时记忆中激活的原有知识进行整合，尝试设计尽可能多的方案。此举很好地体现了主动加工原理。

除此之外的其他环节也能够实现生成认知加工的顺利开展。

案例七：《研究气体压强与体积关系》一课中，在处理根据实验测得的数据画出压强与体积的关系图像，分析气体的压强与体积的定量关系时，如表 4-5 所示：

表 4-5　压强与体积关系的分析教学设计

教师活动	学生活动	说　明
师：在 p-V 图像中获得的图线能不能说明压强和体积之间是反比关系？要想说明压强与体积之间是反比关系，应该怎么转换图像的坐标呢 图 4-17　p-V 关系图	生：……（这里学生大多想不起来）	对于如何通过图像来验证压强 p 与体积 V 之间的反比关系，学生感到有困难
师：我们在学习牛顿第二定律时，研究小车受到的外力一定的情况下加速度与质量的关系，怎样处理图像证明它们是反比关系	生：化曲为直的思想，作 a-M^{-1} 图像（加速和质量的例数）	根据"具体化"的教学原则，引导学生将已学知识与新知识联系起来，从而达到更佳的教学效果

在处理压强与体积的图像关系时，学生其实已经有了化曲为直的基础，但是由于时间有点长，大多数学生都遗忘了，教师的提示可以激活学生已有的认知，帮助他们将已有知识与新学的知识进行整合，从而大大降低了学习的难度。

第三节　基于学习科学的中学物理实验教学实施策略

一、学习科学视域下的物理实验课实践样式

物理实验教学样式主要针对课堂教学中的学生分组实验，典型的有三类：

（一）技能型实验教学

明确期望→时间邻近→切块呈现→人性化

即基于"明确期望"原则进行教师讲解，让学生明确技能型实验的实验目的；基于"时间邻近"原则进行操作示范，让学生有例可循；基于"切块呈现"原则帮助学生模仿以掌握技能；基于"人性化"原则进行练习矫正，引导学生发现误差原因从而提高操作精准度。

例如在初二物理"用弹簧测力计测力"的学生实验中，教师可以让学生在自主阅读"弹簧测力计使用说明书"基础上，尝试使用弹簧测力计测力，然后通过师生对话纠正错误的实验操作方法，最后在教师的点拨下，学生对正确的实验操作方法形成共识：使用前的观察、使用时的正确操作方法和注意事项，促使学生在体验过程中学会正确使用弹簧测力计测力。因此，在进行技能型实验教学时，教师要让学生充分地动手实验，多关注师生对话对实验体验的有效引导，最终帮助学生形成正确的实验操作技能。

（二）验证型实验教学

具体化→时间邻近→切块呈现→有效整合

即基于"具体化"原则进行实验方法和原理的解释，帮助学生理解实验目的；基于"时间邻近"原则进行实验操作的介绍和示范，以利于学生模仿和探索；基于"切块呈现"原则让学生经历完整深入的过程体验，让学生的实验探索循序渐进，拾级而上；基于"有效整合"原则进行实验结果分析，提高归纳提炼能力。

例如研究"共点力的合成"的实验，这个实验的关键是学生实验操作结果须与理论值吻合，才能让学生信服实验结论。学生在实际操作中若操作不规范，将出现较大误差。为达成学生掌握实验技能的目标，教师可以采取"切块呈现"，不直接告知实验操作过程中的注意事项，而是通过问题链设计，层层递进，让学生在实验操作中逐步掌握减少误差的实验技能，虽然整个操作过程会耗时较长，但对提升学生的科学探究素养是有益的。

（三）探究型实验教学

聚焦要义→关注选择→明晰目标→指导发现→自我解释→有效整合

即基于"聚焦要义"原则提出探究问题；通过猜想假设而明晰探究目标，进而设计实验方案、进行实验；对实验结果分析论证，进行有效整合，得出合理的实验结论。

探究型实验教学是采用科学探究的方法进行实验教学，其特征是学生在教师的指导下，确立研究目标，设计实验过程，发现物理规律。具体实践案例见表4-6。

伽利略的科学探究过程是观察现象、提出问题、猜想假设、实验研究和逻辑推理（包括科学推理）、得出结论、修正或推广假设。探究型实验教学实践样式与伽利略的科学探究过程基本相同。学生通过任务驱动，重温伽利略的科学探究过程，深刻理解科学方法和科学思想，使科学思维能力得到提升。

表 4-6　探究型实验教学实践样式解释

教学原则	探究过程	以"探究物体下落快慢的影响因素"的教学设计为例	案例说明
聚焦要义	提出问题	物体下落的快慢与哪些因素有关	亚里士多德和伽利略的跨越千年的对话
关注选择	猜想假设	物体下落的快慢与质量有关	引导学生猜想"物体下落的快慢"的可能的影响因素，学生的有效选择是促进意义学习的第一步
明晰目标	设计实验	质量不等、大小相等的纸团和小铁球同时下落	设计实验的目标明晰，为驳斥"物体下落的快慢与质量无关"打下伏笔
指导发现	进行实验	1. 质量不等、大小相等的纸团和小铁球同时下落时，同时落地 2. 质量相等的纸团和纸片同时下落时，纸团先落地	根据实验结果和教师提示，重新设计实验，发现"质量相等的纸团和纸片同时下落，纸团先落地"。学生通过教师给予的提示和指导，重新设计实验，得到重要的实验结果
自我解释	分析论证	物体下落的快慢与质量无关。根据"质量相等的纸团和纸片同时下落时，纸团先落地"的现象，自我解释原因	实验现象与猜想假设相悖，学生通过反思，自我解释纸团先落地的原因，使学习效果更好
有效整合	得出结论	结合上述两个实验得出结论：物体下落的快慢与空气阻力有关，与物体质量大小无关	将两个实验结果与空气阻力的原有知识相联系，学生通过认知加工得出实验结论

二、学习科学视域下的物理实验课操作要点

（一）利用演示实验促成基于兴趣的动机

学习兴趣是学生学习的动力，知识的学习只有在学生具有自主探究兴趣的时候才会收到良好的效果。高中物理其抽象性、逻辑性和综合性都比初中学段有了进一步的提升，这无形中增加了学习的难度，学生在学习过程中难免会碰到更多的困难，这对学生的学习兴趣会产生不利的影响。因此在高中物理教学中，教师要重视学生学习兴趣的培养，让学生自己积极主动地进行高中物理知识的探究。

学习动机反映了学生愿意为理解学习材料付出的努力，即参与选择、组织和整合的认知加工过程。除非学习者付出努力进行适当的认知加工，否则不会发生意义学习。基于此，学习动机是意义学习的先决条件。在所有的动机认知理论中，基于兴趣的动机是最为流行的五种理论之一。该理论指出当学生认为学习材料对他有价值或他十分感兴趣时，他便会更加刻苦努力地学习。笔者在平时课堂教学实践过程中，为了调动学生学习的兴趣，提升教学效果，物理课堂教学通常采用演示实验的方法来达到教学目的。下面以几个小片段来说明演示实验的教学效果。

1. 通过演示实验，唤醒原认知能力，激发学习动机

案例一：《闭合电路的欧姆定律》课堂教学引入

学生已有的认知是：电源内部没有电阻，电源串联越多，则灯泡应该越亮。教师先用两节干电池串联作为电源，开关闭合后，发现灯泡发光了。然后教师让学生先猜想，在原电路中再串入两节干电池，灯泡亮度会怎样变化呢？学生一致认为，灯泡会变亮。但是在教师的演示实验中，学生发现实际情况与原有认知并不符合，电池串入越多，灯泡居然越来越暗了，这与自己原有认知产生了矛盾。

学习科学中基于兴趣的动机指出，当学生认为学习材料对他有价值或他十分感兴趣时，他便会更加刻苦努力地学习。在《闭合电路的欧姆定律》教学引入中，教师通过演示串联电路中小灯泡发光，先唤醒学生的原有认知——电源接入越多，则灯泡两端电压越高，灯泡越亮。然后再通过演示实验，制造新认知与原有认知的矛盾，以调动学生学习的主动性，起到了很好的教学效果。

2. 通过演示实验，激起学生反应，激发学习动机

案例二：《探究感应电流产生的条件》教学片段课前准备，实验连接图如下图4-18所示。

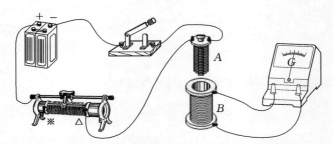

图4-18　《探究感应电流产生的条件》实验连接图

师：请大家想办法让灵敏电流计发生偏转。

生：……

小组交流：我们采取的方式有如下几种：1. 闭合或者断开开关的瞬间，看到了灵敏电流计指针发生了偏转。2. 闭合开关以后，移动滑动变阻器的滑片，看到了指针偏转。3. 将A线圈插入或者拔出B线圈的过程中，指针偏转。A线圈停下来以后，指针又不偏转了。

（师评价各小组的交流）

师：产生电流的原因是什么呢？

生：穿过线圈的磁感应强度发生变化。

师：一定是磁感应强度发生变化吗？有没有别的可能？

生：……

师：下面我们可以通过DIS实验，观察闭合线圈中由于穿过线圈平面的地磁场的磁通

量发生变化而产生的感应电流,进一步探究感应电流产生的条件。

演示实验:在图 4-19 实验装置中,用多匝线圈绕成的铜丝替代图片中的环形线圈。

① 将线圈东西方向放置不动,此时电流表指针显示电流为零,将铜线圈突然压扁,发现电流表示数变化比较明显;

② 将线圈形状保持不变,在空中转动线圈,发现电流表示数变化比较明显(见图 4-19)。

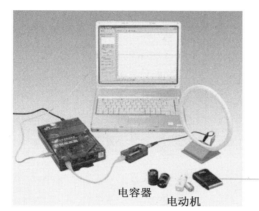

电容器　电动机　电动剃须刀

图 4-19　演示实验图

师:这两个实验分别说明了什么问题?

生:实验 1 说明了仅仅改变线圈面积,可以产生感应电流;实验 2 说明了仅仅改变线圈与磁场的夹角也可以产生感应电流。

师:结合前面的实验,感应电流产生的条件到底是什么?

生:磁通量的变化。

该片段的教学过程类似于桑代克(E. L. Thorndike)做的禁闭于迷笼之中的猫开门的实验,学生在探究感应电流产生的条件时,努力尝试各种方式来达成目标。有的学生成功了,有的学生失败了。此时教师一定不要吝啬把赞赏给予每个有资格获得而且需要获得的学生。奖罚之间的尺寸,教师要拿捏得当,才能获得更好的教学效果。

在《探究感应电流产生的条件》的教学中,教师先让学生尝试用不同的办法让灵敏电流计的指针发生偏转。学生经过一系列的探究后,发现要使得灵敏电流计的指针发生偏转有很多种方法,教师此时及时给予各个小组肯定和赞赏。学生受到鼓舞之后,进一步探究的动机得到了激发,此时教师趁机提出新的疑问,并通过演示实验,带领学生解决新的疑问,从而总结出正确的实验结论。学生经历了实验、交流、总结、质疑、实验、再总结的学习过程,对这部分内容的学习会留下深刻的印象。

(二)利用探究实验促成基于目标的动机

在高中物理实验教学开展的过程中,教师通常将学生分成几个小组,再让学生在小组内部商议如何分工合作。这种小组教学的展开方式能够为组织学习实践提供更多空间，同时有利于组间交流，学生还可以设计不同的实践方案，大家一起通力合作，发挥各自的长处，形成更多创新性实验思路，这样可以更好地培养和发展学生的问题解决意识，而且学生的动手操作能力、反思创新能力、数据处理能力、沟通协作能力等也能够获得有效发展。通过分组实验，可以推动学生核心素养全面均衡发展。

案例三：《磁场对电流的作用　左手定则》教学片段

师：在如图 4-20 所示的实验中，当开关闭合以后，导体棒运动起来，说明电流在磁场中受到了力的作用。导体棒向右运动是受到了向右的磁场力吗？

生：导体棒向右运动不一定受到向右的磁场力，有可能只是磁场力存在向右的水平分力。

师：如果磁场力方向是向右的，那么磁场力 F 与磁感应强度 B、电流 I 之间是互相垂直的关系，怎样证明呢？

（小组讨论并交流方案）

生 1：在图 4-20 所示的装置中（这个实验装置在课堂引入部分做了演示实验），如果磁场力的方向不是水平方向，而是斜向上或者斜向下，那么导体棒对导轨的压力会大于或者小于棒自身的重力，所以我们考虑在导轨上装上压力传感器，只要把导体棒通电以后压力传感器的读数与导体棒自身重力进行比较，就可以看出棒受的力是不是水平方向的。

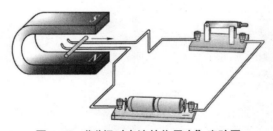

图 4-20　"磁场对电流的作用力"实验图

生 2：在图 4-21 所示的装置中，当导体棒通电以后观察弹簧的形变，如果导体棒受到斜向上的力，则弹簧应该缩短；受到斜向下的力，则弹簧应该拉长。

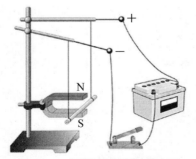

图 4-21　"导体棒通电"实验图

图 4-22　磁体和导体棒放置图

生3：将磁体和导体棒如图4-22所示的方式放置，导体棒用弹簧挂住，如果磁场力 F 与磁感应强度 B、电流 I 构成的平面垂直，通电后则弹簧应该从静止开始上下振动而不会左右晃动。

实验探究过程不是学生机械化地操作实验，而是开动脑筋、挖掘内涵，需要学生同时具备自主思考、自主获取信息与自主创新等综合能力。物理实验教学要激活学生的发散思维与创新思维，引导学生设计个性化的实验方案，推动创新发展，有效培养实验探究素养。

在本案例的教学过程中，教师首先引导学生思考运动和力之间的关系，打破运动方向即实际导体棒所受磁场力方向的误区，引导学生思考如何设计实验来验证磁场力 F 的方向与磁感应强度 B、电流 I 构成的平面之间是垂直的关系。各小组学生摩拳擦掌，各抒己见，课堂研讨氛围浓烈，研讨过程很好地锻炼了学生的创新能力，交流过程又很好地锻炼了学生的表达能力，学生之间取长补短，获得了很好的学习效果。

（三）利用实验中的师生交流、生生交流促成基于社交伙伴的动机

基于社交伙伴的动机理论认为，当学生把教师视为共同学习的社交伙伴时，他会更加努力地学习。社会代理理论认为，教师运用对话形式进行教学或者提出带有个人感情的意见，都有助于营造一种社交氛围，让学生在学习团队中找到归属感。

1.师生交流

课堂交流的核心是教师和学生之间的交流，这是毋庸置疑的。师生交流的载体可以通过语言、眼神、作业等来实现。在实验课堂教学中，教师可以通过师生对话的方式来引导学生发现实验要点、实验注意事项以及实验中存在的误差等；在师生对话的过程中，学生感受到来自教师的关注，从而更加积极地思考，这会使实验课的教学更加有序有效。

案例四：《动能》第一课时的教学片段

师：我们知道，物体由于运动而具有的能量叫作动能，那么物体的动能可能与哪些因素有关呢？

生：可能跟物体的速度、物体的质量有关。

师：研究一个物理量跟几个物理量的关系，我们通常采用什么方法？

生：控制变量法。

师：那么研究物体的动能与物体的速度和质量的关系能采用控制变量法吗？

生：……

师：我们在学习牛顿第二定律，研究物体的质量一定时，物体的加速度与外力的关系，采用了控制变量法，是因为加速度和外力可以通过测量得到。物体的动能我们能直接测量到吗？

生：不能。

师：那怎样知道物体的动能呢？我们可以采用间接测量的方法。我们知道一个物体能够最多对外做多少功，说明这个物体有多少能，物体的动能可以用物体滑行到停止的过程中克服摩擦力做功的多少来衡量……

2. 生生交流

在课堂教学中，师生交流是教学的常态，而随着各校课堂改革的不断推进，生生交流日渐成为课堂的重要教学形式。就目前课堂而言，生生交流主要表现为学生之间的合作探究。生生交流非常必要，其意义重大。其一，在交流中相互鼓励、相互补充，可以培养学生的合作意识、团队概念；其二，在交流中质疑对方观点，可以培养学生的批判意识；其三，在质疑和合作的过程中形成自己的观点，可以培养学生的创新意识；其四，可以活跃课堂氛围，使学生更广泛、更自觉地参与学习中，提高课堂的有效性；其五，有利于建立民主、平等、开放、阳光的课堂，使学生拥有快乐健康的心理，为学生学习创建良好的人际关系环境。

案例五：《重力加速度的测量》教学片段

师：请同学们分组讨论，设计方案测量我们所处地区的重力加速度。

（分组讨论，设计方案）

师：请各小组交流设计方案，其他小组给予评价。

生1：我们采用DIS位移传感器测量重力加速度，用DIS测出发射器做自由落体运动时的v–t（见图4-23），利用v–t图测得发射器下落的重力加速度。

评价：……

生2：我们小组采用频闪照片测量重力加速度。如图4-24所示，利用频闪照片拍出小球下落的不同位置，利用刻度尺测量小球在不同位置时下落的高度，再利用运动学的公式计算出当地的重力加速度。

评价：……

生3：我们小组利用光电门测量重力加速度。如图4-25所示，测出两个光电门之间的间距h，测出小球经过光电门1和光电门2的速度，利用运动学的公式可以计算出重力加速度。

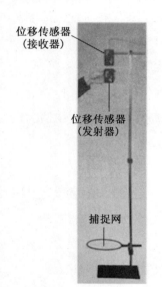

位移传感器
（接收器）

位移传感器
（发射器）

捕捉网

图4-23　v–t图

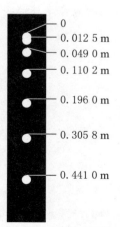

0
0.012 5 m
0.049 0 m
0.110 2 m
0.196 0 m
0.305 8 m
0.441 0 m

图4-24　用频闪照片拍小球下落位置

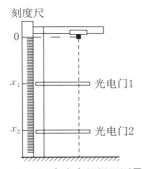

图 4-25　两个光电门间距测量图

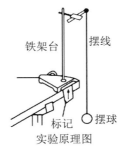

图 4-26　用单摆测重力加速度图

评价：……

生 4：我们小组采用单摆测量重力加速度。利用秒表测出单摆摆动的周期，利用米尺测出单摆的摆长，运用单摆的周期公式测出重力加速度，如图 4-26 所示。

评价：……

这个探究活动之所以效果不错，是因为符合学生的认知规律，学生基于已有的理论基础，能够探究并提出建设性的看法，不至于无话可说。

同时，因为学生交流形成一致的结论未必是正确的结论，所以教师一定要及时了解学生交流的结果，同时要把自己对一些难点问题的理解进行展示，起到纠偏纠错的作用。

第四节　基于学习科学的中学物理实验教学实践

中学物理实验教学是中学物理教学的重要组成部分，实验教学内容包括演示实验、随堂实验、学生分组实验和课外实验。教师应用学习科学的深刻内涵和三条基本原理开展中学物理实验教学的研究，研究内容包括实验教学设计的概述和学习科学视域下的物理实验教学设计的方法和策略，同时开展基于学习科学的中学物理实验教学设计和教学实践研究。在学习应用科学基本原理的基础上，通过深入探索实验科学，开发有理论基础、实证依据的物理实验教学方法，形成具有不同类型、不同内容、不同环节的针对个体差异学生的物理实验教学实践样式。

一、中学物理实验教学设计

所谓教学设计就是在开展教学前对即将进行的教学活动做系统计划或开展规划教学的过程。我国教学设计专家乌美娜认为："教学设计是运用系统方法分析教学问题和确定教学目标，建立解决教学问题的策略方案、试行解决方案、评价试行结果和对方案进行修改的过程。"教学设计是现代教育的一项应用技术，也是现代教师必备的专业技能。教学设计可以认为是教师运用系统方法，分析教学现状、确定教学目标、选择策略手段、制订教学流程、评价教学效果以达到课堂教学最优化地编制教学预案的过程。

物理实验教学设计相对于物理概念和规律课教学设计更侧重于科学探究素养的培育，

物理实验教学设计可以包括以下六个层次：分析实验内容、了解学生特点、设计实验方法、预演实验操作、组织实验过程、小结实验结果。实验教学设计的六个层次有很强的逻辑关系，又共同服务于一个明确的教学目标——学生科学探究素养能力的提升。

1. 分析实验内容：即根据教材中的实验要求，明确实验教学目标，如有的实验注重培养学生观察能力，有的注重动手操作能力，有的侧重逻辑分析能力，有的侧重协作能力等。所以对实验内容的分析主要研究提高学生哪些方面的能力。

2. 了解学生特点：即了解学生能力特点，通过日常教学和生活观察粗略了解学生能力，为设计不同的实验方法提供依据。

3. 设计实验方法：根据学生的能力特点可以设计不同层次要求的实验，演绎出不同的实验方法，帮助学生在原有的能力基础上得到有效训练，得到实质性的能力提高。例如用单摆测重力加速度的实验中可以用多次测量取平均值的方法，也可以通过直角坐标系中的图线求得，要基于学生的能力采取不同的实验方法。

4. 预演实验操作：即对每种实验方法进行预演，提前做好教学预案，确保实验顺利有效进行。

5. 组织实验过程：这是实验教学过程的组织工作，常见于学生分组实验，要充分考虑针对不同的能力目标与实验方法采取不同的组织形式，以培养学生获取和处理信息的能力。

6. 小结实验结果：即在实验记录和完成实验报告的基础上，学生通过自评形式，根据自己的探究过程和结果做出解释；通过互评形式，可以增进学生间的相互交流，反思实验完成情况，做出适当调整等。

实验教学设计中的素养培育和能力提高往往是隐性的，需要长期、缓慢、渐进的过程。因此，要充分利用多个物理实验教学设计中的素养培育和能力培养的递进式逻辑链，形成物理实验教学的单元教学设计，提升学生的学科素养和能力。

二、学习科学视域下的物理实验课教学设计

（一）双重通道原理导向下的实验课设计

学习科学指出，人同时拥有加工言语材料和加工图示材料两个独立的通道。在对某一内容进行加工时，若能同时运用两个通道，效果会更好。学生在观察实验现象的同时，通过聆听相关的介绍或解释，可以实现双通道的同步利用，产生很好的教学效果。因此，在开展实验课教学的过程中，应重视对双通道的充分利用。

案例一：《牛顿第二定律》教学引入的设计

课前引入时，授课教师预先设计了一段引入内容：根据我们的生活经验以及之前学过

的知识，我们知道相同的力作用在不同的物体上，所获得的加速度是不一样的，质量越大的物体，所获得的加速度越小；同样地，不同的力作用在同一个物体上所获得的加速度也不一样，力大的使物体获得的加速度大，力小的使物体获得的加速度小。换句话说，物体的加速度与物体的质量和受力都有着密切的关系，今天我们就来探究这三者之间的关系，如图 4-27 所示。

图 4-27　研究加速度与质量、受力关系实验图

但考虑到高一学生有可能由于缺乏相匹配的生活经验及认知基础，无法对这样的一段话产生理解和共鸣，更别谈激发探究的热情了。所以授课教师将引入部分改进为：通过演示实验研究两辆小车的运动状态，并借助问题链：

① 水平特制导轨上的小车处于什么状态？有什么办法使保持在水平面上的小车改变运动状态？物体的运动状态发生改变，从运动学上我们通常用什么物理量描述速度变化的快慢？

② 请仔细观察，并猜测两辆小车运动状态的变化快慢？两小车的加速度孰大孰小？

③ 哪些因素造成两辆小车加速度不一样，或者说加速度可能与哪些物理量有关？

制造一定的认知冲突实现定性的了解：物体的加速度与作用力有关，与物体本身的质量有关，并顺利导向对这两个关系的定量探究。在探究型实验教学的开展过程中也可以考虑运用双通道，达成对应的教学目标，并取得良好的教学效果。

（二）容量有限原理导向下的实验课设计

容量有限原理认为，虽然人拥有两个独立的信息加工通道，但由于工作记忆容量的极限为 7 个信息组块，人不可能一次加工所有进入其中的信息，而只能加工一小部分材料，因此在教学过程中需要鼓励学生进行一定的认知加工，且加工过程不能出现负荷超载，即需促成有效的认知加工。

理查德·E.梅耶提出，与课堂教学目的无关联的认知加工叫无关认知加工，该类认知加工的存在将会占据有限的认知容量，发生"无关认知负荷超载"。而这些加工过程的出现往往是由于不合理的教学设计，或采取了不合适的教学策略所导致的。为了避免这类认知加工过程的出现，首先需要教师在明确教学目标的基础上，厘清教学设计内容与学习目标的关联，将一些与课堂学习无关或关系不大的活动或环节精简或舍去，引导学生关注与课堂学习内容相关的学习材料，减少无关的认知加工。

实验引入是物理课堂引入的重要方法之一，一般可分为两类：教师演示实验引入和学生体验实验引入。无论是哪种实验引入，都应充分考虑其使用效果和可行性。

案例二：在《静电现象》一节中，课的一开始是教师演示"怒发冲冠"实验，发现静电能使黏在带电金属球上的尼龙绳竖起，继而向学生提问：这些静电是如何产生的？产生静电的方式有哪些？到此，就引入环节的设计意图而言，效果已基本达成，学生也产生了学习的兴趣。若此时继续进行相类似的演示实验，例如吸管使易拉罐运动等，虽然可以使课堂氛围更热烈，但从整堂课的角度看，过于喧宾夺主，且占用不少课堂时间，会导致后续的教学开展仓促。

案例三：《力矩平衡》一课中，在展示了部分力矩平衡的图片后，邀请学生上台寻找跷跷板游戏模型中的平衡点，结果是学生花了很长时间也没找到，也就不了了之。

总的来说，设计引入实验时需要在仔细分析学生学情的基础上，结合学生的年龄特点及认知水平，创设合适的引入情境，激发学生的学习兴趣和愿望，使学生明确学习目的。对于教师演示实验，需要事先保障实验的顺利开展，引导学生注意主要的观察点，并能进行有效思考；对于学生体验实验，需要注意实验的可控性和易操作性，防止用时过多却收效甚微。

此外，在具体教学环节展开过程中，由于高中物理课堂高节奏、高容量的特点，使得很多学生一节课下来，真正能掌握的内容与教师的期望相去甚远，这就要求我们在教学过程中要把握好尺度，容量太大容易适得其反。

（三）主动加工原理导向下的实验课设计

理查德·E.梅耶提出，意义学习应发生于学习者在进行适当的认知加工的过程中。学习者在大量的信息之中有针对性地进行选择，形成初步的感觉记忆，之后经过组织转变为工作记忆，但工作记忆的维持时间很短（不到 30 s），若未能及时转化，则将变为无效行为。所以此时需要学习者将工作记忆的内容与原有知识进行整合，完善原有知识体系或形成新的体系，才能最终实现将新知识点长久储存下来，而这一整合的过程需要融入学习者的主动参与意识。在物理课堂上，教师需要创设一定的条件激发学生的自主意识，引导他们完成整合的全过程，实现真正有效的意义学习。

在物理实验课中，意义学习的过程可以说经常发生。例如在探究型实验课中，学生在观察某个实际现象之后，选择现象中的有效信息，形成一个科学问题，从而引起想要解释清楚的欲望，即产生猜想或假设，在此基础上设计实验并获取实验数据，根据数据的处理结果来验证猜想或假设的正确与否，这符合意义学习的选择——组织——整合过程。当然，为了保证这些意义学习过程的顺利发生，教师需要在其中适当地"穿针引线"和"保驾护航"。

例如，在提出猜想或假设环节，学生在依据实际现象产生科学问题后，往往会想要根据自己已有的知识和经验对问题做出解释，而这个猜想将会决定接下来的探究方向，并对解决方案做出具有一定预见性的思考，因此需要教师在这一环节中通过运用"学习科学"中关于"选择"的教学策略进行适当的引导，避免后续探究的盲目性。以下面两个案例为例：

案例四：在《向心力》一课中，在猜想向心力大小与哪些因素相关之前，教师布置学生体验实验：一根细线的一端系一小钢球，另一端用手拉着，使小球在光滑的玻璃板上做圆周运动。实验时引导学生在改变小球转动的快慢、改变线的长度、改变小球的质量三种情况下，体验手的拉力变化，继而猜想出向心力的大小可能与角速度、半径、小球质量等有关。

案例五：在《电阻定律》一课中，在猜想"导体电阻与哪些因素有关"环节，教师可以这样设计：

问题情境1：先在课桌上放置两种不同规格的灯泡"220 V、100 W"和"220 V、15 W"，比较它们在正常工作时的亮暗情况，初步思考造成这一结果的原因。

问题情境2：请观察、比较两个灯丝的外部特点，猜想一下导体电阻的大小与哪些因素有关？

总的来说，对于问题情境中所隐含的"问题"，不要简单地直接给出，应该让学生在学习实践活动中自己去发现、去提出。学生自己发现问题更贴近其思维实际，更能引发其探究，为接下来的收集信息、分析和解释信息提供大致的框架。

三、学习科学视域下的中学物理实验教学设计案例

《物理新课标》指出：物理学科旨在落实立德树人根本任务，提升学生的物理核心素养，为学生的终身发展奠定基础。高中物理学科教学要帮助学生从物理学的视角理解自然、认识自然，建构关于自然界的图景；引导学生经历科学探究过程，体会科学研究方法，养成科学思维习惯，增强创新意识和实践能力，引领学生认识科学本质及科学·技术·社会·环境的关系，形成科学态度、科学世界观和正确价值观。

以学生为主体的教学方式得到教育界公认，但是如何体现主体性，如何让主体得到有效发展值得深究。课堂中学生的学习本身包含着复杂的因素，涉及认知科学、心理学、脑科学等，如学习到底是怎样发生的？学生以什么方式参与学习？影响学习的效果有哪些？基于学习的心理要素、认知特征如何改变教的方式？这些才是教师教学改进的着手点。

实验教学研究组的教师结合学习科学的三条基本原理，对高中物理实验教学的逻辑结构进行梳理，应用学习科学的教学、学习的若干原则对实验教学做深入探索，通过设计任务型学习活动，开发不同类型实验教学的规范流程和典型案例，提高实验对学科素养观念形成、探究能力提升、科学思维培育的功效。

案例六：闭合电路欧姆定律

上海市青浦高级中学　徐燕

一、教学任务分析

（一）教材分析

闭合电路欧姆定律是《恒定电流》一章的核心内容，具有承前启后的作用。这部分内容既是部分电路欧姆定律的迁移和完善，也为后面的学生实验"测电源电动势和内阻"的教学做好铺垫。通过学习，既能使学生从部分电路的认识上升到全电路规律的认识，又能从静态电路的计算提高到对动态电路的分析及推演。同时，闭合电路欧姆定律能充分体现功和能的概念在物理学中的重要性，是功能关系学习的好素材。

（二）学情分析

与初中生相比，高中生思维能力更加成熟，抽象逻辑明显占优，并逐步向理论型抽象逻辑思维发展。从其观察能力上看，高中生能用较准确的语言表述观察的过程和结果，所以本节课会遵循"学生为主、教师引导"的原则，重视实验教学。

从已有知识上来看，学生已经学习了静电场的知识，其中包括电势、电势差、电势能等概念，而在《直流电路》这一章中，又回顾了部分电路欧姆定律、串并联特点等。同时在生活及平时实验中，学生可以经常接触到连有电源的闭合回路，已经积累了一些简单的认识。

二、教学目标

（一）知识与技能

1. 知道内电路、外电路、内电阻、外电阻、内电压、外电压等概念；

2. 知道闭合电路欧姆定律及其表达式；

3. 能对因电阻的变化而引起的电压及电流变化进行简单分析。

（二）过程与方法

1. 在探究内外电压关系的实验过程中，经历科学猜想——分组数据测量——数据分析，得出内外电压的关系，培养善于思考及勇于探究的精神；

2. 通过比较不同小组的实验数据，猜想内外电压与电动势的关系，并进一步以理论推导，培养学生知识点迁移的能力以及严谨的科学态度。

（三）情感、态度与价值观

1. 在观察现象——提出问题——研究问题——解释问题的实验探究经历中，感悟严谨治学的科学态度、实事求是的科学精神；

2. 在合作学习中感悟团队协作的精神；

3. 在利用闭合电路欧姆定律解释实验现象的过程中激发探究物理、探究科学的兴趣。

三、教学重点与难点

重点：闭合电路欧姆定律。

难点：内外电压之和与电动势的关系的建立。

四、教学资源

学生实验（4 人一组）：学生用 DIS 电压传感器 2 个及其配套导线、自制电池装置、可变电阻。

演示实验：计算机 1 台、数据采集器 1 台、电压传感器 2 个、演示实验装置 1 套。

课件：PPT。

实物投影仪。

五、教学设计思路

本设计的教学内容为闭合电路欧姆定律。

首先，利用演示实验装置引导学生观察：当开关不断闭合时，电压传感器示数不断减少，猜想减少的电压可能被电源内部的电阻分掉了。接着，利用自制电池，给出内电阻的概念及内、外电压的测量方法。随后，通过学生实验，发现内、外电阻变化时，内、外电压也随之改变，但总和始终为一定值。再接着，猜想内外电压之和与电动势的关系，并通过理论推导加以证明，进一步归纳出闭合电路欧姆定律，再利用所学知识解释课堂引入部分的演示实验。最后，结合闭合电路欧姆定律分析实验误差产生的原因。

本设计要突出的重点是：闭合电路欧姆定律。突出此重点的方法是：（1）认知冲突，激起兴趣。通过演示实验，引导学生思考并入电路灯泡越多，灯泡获得的电压就越低的原因，并在之后利用新学知识解答疑惑，做到首尾呼应。（2）通过学生分组实验，探究规律。学生通过自制电池连成的闭合电路，测量其改变外电阻时内、外电压的变化，再观察其改变内电阻后内、外电压的变化，分析总结实验数据，归纳得出内、外电压之和为定值的结论。（3）通过闭合电路中静电力做功与非静电力做功的关系，推导出内外电压之和与电动势的关系，结合部分电路的欧姆定律，进一步推导出闭合电路欧姆定律。

本设计要突破的难点是：内外电压之和与电动势的关系的建立。突破此难点的方法是：首先，学生通过实验发现内、外电压之和为一定值，并且这个定值与电源本身的属性有关系，而电动势也是由电源本身的属性决定的，从而猜想内、外电压之和与电动势是相等的。接着通过闭合电路中能量的转化，推导出内、外电压之和与电动势的关系。

六、教学流程

（一）教学流程图（见图 4-28）

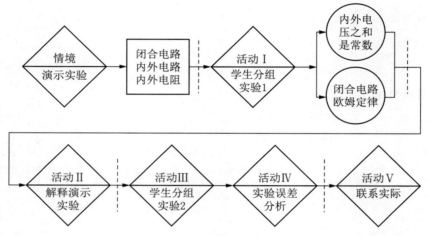

图 4-28 《闭合电路欧姆定律》教学流程图

（二）流程图说明

环节一：设疑激趣，引入新课

教师行为	学生行为	说　明
问题1：把开关依次闭合，灯泡的亮度会发生变化吗 问题2：灯泡上减少的电压到哪里去了	观察实验现象并思考 猜想：……	教师通过制造新认知与学生已有认知的矛盾的方式，以调动学生学习的主动性，起到了很好的教学效果

环节二：探究总结，释疑解惑

教师行为	学生行为	说　明
问题1：内、外电压之间应该有什么关系呢 问题2：怎么证明内、外电压之间的关系呢 问题3：实验测量时，探针插入的时候位置有要求吗？离正负极近一些还是远一些？测量时可能存在哪些误差 问题4：分析数据，发现内、外电压有什么关系 问题5：电动势和内、外电压之间会不会有什么联系呢？如何证明	猜想内、外电压之间的关系：可能和是一个常数 分组讨论：…… 分组讨论并交流 交流讨论：结合实验数据作答 结合闭合电路中的能量守恒进行证明	通过问题前置的教学方式，为后面的测量和分析中，学生主动对实验数据进行重新认知加工做好铺垫 通过比较不同小组的实验数据，发现不同小组的变化规律一致，得出内、外电压之和是由电源本身的属性决定的结论，从而猜想内、外电压与电动势之间的关系

环节三：解释现象，学以致用

教师行为	学生行为	说　明
问题1：为什么课堂演示实验中开关闭合越多，电压传感器示数越小，灯越暗了呢 问题2：端压随外电阻如何变化呢？当外电阻增大到无限大时，内、外电压各为多少 总结：当外电阻变成无穷大，即外电路断开时，$U_外=E$；当外电路短路时，$U_内=E$	结合所学内容进行解释 分组讨论并解答	结合闭合电路欧姆定律，解释课堂引入时演示实验现象的原因，做到学以致用

环节四：误差分析，深化认识

教师行为	学生行为	说　明
问题1：比较内、外电压之和与外电路断路的情况下测得的电动势，发现什么区别 问题2：产生这个误差的原因是什么呢 总结：当内电阻一定，外电阻越大时，则闭合电路中电流越小，未测到的电压越小，内、外电压之和越接近电源电动势；反之，如果外电路电阻越小，整个回路的电流越大，实验误差越大	结合实验数据分析 分组讨论并解答	通过小组讨论，寻找实验误差产生的原因，培养学生严谨的科学态度以及善于发现问题的科学探究能力

环节五：联系生活实际

教师行为	学生行为	说　明
视频播放：电池短路失火，联系日常生活中手机充电器不拔可能存在哪些隐患解释现象	观看视频	把本节课所学知识与生活实际相联系，让学生了解物理来源于生活，服务于生活

案例七：测电源电动势和内阻
上海市青浦高级中学　余颖

一、教学任务分析

（一）教材分析

本节课是上科版新教材第十二章第三节内容，是对闭合电路欧姆定律的深化和应用。通过本节课的学习，可帮助学生巩固电学问题的分析思路，深化对闭合电路欧姆定律的理解。此外，电源的特性主要由电动势和内阻来描述，因此测量电源电动势和内阻对于合理使用电源具有重要意义。

（二）学情分析

上课学生为市实验性示范性高中的高二学生，通过前面的学习，学生理解闭合电路欧姆定律，复习了部分电路欧姆定律，并能运用定律解决简单的实际问题。本节课是继上一课时闭合电路欧姆定律规律学习之后的具体应用之一。由于高中阶段对电学实验接触比较少，实际动手操作能力仍需进一步的加强，这也是本实验的一个重要任务。另外，对于数据处理，学生较熟悉的是计算法，利用图像处理数据能力的培养是本次实验探究的另一个重要任务。

本设计通过鼓励学生在没有实验仪器限制的前提下，设计尽可能多的实验方案，引导学生开阔思路，激发学习兴趣。通过组内讨论、交流选择，获得最优方案，培养敢于质疑、善于分析的能力。通过在动手实验过程中结合学生出现的问题进行实验步骤及注意点的修正，提供"试错"的机会，培养学生实事求是的精神。在数据处理环节，通过引导学生发现相较于"多次测量取平均值"更为科学的数据处理方法——图像法，并且发现一次线性函数图线是最便于研究的，在此基础上选定其中的变量函数关系，提升实验数据处理的方法和能力。

二、教学目标

（一）知识与技能

1. 能根据物理原理，设计测电源电动势和内阻的实验方案；

2. 能基于一定的理论依据对不同的实验方案提出检验和修正；

3. 知道运用"化曲为直"的思想处理实验数据。

（二）过程与方法

1. 在实验设计、操作的过程中体会物理实验研究方法；

2. 尝试运用图像法求解未知量；

3. 结合探索及实验过程，能够勤于思考、与人合作。

（三）情感、态度和价值观

通过交流设计方案，尝试基于证据和逻辑发表自己的看法，感悟实事求是的科学态度。

（四）任务分解与素养目标

小任务	知识内容	素养目标
闭合电路欧姆定律及部分电路欧姆定律的内容和表达式是什么	$E=U_{外}+U_{内}$ $=U_{外}+Ir$ $U=IR$	1. 通过回顾闭合电路欧姆定律并应用，有助于形成能量守恒的物理观念 2. 培养学生设计实验方案并选择最优方案的能力，体验科学探究的一般过程 3. 通过选择合适的数据处理方式，感悟"化曲为直"的科学思想 4. 通过交流设计方案，尝试基于证据和逻辑发表自己的看法，感悟实事求是的科学态度
若实验仪器不受限制，请你设计出尽可能多的实验方案		
你认为最优的方案是哪一个？理由是什么		
根据所选择的方案动手测量一节干电池的电动势和内阻		

三、教学重点与难点

重点：方案的设计、实验数据的处理。

难点：图像法的运用。

四、教学资源

教学资源包括电压传感器、电流传感器、滑动变阻器、导线、电池、开关、实物投影仪、导学案、PPT。

五、教学设计思路

本设计的教学内容为测电源电动势和内阻。

课的开始在复习上节课所学的闭合电路欧姆定律的基础上，直接引出本节课的学习目标：如何测量一节干电池的电动势和内阻，顺利进入方案设计环节。

在方案设计环节中，学生四人一组，结合之前已学的闭合电路欧姆定律和部分电路欧姆定律，在没有实验仪器限制的前提下，设计尽可能多的实验方案，在这过程中学生能够开阔思路，从而激发学习兴趣。之后组内讨论选择其中最为满意的 1 ～ 2 个方案向全班展示交流，在交流过程中引导全体学生一起思考所介绍方案的可行性、存在的困难等，培养学生敢于质疑、善于分析的能力。在交流后的数据处理讨论环节，引导学生寻找相较于"多次测量取平均值"更为科学的数据处理方法——图像法，并发现一次线性函数图线是最便于研究的，在此基础上选定其中最符合变量函数关系的一套方案开展实验。通过设计——交流——评价——选择——操作的环节，体验较完整的物理实验过程。

在动手操作实验结束后，结合之前其他尚未使用的设计方案，通过思考如何进行公式变形来选择最为合适的横、纵坐标轴对应物理量，引导学生再次学习图像法，并体验物理研究中"化曲为直"的思想方法，帮助学生在交流中提升，在动手过程中体验物理思想及物理实验的全过程。

六、教学过程

（一）教学流程图（见图 4-29）

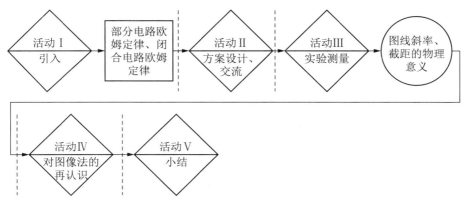

图 4-29　《测电源的电动势和内阻》教学流程图

（二）流程图说明

活动Ⅰ：引入——复习唤醒

教师行为	学生行为	说　明
问题1：部分电路欧姆定律的内容和表达式是怎样的 问题2：闭合电路欧姆定律的内容和表达式是怎样的	学生回忆闭合电路欧姆定律的内容和表达式	根据学习科学中的"具体先导"策略，通过问题链，引导学生激活原有的知识，为后续加入新知识做好准备
问题：那么如何测量一节干电池的电源电动势和内阻呢？这就是今天这节课我们要解决的问题	聆听教师的提问，并展开思考	根据学习科学中的"明晰目标"策略，在课的开始提出本节课的教学目标，引导学生关注有助于实现目标的信息

活动Ⅱ：设计、交流——实验方案

教师行为	学生行为	说　明
问题：若实验器材不受限，你能设计出多少种不同的测量方案呢	独立设计方案，然后以小组为单位，讨论、选出组内最好的方案，并选派代表向全班同学汇报交流	根据学习科学中的"自我解释"原则，学生能够对自己所设计的方案做出具体介绍及原理解释，帮助学生产生对闭合电路欧姆定律相关内容更深层次的理解
问题：你觉得上述小组的方案中，它们的可行性以及可能存在的困难都有哪些	思考其他小组方案的可行性，并提出自己认为的仍存在的问题	根据学习科学的"设问质疑"原则，引导学生围绕其他小组的方案提出深层次的问题，能产生更好的学习效果

活动Ⅲ：动手实验——测量一节干电池的电源电动势和内阻

教师行为	学生行为	说　明
关注各小组的动手实验过程，发现学生错误后可通过问题帮助学生解决、调整，如： 问题1：电压传感器应如何接入电路中 问题2：滑动变阻器实际应如何连接？测量前滑片应在哪个位置更好	根据共同选择的测量方案，以小组为单位进行实验 通过具体操作中的"试错"，思考相关的步骤及注意事项	根据学习科学中的"即时反馈"原则，提供学生在动手测量的过程中"试错"的机会，并对学生的有效处理与改良做出及时的解释性反馈，实现问题解决的同时能够及时对学生的表现做出肯定，激发学生的学习兴趣 根据"后置问题"策略，在操作完成之后的问题回答中实现对相关注意事项及知识点的巩固
问题1：同学们在初中时一般采用什么方法来处理多组实验数据以减小实验误差的呢 问题2：如果数据中有一组是错误的，若仍采用刚才的方法，同学们觉得误差是变小了还是变大了 问题3：结合高中以来的学习，有什么方法既能有效排除错误数据，又能很好地减小实验误差	回忆并联想到多次测量取平均值的方法 思考并发现数据出错时，仍采用刚才的方法，反而使误差变大了 学生结合高中学习的经验，获得处理实验数据更好的方法——描点作图法	根据学习科学的"指导发现"原则，提供以问题链为载体的支架引导，帮助学生逐步找到处理实验数据时比"多次测量取平均值"更好的方法——描点作图法

活动Ⅳ：方法巩固

教师行为	学生行为	说　　明
问题1：若通过其他的方案进行测量，获得的实验数据能否也采用描点作图法处理 问题2：若作出的图线为曲线，是否方便我们获得测量结果	理论分析其他方案的数据处理方案 思考问题，并发现一次线性函数图线是最直观最方便的图线	根据学习科学中的"切块呈现"原则，将描点作图法及"化曲为直"思想分割成若干个小段，便于学生对这一科学思想方法的消化与吸收
问题：如何获得一次线性函数图线呢	结合教师的示范，作出其他方案的一次线性函数关系，并确定横、纵坐标轴的物理量	根据学习科学的"指导发现"原则，先选择其中一个方案为学生示范如何获得一次线性函数关系，在此基础上引导学生围绕其他方案进行强化，能产生更好的学习效果

案例八：圆周运动

上海市青浦高级中学　杨松霖

一、教学任务分析

（一）教材分析

"圆周运动"是高一下学期第五章第三节的内容，是继平抛运动后学习的第二个曲线运动，既是力与运动关系知识的进一步延伸，也是后续学习天体运动的基础。

（二）学情分析

上课学生为示范性高中高一年级学生，学习圆周运动需要有日常生活中运动轨迹为圆周的许多事物作为感性认识基础，之前所学习的直线运动、牛顿运动定律、曲线运动等作为知识基础。

本教学设计从视频及生活中的现象入手，使学生认识圆周运动。通过比较月球绕地球的运动快慢和地球绕太阳的运动快慢，引导学生认识匀速圆周运动，学习物理量周期，并尝试提出描述圆周运动快慢的物理量。通过与直线运动的速度进行类比，引入物理量线速度，通过实验及实验视频分析得出线速度的方向。通过实例分析，与线速度进行类比，引入物理量角速度。通过对生活中做圆周运动的物体分析，得到角速度与线速度的关系。整体上重在引导学生获得正确的物理观念，促进思维能力的发展。

二、教学目标

（一）知识与技能

1.知道圆周运动的概念；知道匀速圆周运动的概念；理解匀速圆周运动是一种变速运动。

2.初步理解线速度的概念，知道线速度的方向。

3.初步理解角速度的概念。

4.理解线速度、角速度、周期之间的关系。

（二）过程与方法

1. 通过对生活实例、多媒体动画的观察，引出描述物体运动快慢的物理量，感受分析、比较、归纳等科学方法。

2. 通过学习匀速圆周运动的定义和线速度的定义，认识类比方法的运用。

（三）态度、情感与价值观

1. 从生活实例认识圆周运动的普遍性和研究圆周运动的必要性，激发学习兴趣和求知欲。

2. 通过共同探讨、相互交流的学习过程，懂得合作、交流对于学习的重要作用，在活动中乐于与人合作，尊重同学的见解，善于与人交流。

素养目标：本教学设计通过对视频及生活中的现象观察分析，经历物理过程模型的构建过程。通过比较月球绕地球的运动快慢和地球绕太阳的运动快慢，让学生感受到分析、比较、归纳等科学方法的应用，引导学生获得正确的物理观念，促进科学思维的发展。

三、教学重点与难点

重点：初步理解线速度；初步理解线速度、角速度、周期之间的关系。

难点：理解线速度方向是圆弧上各点的切线方向。

四、教学资源

器材：实验器材每组各一套，包括不锈钢圆盘（可被分为圆心角为90°和270°的两部分扇形）和小钢球。

课件：演示课件。

视频：生活中常见的运动、线速度视频。

五、教学设计思路

本设计的教学内容包括五个方面：（1）建立圆周运动的物理模型；（2）认识匀速圆周运动，并学会描述运动的周期性；（3）线速度概念的形成，通过类比速度定义线速度，通过实验现象的观察和理论分析理解线速度的方向；（4）角速度概念的形成；（5）角速度与线速度的关系推导及应用。

本设计的基本思路是：从视频及生活中的现象入手，使学生认识圆周运动。通过比较月球绕地球的运动快慢和地球绕太阳的运动快慢，引导学生认识匀速圆周运动，学习物理量周期，并尝试提出描述圆周运动快慢的物理量。通过与直线运动的速度进行类比，引入物理量线速度，通过实验及实验视频分析得出线速度的方向。通过实例分析，与线速度进行类比，引入物理量角速度。通过对生活中做圆周运动的物体分析，得到角速度与线速度的关系。

完成本设计的内容需2课时。

六、教学流程

（一）教学流程图（见图4-30）

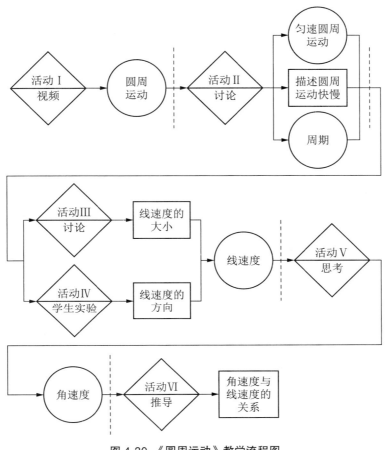

图 4-30　《圆周运动》教学流程图

（二）流程图说明

活动Ⅰ：观察——联系生活

教师行为	学生行为	说　明
问题：视频中的物体运动有什么特点	观察视频并归纳运动特点	根据学习科学中的"具体先导"策略，通过观察视频中的物体运动，引导学生联系生活实际，激活原有的认知
问题：你还能举出生活中的什么实例吗	联系实际生活回答问题	

活动Ⅱ：交流——认识匀速圆周运动

教师行为	学生行为	说　明
问题：地球绕太阳的运动和月球绕地球的运动与视频中的物体运动情况有什么异同	通过回忆天体的近似的匀速圆周运动，建立匀速圆周运动模型	根据学习科学中的"明晰目标"策略，在课的开始帮助学生建立"匀速圆周运动"模型，引导学生关注有助于实现目标的信息

教师行为	学生行为	说　明
关注各小组的讨论交流过程	讨论交流地球和月球到底谁跑得快： 地球：绕太阳运动 1 s 要走 29.79 km，一年绕太阳一圈 月球：绕地球运动 1 s 要走 1.02 km，28 天绕地球一圈	根据学习科学的"设问质疑"，引起学生的认知冲突，引导学生思考如何描述圆周运动快慢

⋮

活动Ⅲ：类比归纳——线速度的定义

教师行为	学生行为	说　明
问题：物体做直线运动，在建立速度概念时，是如何定义速度的？现在该如何定义、描述圆周运动物体运动快慢的物理量	类比描述直线运动快慢物理量——速度的定义，尝试提出描述曲线运动快慢物理量的定义	根据学习科学中的"具体先导"策略，通过问题链，引导学生通过类比的方式，尝试定义新的物理量

活动Ⅳ：学生实验——线速度的方向

教师行为	学生行为	说　明
问题：根据定义，线速度是标量还是矢量？如果是矢量，方向该如何判定	根据定义，判断线速度的物理量的标矢性，分析线速度是否是矢量	根据学习科学的"设问质疑"原则，引导学生对线速度的标矢性进行思考
关注各小组的动手实验过程，引导思考 问题：根据实验结果，如何分析确定线速度的方向	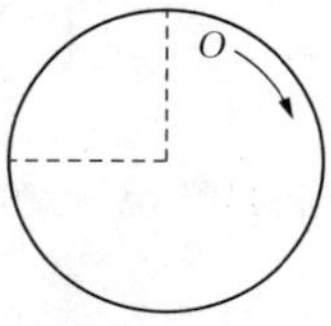 学生小组完成实验并分析实验结果。先保证圆盘中的小球在较为光滑的水平面上做圆周运动，拿去圆盘的一部分（图中虚线部分），观察小球离开圆周轨道后的运动方向，分析线速度的方向	根据学习科学的"指导发现"原则，帮助学生合理分析实验结论，并做到理论与实验的统一
问题：能否利用学习过的牛顿运动定律的知识，说明线速度的方向为什么是质点所在圆周位置的切向	学生利用牛顿运动定律分析线速度的方向，做到理论与实验的统一	根据学习科学中的"自我解释"原则，学生根据已有知识从理论来论证，有助于对线速度有更深层次的理解

活动Ⅴ：思考——角速度的定义

教师行为	学生行为	说　明
问题：月球为何认为它比地球快呢？如何描述地球绕太阳转动和月球绕地球转动的快慢	思考问题，提出描述转动快慢的物理量——角速度	根据学习科学的"设问质疑"原则，引导学生进一步思考如何描述圆周运动转动的快慢

活动Ⅵ：推导——角速度与线速度的关系

教师行为	学生行为	说　明
问题：地球公转的角速度和线速度分别是多少？它们之间存在什么关系？请理论推导证明	理论推导角速度与线速度的关系	根据学习科学的"指导发现"原则，引导学生推导角速度与线速度的关系

案例九：静电的利用与防范

上海市澄衷高级中学　柳毅

一、教学任务分析

（一）教材分析

《静电的利用与防范》是上海科学技术出版社《高中物理高二年级第一学期（试用本）》第八章 C 节内容，学习水平定位 A 级。本节知识点是静电的利用简单实例与静电防范的基本方法，属于静电在生产生活中的运用，"STSE"精神在本节内容中得以充分体现。静电利用包括静电除尘、静电喷涂、静电植绒、静电复印等；静电防范包括保持湿度、避雷针、良好接地等。

（二）学情分析

学习《静电的利用与防范》需要的基础知识包括静电产生的原因、正负电荷间的相互作用、电场对电荷的作用及运动的规律、静电感应等相关内容。学生在前期已经学习过静电现象，知道静电的产生原因、电荷的相互作用、电场对电荷的力作用及电荷的基本运动规律等相关知识。

本教学设计按照自学辅导式的教学模式进行，学生独立学习为主，教师引导为辅。此教学模式旨在培养学生的独立学习能力，教师在教学过程中适时点拨。

本教学设计采用的是直接教学策略和合作学习教学策略相结合的方式。在整个学习目标框架以及部分知识点的诠释上仍然需要教师引导，在此基础上给学生以最大的发挥空间，激发学生对学习任务和学习过程的兴趣。

学生在开展学习时运用了学习科学的双重通道原理，即根据教材的文字材料和对教师演示实验的认识，学生大脑中的不同部位分别完成言语的加工总结和视觉上认识的加工，而后产生有效的心理表征，促进高效学习。

二、教学目标

（一）知识与技能

1. 知道静电的利用；知道静电除尘、静电喷涂、静电植绒、静电复印的简单原理。

2. 知道静电的防范；知道保持湿度、避雷针、良好接地的基本原理。

3. 知道雷电现象及其危害，初步学会避雷方法。

（二）过程与方法

1. 通过对静电知识的学习，感受理论联系实际、科学转化为技术的基本过程。

2. 经历静电除尘实验的过程，发现运用静电知识保护自然环境的方法。

（三）情感、态度与价值观

1. 通过对静电除尘和使用避雷针的实验研究，激发学生学习的兴趣。

2. 通过学习避雷措施，学会自我保护，增强安全意识。

三、教学重点与难点

重点：静电利用的实例和静电防范的方法。

难点：静电复印原理。

四、教学资源

1. 实验器材：静电球 1 个、自制简易静电植绒仪器 1 个、自制简易静电除尘仪器若干、模拟避雷针仪器 1 套、手摇感应起电机若干。

2. 课件：多媒体视频演示和 PPT。

五、教学设计思路

本教学设计包括静电常识、静电利用的实例、静电防范的方法三部分内容。设计这堂课的宗旨是"目标导向的课堂活动"。本节课的主要教学目标就是静电利用的实例和静电防范的方法，因此教学模式紧紧围绕该目标设计课堂教学活动。

1. 本节课涉及多个教师演示实验和师生随堂实验。此类实验教学实施的基本流程包括：

（1）基于"兴趣动机"理论，创设实验情境引入课题，激发学生的求知欲望；

（2）基于"标记结构"教学原则，突出实验中的关键部分，为学生减少无关认知加工；

（3）基于"主动加工"原理，提供必要的感性素材，帮助学生建立概念和认知规律；

（4）基于"双重通道"原理，进行观察和思维训练，巩固和应用物理知识；

（5）基于"人性化"教学原则，提供示范，为学生训练实验技能创造条件；

（6）基于"抛锚式"教学原则，演示学生生活中熟悉的"实验"，将物理与生活、社会更好地结合，促进学生生成认知加工。

本教学设计基于"兴趣动机"理论，创设实验情境引入课题，激发学生的求知欲望。从静电球演示入手，观察到"怒发冲冠"的现象；从消除讨厌的静电出发，激发学生学习的欲望，引入本节学习的内容。复习静电常识，知道静电利用的实例与静电防范的方法。

基于"主动加工"原理，提供必要的感性素材，帮助学生建立概念和认知规律。学生参与并完成本教学设计中的视频，学生有了体验的机会，利于其主动探究与学习。

基于"双重通道"原理，进行观察和思维训练，巩固和应用物理知识。静电复印和避雷针的基本工作原理比较复杂，教师让学生先通过搜查资料自学其原理，再在课堂上讨论分析。结合教师的演示实验与播放的视频，学生明白静电复印和避雷针的基本工作原理，这也是自学辅导式的教学模式。

基于"人性化"教学原则，提供示范，为学生训练实验技能创造条件。本节课以学生独立学习为主，教师引导为辅。如运用教师演示实验和学生随堂实验相结合的方式，学习《静电的利用与防范》；学生通过学案学习、相互讨论，分析实验原理；通过教师的演示实验，学生观察到静电植绒的现象，在教师引导下，结合教科书中该现象的介绍，知道其物理原理；最后进入分组学生随堂实验——静电除尘，学生获得自己动手体验的机会，在实验中观察到神奇的现象，进而产生主动探究原因的欲望。学生在独立思考和相互讨论中分析物理原理，从而得出规律，教师适当总结，这是适合我们学校学生的自学辅导式的教学模式。

2. 本教学设计要突出的重点

本教学设计要突出的重点是静电利用的简单实例和静电防范的基本方法。突出重点的方法是通过生活中一些常用的静电设备，配合演示实验、学生分组实验、视频资料解释静电除尘、静电喷涂、静电植绒、静电复印的简单原理，知道静电在生产生活中的危害和防范方法。

3. 本教学设计要突破的难点

本教学设计要突破的难点是静电复印原理。突破难点的方法是让学生先通过搜查资料自学其原理，然后在课堂上讨论分析，再结合教师的演示实验与播放视频，突出硒鼓的作用和静电潜像的基本原理。

六、教学流程

（一）教学流程图（见图 4-31）

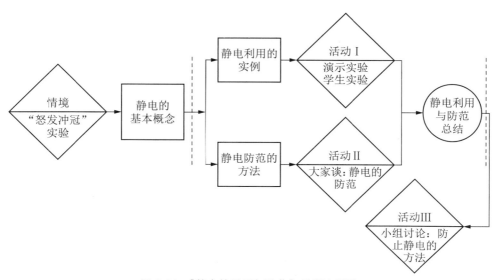

图 4-31 《静电的利用与防范》教学流程图

（二）教学流程图说明

情境：引入——生活中的静电现象

教师行为	学生行为	说　明
问题1：这种现象是由于什么原因造成的 问题2：这种"怒发冲冠"的静电现象会在长发女生梳头时出现，我们如何防范静电呢	学生演示：请学生做"怒发冲冠"实验，若现象不明显可以观看视频（一位长发女生触摸大型静电球后头发竖起的视频）	基于学习科学的"兴趣动机"理论，创设实验情境引入课题，激发学生的求知欲望。从静电球演示入手，学生观察到"怒发冲冠"的现象。从消除讨厌的静电出发，激发学生学习的欲望，引入本节学习内容
（板书）静电的利用与防范	学习静电的利用与防范	

活动Ⅰ：实验、交流——静电的利用

教师行为	学生行为	说　明
演示实验：静电植绒实验 演示实验：静电除尘实验，解释除尘原理	1. 学生感知生活中如何利用静电，知道静电利用的原理 2. 学生实验：自制除尘装置，完成静电除尘实验，体验静电除尘的过程	基于学习科学的"主动加工"原理，提供必要的感性素材，帮助学生建立概念和认知规律。本教学设计中学生通过观察实验现象和自制除尘装置，并观察烟雾灰尘被缓慢除尽的过程，利于学生主动探究与学习 基于学习科学的"人性化"教学原则，教师先提供静电除尘实验示范，为学生训练实验技能创造条件
问题：静电复印的基本原理是什么？请简单叙述静电复印的物理过程	学生先通过自学阅读材料，并在课堂上讨论分析，理解静电复印的基本原理；再通过分组实验，模拟静电复印的过程，体会"静电潜像"的含义，从而体会静电复印的过程	静电复印的基本工作原理比较复杂。基于学习科学的"双重通道"原理，学生通过阅读材料和分组实验尝试两种方式，明白静电复印的基本工作原理，特别是对"静电潜像"的理解更加深刻。同一知识点通过两种学习形式，学生的理解会更加透彻
（板书）静电利用的原理：静电对轻小物体有吸附作用；异种电荷之间的相互作用 静电利用的方式：静电植绒、静电除尘、静电复印	学习静电利用的原理和三种形式	

活动Ⅱ：实验、交流——静电的防范

教师行为	学生行为	说　明
讨论：举例说明生活中静电的危害	学生列举多种静电造成的危害并提供视频	基于学习科学的"主动加工"原理，让学生寻找生活中的静电危害的视频，激发学生主动研究静电防范方法的兴趣，提高学习的有效性
视频：播放雷电视频 演示实验：模拟避雷针的尖端放电	查找资料：学生课前查找资料了解避雷针的工作原理 学生通过观察演示实验，体会避雷针尖端放电的过程	基于学习科学的"双重通道"原理，学生通过网上查找资料和观察实验现象，了解避雷针的工作原理，同时体会避雷针尖端放电的过程
（板书）静电防范的原理：尽快把电荷导走，防止电荷积累 静电防范的方式：保持空气湿度、良好接地、使用避雷针	我们周围有许多有危害的静电现象，学生要学会如何防范静电	

活动Ⅲ：讨论——日常生活中防止静电的方法

教师行为	学生行为	说　明
问题：举例生活中预防静电的方法	学生分组讨论，列举多种预防静电的方法	基于学习科学的"抛锚式"教学原则，学生讨论总结静电防范的本质。通过静电防范的实例研究，提出生活中各种预防静电的方法，将物理与生活、社会更好地结合，促进学生生成认知加工

案例十：力

上海市青浦区东方中学　毛金华

一、教学任务分析

（一）教材分析

本教学设计使用的教材是上海教育出版社出版的初级中学教科书《物理·八年级第一学期》（试用本）。本节课为第三章第三节的第二课时，其主要内容包含力的图示和力的测量。力的图示简洁直观地表现力的三要素，在教学中既可以培养学生细致、规范的识图和画图技能，又可以让学生感受建立模型的物理方法。在本课的"探究重力与质量的关系""探究滑动摩擦力大小与哪些因素有关"等活动中，都需要学生能够熟练掌握弹簧测力计测量力的方法。因此，本课时是后继学习受力分析和力学实验的基础，具有承上启下的作用，占有重要的地位。

（二）学情分析

在学习本节课的内容之前，学生已经掌握力的概念、力的作用效果和力的三要素等基础知识，同时，学生也已经学习了测量的两个必要因素：单位与合适的测量工具。在此基础上，我们进一步学习力的图示如何描述力的三要素、力的大小如何测量。

本节教学设计要求学生主动参与，在实验过程中形成力的图示概念，感受建构模型的物理方法；阅读弹簧测力计使用说明书，自主探究力的测量，提高学生自主探究学习的意识和养成爱护仪器的习惯，遵守操作规范的实验习惯，促进科学思维能力的发展。

二、教学目标

（一）知识与技能

1. 知道力的图示，知道力的图示可形象表示力的三要素；会画力的图示；知道力的图示和力的示意图的区别。

2. 学会弹簧测力计测力，知道弹簧测力计测力结构、量程、最小分度值及其原理；会用弹簧测力计测量力的大小。

（二）过程与方法

1. 经历力的图示表示力的三要素过程，感受建立模型的物理方法。

2. 经历画力的图示与力的示意图的过程，感受对比的物理方法。

3. 经历用弹簧测力计测量力的过程，感受实验规范操作的重要性。

（三）情感、态度与价值观

1. 经过画力的图示过程，感悟认真细致、规范的学习习惯。

2. 通过自主阅读弹簧测力计使用说明书，完成"用弹簧测力计测力"的实验，形成尊重事实、勤于观察、善于思考的科学态度。

3. 了解生活中各种常见的力，并能画出相应的力的图示或力的示意图，逐步形成关于物体相互作用的观念。在观察实验现象的基础上，形成力的图示概念，体验物理模型抽象概括过程，提高科学思维能力。在自主阅读弹簧测力计使用说明书的基础上，学会用弹簧测力计测力，形成严谨认真、实事求是的科学态度。

三、重点和难点

重点：弹簧测力计测力。

难点：力的图示。

四、教学资源

学生实验器材：弹簧测力计（0—5N）、细线、木块、蔬菜或水果中的一种。

教师实验器材：平板测力计、圆筒型测力计、条形盒测力计、圆盘双向测力计。

课件：PPT。

学生学具：铅笔、刻度尺、橡皮等作图工具，学习活动卡（弹簧测力计使用说明书、实验报告、作业工作单）。

实物投影仪。

五、教学设计思路

本教学设计的教学内容包括两个方面：（1）力的图示与力的示意图；（2）弹簧测力计测力。

本教学设计思路是：（1）复习力的三要素，然后通过演示实验引导出另一种简洁、直观描述力的三要素的图形方法——力的图示。让学生按照力的图示定义作图，在分析交流中总结出画力的图示的方法。在力的图示事例变式训练中，理解标度的含义，在相同情境中画出力的图示与力的示意图，以区分两者的异同。（2）复习测量需要两个因素：单位和合适的测量工具，引出力的单位和测量力的工具——弹簧测力计。（3）在学生自主阅读弹簧测力计使用说明书的基础上，尝试使用弹簧测力计测力，并在交流、讨论中总结其正确使用方法和注意事项，同时培养学生爱护仪器、遵守操作规范的实验习惯。

本教学设计要突出的重点是用弹簧测力计测力。方法是：学生自行观察弹簧测力计，在教师发散性的提问下，逐步了解弹簧测力计的结构、量程和最小分度值。在自主阅读弹簧测力计使用说明书的基础上，学生尝试使用弹簧测力计测力，在交流、讨论中总结出其正确的使用方法和注意事项。

本教学设计要突破的难点是力的图示。方法是：首先，复习力的三要素，在演示实验中思考如何能对一个力的三要素做形象直观描述，逐步引导力的图示概念；其次，学生基于力的图示定义尝试画力的图示，在讨论、交流中逐步总结出正确作力的图示方法，再通过变式训练，加深理解标度的含义；最后在与力的示意图比较中进一步理解力的图示。

本教学设计的特点是：基于演示实验，形成力的图示概念，体验建构物理模型的物理方法，提高学生科学思维能力；学生自主阅读弹簧测力计使用说明书，完成弹簧测力计测力实验，总结出弹簧测力计测力的方法，培养自主探究学习的能力。

完成本教学设计内容需 1 课时。

六、教学流程

（一）教学流程图（见图 4-32）

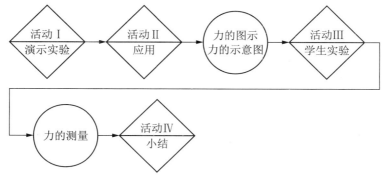

图 4-32 《力》的教学流程图

（二）流程图说明

活动Ⅰ：复习唤醒，创新实验，建立概念。

教师行为	学生行为	说　明
问题1：力的三要素指的是哪三个要素呢？用大小为3N、竖直向下的拉力拉伸弹簧，弹簧所受拉力的三要素具体是什么呢？除了用文字描述力的三要素，还有其他方式吗	回忆力的三要素，交流讨论 聆听教师的提问，并展开思考	巩固"力的三要素"，在情境中产生问题，引发课题 根据学习科学中"前置问题"的教学策略，情境引发的问题有助于激发学生学习兴趣，引发认知冲突
问题2：演示实验：在一根自然悬挂的弹簧上逐个增加鸡蛋挂上，测量出弹簧逐步伸长的长度，并借用带有磁性的磁条表示力的三要素。思考：如何使用简洁、直观的图形方法表示出力的三要素	观察物理现象，思考如何使用简洁、直观的图形方法表示出力的三要素	基于学习科学中的"兴趣动机"，通过创新实验引导学生建构"力的图示"概念，有助于学生自主学习，加深对物理概念的理解

活动Ⅱ：阅读说明书，自主动手实验。

教师行为	学生行为	说　明
问题3：画"力的图示"的正确方法是什么呢？"力的图示"与"力的示意图"有什么异同	根据"力的图示"定义尝试画"力的图示"，在交流讨论中总结正确画"力的图示"的方法，并在变式训练中理解标度的含义；在相同情境中画"力的图示"与"力的示意图"，区分两者的异同	根据学习科学中的"即时反馈"原则，给学生提供根据定义画图中试错的机会，并对学生的有效处理与改良做出及时的解释性反馈，在解决问题的同时及时对学生的表现做出肯定，激发学生的学习兴趣

活动Ⅲ和活动Ⅳ：阅读使用说明书，自主动手实验；课堂小结，巩固与拓展。

教师行为	学生行为	说　明
问题4：测量力的仪器有哪些？弹簧测力计结构是怎样的呢？如何正确使用弹簧测力计测力	阅读使用说明书，自主动手实验	基于学习科学中的"分步练习"教学原则，提供实验器材、使用说明书和作业工作单，让学生自主动手实验，有助于提高学生实践能力和自主学习能力
问题5：谈谈本节课的收获与问题	回顾、思考、交流	巩固、梳理课堂所学知识，提出新问题，提高学生梳理知识的能力和提出新问题的能力

四、学习科学视域下的中学物理实验教学课例

课例研究是教师专业发展最为普遍的一种形式，也是最受教师欢迎的一种研究方式，它是基于实践性情境的反思性研究。项目团队教师在学习科学视域下对课堂教学进行不断实践、深入分析与反思，逐步形成了若干课例，其中部分课例已发表或获奖。以下为几个典型课例。

课例一：学习科学视域下的物理实验教学初探

——以高中物理《闭合电路欧姆定律》为例

上海市青浦高级中学　徐燕

【摘要】学习科学核心三要素是学习、教学和评估。其中学习科学是关于人是如何学习的科学研究；教学科学是关于帮助人学习的科学研究；评估科学是关于确定人学会了什么的科学研究。本文将结合学习科学的部分原理，以《闭合电路欧姆定律》一课为载体，对促进学生意义学习的实验教学做初步尝试。

【关键词】学习科学　意义学习　电动势　内外电压　闭合电路欧姆定律

一、引言

奥苏贝尔（D.P. Ausubel）认为，有意义的学习是指在学习过程中，符号代表的新知识与学习者认知结构中已有的适当观念之间建立起实质性的、非人为的关系。意义学习的条件为以下三点：学习者要有从事意义学习的倾向，即有较强的学习兴趣和学习动机；学习者必须能够积极主动地去实现新旧知识之间的联系；学习者还应具备学习新知识所需要的适当的旧知识，以便形成联系。在教学实践中，要做到将意义学习融合到每一个学习任务中，是个巨大的挑战，但这应该成为教学设计持续关注的核心问题。

二、理论探讨

传统的物理教学中，教学的着眼点主要放在如何突出重点、突破难点，即在"教"的环节下功夫。

学习科学提出的主动加工原理突出了学生学习的主体性。在学习过程中，学习者以自己原有的经验系统为基础对信息进行编码，建构理解；同时，头脑中原有的认知结构又因为新知识的进入而发生调整和改变。因此知识的意义不是简单的对外部信息的吸收，而是学习者通过新旧知识经验之间反复的、双向的相互作用过程建构而成的。当新知识进入，引起新旧知识经验的冲突、相互作用而产生观念的变化和认知结构的重组时，学习便发生了。

维特罗克提出，在学习过程中，人脑不是被动地学习和记录输入的信息，而是主动地构建对信息的解释，学习者以长时记忆的内容和倾向为依据，对信息进行主动选择，并进行推断；另外，学习者对事物意义的理解总是与其已有经验相结合，需要借助储存在长时记忆中的事件和信息加工策略。

在物理教学中，教师应该把目光聚焦在支持学生对新知识的意义建构上，启动学生头脑中的"同化"和"顺应"机制，对新知识进行处理和转化，促进学生形成新的认知结构。在教学过程中，要重视学生对各种现象的理解，倾听他们的看法，洞察他们这些想法的由来，并以此为依据，引导学生丰富或者调整自己的理解。师生之间、生生之间的交流和质疑，有助于学生头脑中意义学习的建构。建构不等同于理解，而是同化和顺应。

三、课例分析

笔者尝试结合学习科学的相关理论，以高中物理《闭合电路欧姆定律》一课为例，对当前的物理实验教学做一点新的尝试。

（一）基于原有认知，激发学习动机

元认知在学习中发挥着重要的作用，它能够指导学生对学习材料进行认知加工。[①] 在学习《闭合电路欧姆定律》一课之前，学生已有的认知是：电源内部没有电阻。如果将三只小灯泡并联在电路中（见图4-33），当开关逐一闭合时，已经点亮的灯泡亮度应该不会发生变化。但是在教师的演示实验中，学生惊奇地发现实际情况与已有认知并不符合，当开关逐一闭合以后，灯泡越来越暗了，这与自己原有的认知产生了矛盾。

学习科学中"兴趣动机"指出，当学生认为学习材料对他有价值或者他十分感兴趣时，他便会更加刻苦努力地学习。[②] 在这个环节中，教师通过制造新认知与已有认知的矛盾的方式来调动学生学习的主动性，起到了很好的教学效果。

（二）基于实验能力，调整实验误差分析顺序

在常规的教学过程中，实验误差分析通常安排在实验数据测量结束以后，再结合数据分析存在误差的可能原因。结合以往的教学经验发现，有的实验误差学生可以通过自主探究总结得出，而有的实验误差靠学生自行总结有困难，这就要求教师对学生的认知水平和探究能力有较好的预估能力，然后针对学生的实际情况调整教学设计。

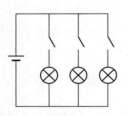

图4-33　三只小灯泡并联示意图

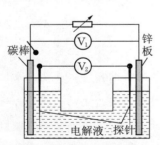

图4-34　自制原电池装置示意图

例如：在利用"自制原电池装置"进行测量内外电压之间的关系实验时（见图4-34），要测量内电压必须将探针插入非静电力做功的薄层之间，而这个薄层在正负极的表面上，是无法插到的。由于实际测量时探针位置离锌板和碳棒有一定的距离，会导致测量内电压时漏测一部分，并且回路中电流越大时，这部分漏测的内电压越大；反之，回路中电流越小，这部分漏测的内电压越小。实验过程中，

① （美）理查德·E.梅耶.应用学习科学——心理学大师给教师的建议［M］.盛群力，等译.北京：中国轻工业出版社，2019：43.

② （美）理查德·E.梅耶.应用学习科学——心理学大师给教师的建议［M］.盛群力，等译.北京：中国轻工业出版社，2019：40.

当保持电路中的内电阻和电动势不变，外电阻逐渐增大时，内外电压之和会呈逐渐增大的趋势，外电阻大到一定的程度以后，电路中的电流越来越小，漏测的内电压也越来越少，内外电压之和趋向于常数。结合以往的教学经验，笔者发现，让学生根据实验数据总结结论，学生往往找不到漏测部分的电压，所以很难总结出内外电压之和趋向于常数这个结论。他们只能获得当外电阻增大时，内外电压之和逐渐增大这个结论。基于上述情况，笔者决定对这部分实验的误差分析进行前置，在分析实验原理的过程中，就引导学生发现实测过程中可能出现的问题，以帮助学生在接下来的学习过程中关注有助于回答这些问题的课程信息。

通过问题前置的方式我们发现，在后面的测量和分析中，学生会主动对实验数据进行重新认知加工。在表述实验结论的时候，很自然就能总结出当外电阻越来越大时，由于漏测部分的电压越来越小，内外电压之和趋向于常数的结论，为课堂教学顺利进入下一环节做好铺垫。

（三）激活已有知识，总结实验规律

当通过实验总结出内外电压之和是常数的结论之后，拓展课程教材上直接说明这个常数就是电源电动势。对学生而言，这是比较难以理解的，为什么这个常数就是电源电动势呢？促进"整合"的教学策略指出，以熟悉的或者具体的知识为模型，可以促进学习者领会新知识或者抽象的知识。这种教学策略能帮助学习者理解新知识，让学习者在迁移学习中表现更佳。①

基于上述教学策略，在处理内外电压与电动势关系的环节时，笔者先让学生交流各个小组的实验数据，学生发现，当外电阻取值和变化情况一样时，每个小组得到的规律是一致的，但是各个小组内外电压之和趋向的常数又各不相同。这一情况启发学生思考：这个常数到底取决于什么？学生在教师的引导下得出，该常数应该是由电源本身的属性来决定的。教师进一步发问：在上节课电动势一节中，我们学过哪个物理量也是由电源本身的属性决定的呢？学生回答：电动势。教师进一步引导：那么内外电压之和与电动势之间可能存在怎样的关系？学生猜想：可能是相等的。

通过激活已有的电动势的概念，猜想电动势和内外电压之间可能存在的某种联系，从而为后面的理论推导做好铺垫。

---

① （美）理查德·E.梅耶.应用学习科学——心理学大师给教师的建议［M］.盛群力，等译.北京：中国轻工业出版社，2019：80.

（四）整合新旧知识，解释实验现象

学习科学的主动加工原理指出，意义学习发生于学习者在学习时进行适当的认知加工的过程。如果人们能够自己生成一种学习策略，并为学习中的认知加工做好充足的准备，那么他就能进行更加深入的学习。①

在本节课的学习中，学生在经过一系列实验体验、理论推导，得到闭合电路欧姆定律之后，可以主动利用已有知识分析出，课堂引入实验中小灯泡之所以越来越暗，是由于外电阻越来越小造成的，进而总结出端压可以随外电阻的变化而变化的规律。外电阻变化时有两种特殊情况：1. 外电阻趋向于无穷大，端压等于电源电动势，内电压为零；2. 外电阻趋向于零，内电压等于电源电动势，外电压为零。

（五）结合新的认知，修正实验数据

在总结了端压随外电阻的变化规律之后，让学生再次分组实验，实验实物图如图 4-35 所示。首先，将外电路断开测得的电动势大概是 1.4 V，接着将外电路中的电阻箱调节到 0 欧姆，发现内电压大概只有 0.8 V，而理论上内电压应该达到 1.4 V，实际测量的内电压少掉了 0.6 V，漏测的内电压与实测的内电压的比值为 0.75。这里教师进一步引导学生，漏测内电压与实测内电压的比值等于漏测内电阻与实测内电阻的比值。对同一组实验装置，由于探针位置插入之后不再变化，因此这个比值是恒定的。这样我们就可以对前面每一组实验数据中的内电压进行修正，把每组数据中漏测的电压按照比例计算出来加入之前的数据，这就进一步加深了对内外电压之和是常量且与电动势是相等的这一定理的理解。

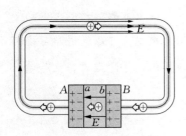

图 4-35　内外电压测试实验图

四、结语

在学习科学理论的指导下，笔者结合学生的学习心理特征，对以往的实验教学方式进行了改进和设计，通过激发兴趣—分析原理—分组实验—总结规律—获取结论—学以致用的教学顺序，圆满完成了本节课的教学，并取得了相当不错的课堂教学效果。不足之处：课堂容量较大。由于笔者开展教学的学校为上海市实验性示范性学校，学生整体基础较好，因此基本能够按时完成任务，但是对于一般的普通班级，实施起来有困难。

---

① （美）理查德·E. 梅耶. 应用学习科学——心理学大师给教师的建议 [M]. 盛群力，等译. 北京：中国轻工业出版社，2019：33.

课例二：基于学习认知理论的物理课堂教学思考
——以《牛顿第一定律》一课为例
上海市青浦高级中学　余颖

【摘要】学习科学始创于20世纪80年代，是建立在心理学、社会学、计算机科学、哲学及其他科学领域之上，在实际教育场景中研究人的真实学习的一门科学。著名教学设计理论家和教育心理学家理查德·E.梅耶在其著作《应用学习科学》一书中结合学习科学原理对如何开展教学进行了研究。本文尝试结合学习科学相关的教学原则和策略，以《牛顿第一定律》为例，提出教学设计的优化策略。

【关键词】学习科学　学习认知理论　教学设计　牛顿第一定律

一、引言

学习科学（Learning Sciences）始创于20世纪80年代，是建立在心理学、社会学、计算机科学、哲学及其他科学领域之上，在实际教育场景中研究人的真实学习的一门科学。学习科学旨在揭示促进学习的认知性与社会性条件，利用学习研究所获得的见识，重新设计学校的课堂与其他学习环境，以便学习者能够更有深度、更有效地学习。① 本文以沪版物理教材第三章A节《牛顿第一定律》一课为例，简述学习科学理论指导下的物理课堂教学的经验策略。

二、理论探讨

著名教学设计理论家和教育心理学家理查德·E.梅耶在其著作《应用学习科学》一书中将人的学习认知与外部环境的多媒体呈现方式联系起来，展示了多媒体学习环境下的人类认知发展过程（如图4-36），强调"双重通道""容量有限""主动加工"三大认知原理。他提出，"教学是教育者为促进学生学习而对学习环境加以操控的过程，教学目的就是在学习过程中指导学生的认知加工并促进学生的知识建构。"②

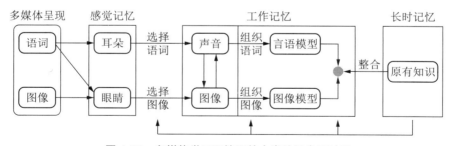

图4-36　多媒体学习环境下的人类认知发展过程

---

① 钟启泉：从学习科学看"有效学习"的本质与课题——透视课程理论发展的百年轨迹［J］.全球教育展望，2019（1）：23—43.

② （美）理查德·E.梅耶.应用学习科学——心理学大师给教师的建议［M］.盛群力，等译.北京：中国轻工业出版社，2019：52.

梅耶认为学习过程中主要存在三种认知加工要求，分别为：无关认知加工、基础认知加工和生成认知加工，三者与认知加工、学习结果的联系如表4-7所示。

表 4-7　加工过程与认知加工、学习结果的联系

加工过程	认知加工	学习结果
无关认知加工	不合理加工	无效学习
基础认知加工	选择和初步组织	机械学习
生成认知加工	组织和整合	意义学习

由此不难发现，意义学习的发生需要学生在课堂学习中能够进行基础认知加工和生成认知加工。而梅耶在继承心理学以及认知科学领域的相关结论后，认为人的认知资源是有限的，因此在处理信息的过程中可能会遇到瓶颈。[1] 由于学生的认知容量有限，导致教学设计既要保证学生有足够的认知加工，同时也要避免出现认知负荷超载。教师需要通过采取有效的教学策略，创设能引导学生获得学习经验的活动来促进学生的知识体系结构发生变化，从而产生真正的学习。

三、课例分析

（一）关注"呈现"，切实减少无关认知加工

为了帮助学生在实验课堂学习中有效进行认知加工，首先要剔除掉与课堂教学目的无关联的认知加工，以免占据有限的认知容量，即避免发生"无关认知负荷超载"（如图4-37）。而这些加工过程的出现往往是由于不合理的教学设计，或采取了不合适的教学策略所导致。

图 4-37　无关认知负荷超载

为了避免这类认知加工过程的出现，首先需要教师依据"聚焦要义"的教学原则，在明确教学目标的基础上，理清教学设计内容与学习目标的关联度，将一些虽然有趣但与课堂学习无关的活动或环节舍去，引导学生关注与课堂学习内容相关的学习材料，减少无关的认知加工。

本节属于初、高中的重复性内容，由于学生在初中已接触过伽利略斜面理想实验和牛顿第一定律，若还像全新内容般开展教学，无疑会给学生带来不少认知负荷，因此，在确定本节课的教学目标及重难点之前，需要仔细比对初、高中教材中该板块的区别，了解学

---

① 林立甲.多媒体学习理论及其教学意义［J］.中小学信息技术教育，2013（4）：27—31.

生的学情。通过比对发现，相较于初中教材，高中教材更注重人类对运动和力的关系认识的发展过程，以及实验过程中所体现的物理方法和精神；更关注规律获得过程的逻辑性，以及定律背后更深层的含义。而学生从初二接触该内容到高一，间隔时间较长，导致他们的知识遗忘率较高。

基于以上分析，在本节课的"历史回眸"环节，采用环环相扣的问题链的形式：

1. 在人类认识运动和力的关系历程中，你知道哪些有代表性的科学家？

2. 这些科学家各自的观点是怎样的？

3. 亚里士多德是怎样得出他的观点的？

4. 伽利略又是通过怎样的实验来反驳亚里士多德的观点的？

5. 笛卡儿的观点和伽利略的观点有哪些不同？

6. 牛顿的观点相较于笛卡儿和伽利略的观点又有哪些补充？

通过上述问题，一方面能较好地唤醒学生的深层记忆；另一方面将教学的侧重点放在引导学生进一步理解想实验这一重要的物理研究方法，体验"可靠事实＋合理推导"的科学思维过程，并能够理性公正客观地看待四位科学家对科学发展的贡献，实现回顾旧知的同时，有效避免无关认知加工的产生。

（二）关注"组织"，有效调节基础认知加工

学习科学理论指出，由于所学知识材料较为烦琐，或因学生对材料的不熟悉，都会导致认知加工过程的复杂化，占据大量的认知加工容量，即出现"基础认知负荷超载"（如图4-38），基础认知加工的超载将直接影响后续的深层认知加工。如何在有限的认知容量内顺利实现基础认知加工的同时，做到把认知容量尽可能多地留给后续的生成认知加工？这需要教师在具体的教学活动设计中采用合适的教学策略来帮助学生调节基础认知加工。

要求的	基础认知加工	生成认知加工
可行的	认知容量	

图 4-38　基础认知负荷超载

许多证据证明，教师将学生已有知识和观念当作教学的起点，在教学过程中监控学生概念的转化，可有效促进学生的学习。[①] 但通过课前的学情分析发现，学生对已学知识的较高遗忘率会对基础认知加工产生一定的影响，为了克服这一影响，可根据"提前准备"的教学策略，在课前布置预学案，以帮助学生在课堂中顺利唤醒记忆。

① （美）杰罗姆·布鲁纳.布鲁纳教育文化观［M］.宋文里，等译.北京：首都师范大学出版社，2012：205.

问题一：回忆一下初中学过的内容，想想在人类认识运动和力的关系的历程中，你知道哪几位具有代表性的科学家？请写出他们的名字和观点，完成下面的表格（见表4-8）。

表4-8   回顾所学

代表人物	对运动和力的关系的观点

问题二：你能写出牛顿第一定律的内容吗？

问题三：在牛顿第一定律的内容表述中，你觉得关键的字或词有哪些？想一想它（们）背后说明了什么？

问题四：对于牛顿第一定律，你还有什么疑问或不明白的地方吗？

通过以上四个问题，引导学生回忆初中所学知识，同时也帮助教师在课前更好地掌握学生的学情，能更有针对性地设计课堂活动，顺利实现"温故"及"知新"。

此外，教师应关注教学内容的呈现序列，根据"切块呈现"的教学原则，将教学活动分割成学生可以掌握的若干小段，使教学各环节之间紧密联系、层层递进，从而帮助学生更好地对新知识进行选择和初步组织。本课例中，对牛顿第一定律的理解采取了拆分理解、寻找关键字或词等活动，帮助学生正确理解牛顿第一定律的内涵，大致流程如图4-39所示。通过拆分理解定律内容，揭示牛顿第一定律中对力与运动关系的正确说明，以及物体在不受力的情况下维持匀速直线运动或静止状态的原因——具有惯性。然后引导学生在小组讨论的基础上，寻找定律表述中的关键字或词，解释这些字、词背后的含义。最终将这些含义整理归纳后，即可获得"惯性是一切物体的固有属性"这一结论。

（三）关注"动机"，积极促进生成认知加工

梅耶提出，学习者在进行基础认知加工之后，实际上仍具备足够的认知容量，却未能充分用于生成认知加工，这是因为学习者缺乏深度加工信息的学习动机[1]，即出现了"生成认知负荷不足"（见图4-40）。为了激发学生将剩余的精力投入后续的知识理解与整合中，促

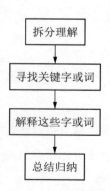

图4-39   理解流程

---

① （美）理查德·E. 梅耶. 应用学习科学——心理学大师给教师的建议［M］. 盛群力，等译. 北京：中国轻工业出版社，2019：65.

进生成认知加工的发生，教师在具体的教学中可依据"抛锚式""自我解释"等教学原则，进一步激发或维持学生的学习动力和成就动机，创设知识构建的良好学习环境，以实现意义学习的真正发生。

图4-40　生成认知负荷不足

抛锚式原则是指学习者在熟悉的学习情境中学习效果更佳。学习环境会影响学生的情绪，进而影响学生对事物的认知与学习。[①]牛顿第一定律在生活中的应用比比皆是，引导学生学会观察生活中的情境，能很好地激发他们将所学知识用于解释现象的兴趣，培养他们知识迁移的能力，而在迁移的过程中新旧知识的整合就发生了。例如在本课例的应用环节，设计了以下情境：

情境一：快速击打一摞棋子最底部的一颗，仔细观察其他棋子的状态，并尝试用这节课所学内容进行解释。

情境二：回忆并描述生活中是如何将一盆水向外泼出的，并尝试用所学知识解释这么做能成功的原因。

情境三：通过燃香的方式让塑料瓶内原本透明的空气"染色"，仔细观察当塑料瓶忽然快速移动时瓶口处空气柱的形状，会发现在较短时间内其与瓶口的形状几乎一致，引导学生讨论并尝试解释原因。

情境四：教师提供一生一熟两个鸡蛋，要求在不打破蛋壳的前提下，分辨出哪个是生鸡蛋，哪个是熟鸡蛋。

前三个情境的解释交由学生尝试独立完成，符合学习科学中的"自我解释"教学原则，即学生在对上课内容进行自我解释的过程中，不仅能帮助教师检测学生的课堂学习情况，对于学生自己，也能够纠正原有的错误认知，形成新的正确的认知体系，有助于他们深度理解所学的内容。此外，情境四更是在前三次仅"动嘴"的基础上，增加了"动手"的体验，让学生亲自验证自己分析的结果，一时间让课堂氛围达到最高潮，同时也实现学生生成认知加工的顺利发生，促进知识体系的再建构。

四、结语

事实上，学习科学中所提到的教学原则远不止这些，例如"调整通道原则""设问质疑

① 钟启泉.颠覆"常识"的新常识——学习科学为课堂转型提供实证依据与理论基石［J］.教育发展研究，2018（24）：1—8.

原则"……虽然在具体的一堂课中并非所有的原则都适用，但这些原则的背后是同一个目的，即在有限的认知加工容量内帮助学生更好地改善基础认知加工，促进生成认知加工。教师在教学设计时可结合该节课的教学内容特点、学生学情等进行分析，依据适合的教学原则，创造良好的学习环境，帮助学生在立足自身学习经验的基础上使知识建构发生良性变化。

课例三：学习科学视域下"非常规"实验助学生自主探究规律

——以初中物理《探究凸透镜成实像规律》为例

上海市青浦区东方中学　毛金华

【摘要】提高自主探究学习的意识和能力是发展学生核心素养的重要内容之一。本文基于学习科学理论，诠释自主探究学习的基本操作框架，结合《探究凸透镜成实像规律》课例探索"导入生疑—自主探疑—合作解疑—反馈释疑"等环节自主探究规律的教学模式，为教师进行物理规律教学、学生提升自主探究能力提供参考和借鉴。

【关键词】学习科学　"非常规"实验　自主探究　规律

一、引言

学习科学是研究关于人是如何学习的一门科学。学习科学指出，学习动机是意义学习的先决条件，反映了学生愿意为理解学习材料付出努力，即参与选择、组织和整合的认知加工过程。[①]

随着课改的深化以及实验研究的不断推进，常规实验得到了不断的升级、优化，但调查发现，常规实验仍具有一些缺点：滞后性、局限性、远离学生的现实生活；无法满足学生个性化、自主化的探究性学习需求；与"学科知识序"和"学生认知序"的衔接性不强等。《义务教育物理课程标准（2022年版）》指出，"提倡师生利用身边的物品、器具、材料等自主开发物理实验器材。""学校和教师要充分利用各种实验器材和设备，安排足够的学生实验和演示实验，指导学生开展感兴趣的拓展实验。"[②]"非常规"实验是指选择和利用环境中"本来不是用来开展实验"的一切物质资源，包括生活易得物品、环保材料和器具等，开展具有自创新、体验性、趣味性等特点的实验活动。[③]它是相对于教学设备厂专门生产的实验器材来开展的"常规实验"而命名的。

二、理论探讨：自主探究学习的基本操作框架

激发自主探究学习的兴趣，培养自主探究学习的习惯，提高自主探究能力是发展学生

① （美）理查德·E.梅耶.应用学习科学——心理学大师给教师的建议［M］.盛群力，等译.北京：中国轻工业出版社，2019：40—41.

② 中华人民共和国教育部.义务教育物理课程标准（2022年版）［M］.北京：北京师范大学出版社，2022：35.

③ 张伟，郭玉英，刘炳升.非常规物理实验：有待深入开发的重要物理课程资源［J］.物理教师，2005（9）：47—50.

的内在需要，也是发展学生核心素养的重要内容之一。物理自主探究学习是指学生围绕物理问题、文本或材料，在教师的指导下，自主寻求或自主建构答案、理解或信息的过程，它是"探究学习"自主性的一种表现。① 基于课题研究，笔者构建了自主探究物理学习的基本操作框架，如图 4-41 所示：

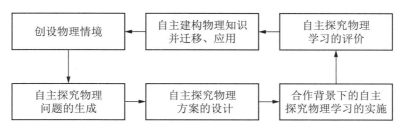

图 4-41 自主探究物理学习的基本操作框架

三、课例分析

下面以初中物理《探究凸透镜成实像规律》一课为例，结合学习科学理论，以"非常规"实验为载体助力学生自主探究规律，提高学生自主探究学习的能力。

（一）导入生疑：运用问题型"非常规"实验，引发自主探究物理问题的生成

创设物理情境，产生疑问是自主探究规律的起始环节。问题是物理的"心脏"，把问题作为物理规律教学的出发点，是促使学生自主探究物理规律的基础。学习科学中的"兴趣动机"理论认为，当学生认为学习材料对他有价值或他十分感兴趣时，他便会更加刻苦努力地学习。② 问题型"非常规"实验是内含问题的情境式实验，此类情境中包含着具有新颖性、目的性和匹配性的物理问题，学生一旦融于情境，会引发认知冲突，激发自主探究学习的兴趣。如在《探究凸透镜成实像规律》教学中：

活动一：创设情境，引发问题生成

实验器材：凸透镜（如图 4-42）、呈现"东方"字样的显示屏（如图 4-43）、贴有刻度尺的光屏（如图 4-44）、大的白屏。

操作过程：远离显示屏的学生一只手拿凸透镜正对显示屏，另一只手拿着贴有刻度尺的光屏寻找"东方"字的像；教师靠近显示屏，利用凸透镜在大的白屏上寻找像。

物理现象：贴有刻度尺的光屏上呈现倒立缩小的实像；大的白屏上呈现倒立放大的实像。

引发问题：凸透镜是否还能成等大的实像？凸透镜成各种不同实像应满足怎样的条件？

① 张新华. 以"楞次定律"教学为例谈自主探究学习 [J]. 物理教学探讨，2014，32（4）：8—10.

② （美）理查德·E. 梅耶. 应用学习科学——心理学大师给教师的建议 [M]. 盛群力，等译. 北京：中国轻工业出版社，2019：40.

图 4-42　凸透镜

图 4-43　显示屏

图 4-44　贴有刻度尺的光屏

设计意图：创设校名关键字"东方"找像的问题情境，引发学生认知冲突，引导自主提出问题，激发学生的学习兴趣，顺利引入课题，为助推学生自主探究物理规律奠定基础。同时，在光屏上张贴刻度尺，便于比较像与物的大小关系。

（二）自主探疑：运用体验型"非常规"实验，引发自主探究实验的合理猜想、计划制订

自主探疑是自主探究物理规律教学的中心环节之一。此环节将启发学生开展猜想与假设、制订计划的活动。猜想与假设是科学思维的两种形式，既可以为自主探究指明方向，又可以充分发展学生的思维，培养学生的创造力；实验方案是动手操作实验的基础，是有序开展科学实验研究的依据，自主设计实验方案，既是进行科学探究必经的过程，又是培养学生探究意识、发展学生探究能力的重要途径。体验型"非常规"实验为猜想或假设提供依据，为学生选择科学的探究方法、所需要的实验器材、操作步骤及制订计划和设计实验等提供一个感知的支架。正如学习科学中的"信念动机"理论所言，当学生坚信自己努力学习会获得回报时，他便会更加努力地学习。[①] 如在《探究凸透镜成实像规律》教学活动中：

活动二：体验中引发合理猜想

在教师的引导下，学生在光具座上自左到右依次摆放发光二极管"F"字（如图4-45）、凸透镜和光屏（如图4-46），根据观察到的实验现象，结合已有的知识经验进行合理猜想。教师设问："物距比较大时，是成放大的像还是缩小的像？物距比较小时呢？""根据刚才的实验，推测一下，有没有存在这样一个位置，物体既不成放大的像，也不成缩小的像？"

---

① （美）理查德·E.梅耶.应用学习科学——心理学大师给教师的建议［M］.盛群力，等译.北京：中国轻工业出版社，2019：40.

发光二极管　凸透镜

光屏

图 4-45　发光二极管"F"字　　　　图 4-46　光学实验器材摆放图示

设计意图：体验活动为学生的合理猜想提供了可靠的依据，学生合理的猜想有利于顺利引出探究实验。将课程标准中的"验证实验"转化为"探究实验"，为学生自主探究物理规律奠定了基础。实验中将发光物体由点燃的蜡烛改成发光二极管，避免了蜡烛滴落烫伤学生、蜡烛易倒下、气味难闻、火焰晃动导致成像不稳等问题，提高了课堂实验效能。

活动三：实验计划的制订

（1）设计实验方案

想一想：实验的研究对象是谁？需要哪些实验仪器？

议一议：如何在光屏上呈现完整的像？如何去探究凸透镜成倒立缩小、放大或等大的实像的条件？如何判断光屏上的像是否清晰？设计出实验方案。

在教师的引导下，小组相互讨论，逐步形成设计方案。（学生积极交流实验设计方案，教师科学客观地给予评价）

（2）确定实验方案

在小组充分讨论、交流之后，教师引导学生选择科学合理的实验方案。

（3）讨论设计实验记录表

自主设计实验记录表格，并在实物投影仪上交流展示，学生自主评价各自的优点和缺点。在教师引导下，逐步形成实验记录表，如表 4-9。

表 4-9　实验记录表（凸透镜焦距 f=10 cm；物体大小（F）：3.4 格）

实验序号	物距 u/cm	像距 v/cm	像的大小（格）	倒立或正立	实像或虚像
1					
2					
3					

设计意图：自主探究计划的制订，促使学生明确实验探究的研究对象、实验仪器、实验过程，以及收集实验数据的方法和思路，为科学探究的操作奠定基础，增强探究结果的

可靠性和科学性。

（三）合作解疑：运用探究型"非常规"实验，引发自主探究实验的实施

维特罗克的"生成学习理论"指出，当人们能够自己生成一种学习策略，并为学习中的认知加工做好充足的准备时，他就能进行更加深入的学习。[1]在教师的引导下，学生自主运用探究型"非常规"实验进行动手操作、收集证据，以验证探究实验的猜想和假设，体验科学研究的一般过程与方法，其内容主要包括：实验操作的安全意识，会正确使用实验仪器并记录实验数据、对实验结果的科学评价等，最终大家合作解决疑问。正如"基于社交伙伴的动机"理论中所言：当学生把教师视为共同学习的社交伙伴时，他便会更加努力学习。[2]如在《探究凸透镜成实像规律》实验中：

活动四：动手操作与收集证据

根据实验方案，学生两人一小组，每组一套实验装置，一张实验工作单，自行选择探究凸透镜成倒立、缩小或放大实像的规律。同时，要求学生将实验情况及时填写在实验工作单上，并将数据填写在黑板上的大白纸上（如图4-47），对应的实验现象用自制磁条粘贴在自制数轴上（如图4-48）。在小组动手操作、收集证据的过程中，教师巡回指导。

图 4-47　将数据
填在大白纸上

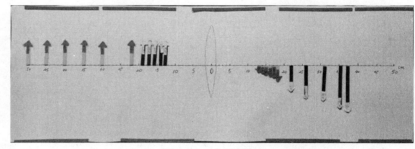

图 4-48　自制数轴

设计意图：通过自主探究实验的实施，检验探究实验的"假设"、实验方案的可行性。同时，提高学生的动手实践能力，增强小组合作的团队意识。

活动五：处理数据与总结规律

学生分析表格中的实验数据及其图像，总结光屏上成缩小、倒立实像时，物距、像距分布的大致范围；光屏上成放大、倒立实像时，物距、像距分布的大致范围。然后，根

① （美）理查德·E.梅耶.应用学习科学——心理学大师给教师的建议［M］.盛群力，等译.北京：中国轻工业
　　出版社，2019：33.

② （美）理查德·E.梅耶.应用学习科学——心理学大师给教师的建议［M］.盛群力，等译.北京：中国轻工业
　　出版社，2019：41.

据已知凸透镜焦距为 10 cm，分析归纳出凸透镜成缩小、倒立实像的条件，凸透镜成放大、倒立实像的条件。接着，在桌面上提供一个与发光二极管一样大小的"F"字（如图4-49），借鉴平面镜所成的像与物是等大的思想方法，引导学生去验证凸透镜成倒立等大实像的条件。最后，基于探究的数据表格（如图4-50），分析总结出凸透镜成实像的三条规律。

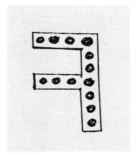

图 4-49 "F"字 图 4-50 基于探究的数据表格

设计意图：通过表格与图像建模相结合的方式处理数据，让学生体验采集信息从个别到一般、抽象到直观的方法，特别是利用手绘等大的"F"字，基于平面镜成等大像的思想方法，突破教学中的难点，促进学生自主建构物理规律，为学生理解规律背后成像的原理打下坚实基础。

（四）反馈释疑：运用应用型"非常规"实验，引发学生自主建构物理规律，助力学以致用

《义务教育物理课程标准（2011年版）》中明确提出，物理课程的基本理念之一是"从生活走向物理，从物理走向社会"[1]。物理规律形成后，教师巧妙设计与生产、生活紧密联系的问题，让学生自主探究解释疑问，有利于学生自主建构物理规律，加强物理知识的迁移、应用。正如学习科学"基于目标的动机"理论所言，"当学生的学业目标是良好的表现（表现取向目标）或是掌握学习材料（掌握取向目标），而不是避免较差的表现（表现回避目标）时，他便会更加努力学习。"[2] 如在《探究凸透镜成像规律》一课的应用环节。

---

① 中华人民共和国教育部. 义务教育物理课程标准（2011年版）[M]. 北京：北京师范大学出版社，2011：2.

② （美）理查德·E. 梅耶. 应用学习科学——心理学大师给教师的建议 [M]. 盛群力，等译. 北京：中国轻工业出版社，2019：41.

活动六：理论联系实际，学以致用

教师利用自制照相机给学生"拍照"，让学生分析出"底片"上的"人"是通过凸透镜所形成的像，然后提供照相机模型：镜头、暗箱和光屏（如图4-51），让学生组装照相机，进行拍照（如图4-52），感受照相机成像的特点与原理。

教师介绍桌面上的绘图幻灯机实验器材（如图4-53），让学生动手体验绘图幻灯机对胶片的投影（如图4-54），感受幻灯机成像的特点与原理。

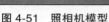

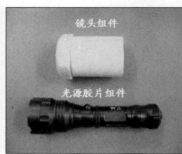

图 4-51　照相机模型　　　图 4-52　组装好的　　　图 4-53　绘图幻灯机　　　图 4-54　绘图幻
　　　　　　　　　　　　　　　照相机　　　　　　　　　　　　　　　　　　　灯机对胶片
　　　　　　　　　　　　　　　　　　　　　　　　　　　　　　　　　　　　　的投影

同时，引导学生探索如果要放大凸透镜所成的实像，应如何调节物距与像距；最后归纳出结论：凸透镜成实像时，物距减小，像距增大，实像将变大，反之其也成立。

设计意图：巩固、拓展所学的凸透镜成实像规律，感受物理应用于生活，激发学生的学习兴趣，提高学生的问题解决能力。

四、结语

基于实践中的反思，反思中的再实践，笔者发现基于"创设情境，产生疑问—方案设计，探究疑问—合作实践，解决疑问—学以致用，解释疑问"这样一条操作流程，是有利于促使学生自主探究物理规律的。学生在经历这条操作流程的过程中，不仅仅能掌握物理知识、技能，更重要的是有利于激发学生的学习动机，落实物理学科的核心素养和实现学科育人的价值。

第五节　基于学习科学的中学
物理实验教学实践成效

项目组通过几年的实践、反思、再实践、再反思，成功解决了一些问题，梳理出学习科学导向下的、以典型课例为载体的中学物理实验教学设计和操作流程，提炼出学习科学导向下的中学物理实验教学实践范式。

一、丰富了物理教学的理论依据，探索出切实可行的实验教学样式

学习科学导向下的中学物理实验教学实践与研究，有效提升了中学物理教师物理教育教学的理论水平，特别是学习科学融合在教学实践中的相关理论得到教师的广泛认同。通过不断的实践探索，初步形成了基于双重通道、容量有限及主动加工三大学习原理基础上的三类物理实验课教学样式，形成典型案例，对切实提高实验教学对物理学科素养中观念形成、探究能力提升、科学思维培育有较大功效。

二、提高了教师实验教学的实施水平，促进了物理教师的专业成长

参与研究的教师已有将学习科学的相关原理自觉运用到日常的课堂教学中的意识，并感受到了改变的欣喜和收获的甘甜。教师感慨道："以往的实验课，学生感觉无聊，老师也感到鸡肋，但改变起来很不容易；现在在学习科学的指导下，借助适合的教学策略，我发现课堂教学变得更加生动有趣，教学效率也提高了不少。"可见，学习科学相关原理的有效运用正逐渐成为项目组教师提高教学效益的法宝，并在不同年级的实验教学中有序铺开。部分教师将研究积累的成果提炼成文，不仅提高了专业素养，还获得了职称晋升的机会和各项荣誉称号。

三、关注学生物理核心素养的培育，有效提升学生物理学习的兴趣和信心

自 2018 年 9 月起历时四年，项目研究组十几位教师所带教初三、高三毕业班学生达数千人。以上海市 Q 区某实验性示范性高中 2021 届学生为例，随机选择两个班级，人数均为 42 人，其中考均分相差 0.1 分，物理均分相差 0.2 分（详见表 4-10）。其中 A 班按照常规方式进行教学，B 班则基于学习科学基本原理开展不同的教学模式。经历了一年的区别教学后，两个班在参加区统一考试时，B 班稍显优势。通过学生访谈、教师座谈发现，相较于 A 班，B 班绝大部分学生在学习物理的兴趣上有了较大幅度的提高，而且在物理核心素养的四个方面表现更优。到高二第一学期期末考试，B 班的物理学习优势更为明显，学生对物理学习的热情也更为高涨，特别是加三学科选修物理的人数也明显多于 A 班，学生自主探究能力、思维活跃程度均有明显的提升。

表 4-10　上海市 Q 区某实验性示范性高中 2021 届学生实验班与对照班成绩比较

班级	人数	中考均分		高一第二学期期末考		高二第一学期期末考		加三学科选修物理的人数
		总分	物理	班级均分	优秀（80分以上）人数/优秀率	班级均分	优秀（80分以上）人数/优秀率	
A 班	42	584.3	85.7	92.19	31/73.81%	64.72	12/28.57%	19
B 班	42	584.2	85.5	93.36	36/85.71%	77.05	24/57.71%	30

第五章 基于学习科学的
中学物理课堂观察

学习科学认为，评估在本质上是与教学相联系的，它分为教学前、教学中、教学后三个阶段的评估，其中教学中的评估也可以称为"形成性评估"。"教学中"的学习场所多为课堂，在评估课堂教学效果时，需要考虑以下三个问题：（1）什么样的教学方式是有效的？（2）这些教学方式什么时候起作用？（3）如何起作用？

在确认了哪种教学方式有效以及何时奏效之后，下一步就是要确认它是如何起作用的，这就需要对课堂教学进行观察和分析。课堂的观察分析是一项有效的评估技能，我们需要观察和描述教学者和学习者在学习的过程中做了什么，对观察的内容进行归类，看哪些教学环节或者教学者的哪些态度、手势能够促进学习者在学习过程中更专注、更努力，分析时可以设计评分量规。另一种有效的手段是访谈或问卷调查，要求学习者描述自己在学习过程中的所思所为，也可以验证这种教学方式是否能有效地促进学习者更加努力地学习，为研究教学是如何起作用的提供了重要的证据。

第一节　中学物理课堂观察的现状与发展

菲利普·杰克逊（Philip Jackson）在 1968 年发表的《课堂生活》中，最早系统地对课堂观察进行了深入的研究。在其之后，古德（T. L. Good）、布罗菲（J. E. Brophy）等人提出了"课堂观察—课堂写真—课堂分析"的课堂观察分析方法，形成了独特的"透视课堂法"[①]，即在"课堂观察"中对教师教学行为采用"行为检核表"记录出现的频率和时间，通过课前课后的访谈了解其课堂教学的目的和设计意图；第二步"课堂写真"，即对整个课堂采用写真式记录，由于影音技术的普及，可以比较真实地还原课堂；最后依据观察记

---

① Masoumeh Zaare. An Investigation into the Effect of Classroom Observation on Teaching Methodology [C]. *Procedia-social and Behavioral Sciences*, 2013（70）：605—614.

录进行分析并提出建议。之后又有学者提出"微观叙事法"，强调对课堂环境进行观察。在对课堂量化的观察研究中，最具有代表性的是弗兰德斯互动分析系统，该评价方式是对师生互动话语进行编码记录，了解其"特质"，这样整堂课的情况就一目了然了。[①]

一、我国课堂教学观察的多重维度

在我国，课堂教学观察起步比较晚，在相当长的一段时间内，我们对课堂的观察和评价仅仅用"听评课"来替代，评价的对象基本是教师，且评价的方式也是以定性评价为主，评价时不可避免会加入评价者的主观经验。

随着国外测评技术的引入，一些学者在课堂观察客观评价指标方面做了深入的研究，如：李蔚从教育心理学研究对象入手，确立了5个一级评价维度：目标因素、学生因素、教师因素、教材因素、教学方法与课堂管理，并对这5个维度做了二级细化，形成了较为完善的《课堂教学评议标准量表》；刘要悟从心理学中学习过程及参与学习的主要要素出发，拟定了8个评价指标；王飞从多元智力角度出发，提出学生、教师、课堂设计和课堂实施4个一级维度，并强调以学生为本的评价思想；2008年崔允漷提出了LICC范式建构观察量表，该范式将学生学习置于观察核心地位，在4个维度20个视角的基础上给出68个实际的备选观察点，并拟定了严格的观察程序，总体上开创了课堂观察测评的新范式。我国学者基于不同的理论开发出了不同的评价指标体系，但是实践操作较少，对于课堂评价的实践研究尚处于起步阶段。

二、当前中学课堂观察的评价手段

在引入西方评价理论和技术的同时，结合我国课堂的特点，各个地方也制定了课堂教学评价的量表（见表5-1、表5-2）。

这些课堂评价量表有这样一些特点：

1. 测评形式单一，多为终结性的评价，很少设计针对学生学习过程性的评价，对于优化课堂教学的意义不大；

2. 对课堂评价面面俱到，缺乏整体规划，无法对不同学科、不同课型进行有针对性的评价；

3. 观察主体单一，过于重视对教师的评价，鲜有对学生学习过程的评价（即使有也没有具体事件，仅仅停留在笼统的主观印象），观测结论不具备代表性，无法有效地促进教

① 王宏霞 . 中西方课堂教学差异的文化探源［D］. 华东师范大学，2005.

表 5-1　课堂观察三级评价指标量表

学校		班级		执教者		评课者		典型特色纪要
课题					时间			

一级指标	二级指标	三　级　指　标	分值	扣分	得分	
教师 50%	教学目标 10%	1. "三维"目标明确具体，并体现"教为主导、学为主体、疑为主轴、动为主线"的教学原则	6			
		2. 贴近学生实际，关注行为习惯和创新思维的培养	4			
	教学内容 12%	3. 教材处理合理，内容开放，容量适当	4			
		4. 抓住关键，突出重点，解决难点	4			
		5. 体现教学内容的层次性，适合学生实际	4			
	过程与方法 20%	6. 组织严密，结构合理，教法选择得当，注重直观	4			
		7. 设趣导疑作用明显，层次清晰，富有节奏	4			
		8. 面向全体，调控得当，时空分配合理	4			
		9. 知识技能训练针对性强，注重学法指导，体现启迪思维、情知交融、评价激励	4			
		10. 师生互动，生生互动，活动真实有效率	4			
	教师素质 8%	11. 尊重、赞赏学生，注重因材施教，引导得法	2			
		12. 学习情景、氛围营造得法，应变能力强	2			
		13. 讲解正确，语言准确、流畅，逻辑性、启发性强	2			
		14. 板书、绘图、操作演示正确熟练	2			
学生 50%	全体性 10%	15. 学生全体参与，活动面广，个别学生得到具体指导	5			
		16. 全体学生知、能、情、意、行得到训练	5			
	主动性 18%	17. 气氛活跃，主动投入，乐于合作、探究	6			
		18. 自主学习，读、思、疑、议、练贯穿全过程，动脑动手动口程度高	6			
		19. 主动感知、体验，情感得到熏陶	6			
	时效性 12%	20. 三维目标达成度高	6			
		21. 每个学生都有收获，感受到学习的愉悦	6			
	创新性 10%	22. 乐于思考，勇于质疑、探索，有见解	5			
		23. 举一反三，能提出新问题，能灵活应用所学知识和方法解决新问题	5			
等级分数		优秀：90 分及以上；良好：80—89 分；合格：60—79 分；不合格：59 分及以下	总分			

表 5-2　课堂观察评价指标量表

	项　目	要　　　　求	分值	评分
教学 （90 分）	教学理念	能体现新的教学理念和课改精神。以学生为主体，让学生生动活泼地学习；倡导学生自主、合作、探究的学习方式；注重培养学生的创新精神和实践能力	5	
	教学目标	符合课标精神和学生的实际，教与学目标具体、可行，实现知识与技能、过程与方法、情感态度与价值观三维目标的达成	5	
	教材处理	详略得当，准确地把握了教材的重点和难点。创造性地对教材进行了加工，既注重了"双基"训练，又注重了学习潜能开发	15	
	教学过程	符合学生身心的认知发展规律，学生在民主、平等、和谐的氛围中主动学习，积极研究。教师成为教学的引导者、组织者、合作者	20	
	教学方法	根据需要将多种教学方法进行优化组合；现代教育技术的运用恰当、有效；注重学生学习方法与良好学习习惯的培养	20	
	教师素质	态度认真负责；基本功扎实；有较高的教育理论素养并用于指导教学实践；讲授富有激情且具有较好的教学机智	10	
	教学效果	学生积极主动、思维活跃，参与教学活动的面广，达到了预期的教学目标并激发了学生积极学习的愿望	10	
	教学特色	教学的某些方面有创新，并因此提高了教学效果	5	
教案 （10 分）	1. 完整规范 2. 有特色，方便操作		10	
总分				

师的专业发展和学生的学习；

　　4. 由于测评专业知识的缺失，无法设计出专业的量表进行有针对性的评价，参与测评的教师理论基础薄弱，尤其是刚上岗的新教师往往无法明晰一节课的观察点，这在很大程度上制约了教师的专业发展。

三、物理课堂教学观察的现状评析

　　目前尚没有专门针对物理学科课堂教学的课堂观察评价表，现有的课堂评价无法体现出课堂教学设计、教学手段是否满足促进学生物理学习的需要，是否符合物理学的认知规律以及学生在教学活动中的参与度等因素。这些评价表多停留在形式上，而没有对实施效果有实质性的观察和检测，虽有教有评，但评不促教。传统课堂观察与测评的诸多问题已无法有针对性地满足现阶段物理课堂观察的要求，需开发出新的探究物理课堂教学测评量表，将其与课堂观察活动紧密结合，推进新课改背景下物理课堂的有效测评与教师的专业成长。

第二节　基于学习科学的中学物理课堂观察设计要点

美国教育心理学教授理查德·E.梅耶在《应用学习科学》一书中关于如何开展教学，阐述了学习过程中促进学习者知识构建的三种主要认知加工要求（无关认知加工、基础认知加工、生成认知加工）；三个重要认知加工调节过程（减少无关认知加工、调节基础认知加工、促进生成认知加工）将促进意义学习。与上述相对应的有"被动学习"情境下最有效的十二条教学设计原则（见表5-3），我们可以从中找到适合不同知识特点、不同物理教学课型的设计思路。

一、课堂观察设计原则

表 5-3　课堂学习的十二条教学设计原则

适当的认知加工	教学原则	含 义 简 要 阐 述
减少无关认知加工	1. 聚焦要义	去除无关材料后，学习效果更佳
	2. 标记结构	突出关键材料后，学习效果更佳
	3. 空间邻近	图示与相应文字说明相邻呈现，学习效果更佳
	4. 时间邻近	语音解说和画面本身同时呈现，学习效果更佳
	5. 明确期望	提前告知测试题目的类型时，学习效果更佳
调节基础认知加工	6. 切块呈现	当一堂艰涩难懂的课被分割成学生可以掌握的若干小段时，学习效果更佳
	7. 提前准备	学生在课前提前了解核心概念的名称和特征，学习效果更佳
	8. 调整通道	多媒体学习使用语音而非书面形式的呈现文本时，学习效果更佳
促进生成认知加工	9. 多媒体	使用文本和图片、视频等比单用文本，学习效果更佳
	10. 人性化	使用对话风格教学比正式风格教学，学习效果更佳
	11. 具体化	使用将已学知识与新知识联系起来的方式学习，学习效果更佳
	12. 抛锚式	学习者在熟悉的学习情境中学习，学习效果更佳

二、课堂观察设计要点

（一）学习科学的教学设计原则应用于概念课

以严荣琴老师的在线课《杠杆》为例，从四个方面来说明学习科学的教学设计原则应用于概念课的设计要点。

1. 聚焦要义，减少无关认知加工

在《应用学习科学》一书中列出了学习过程中三种主要的认知加工要求：无关认知加工、基础认知加工和生成认知加工。教学的目的就是在学习过程中指导学生的认知加工并促进学习者的知识构建。这一过程发生在学习者的认知系统中，其特点是认知加工的容量有限。一节在线课程的时间一般为 20—30 分钟。一节课所需的认知加工不能超过学习者的认知容量范围，这时课程的设计要聚焦要义，帮助学生减少与教学目的关系不大的无关认知加工。

线下课堂中，《杠杆》一课我们通常会进行情境铺垫，一段"机械的使用"视频，加上自古以来人类使用"杠杆"的视频，创设情境激发学生的学习兴趣，引出课题，这个铺垫以及引出课题需要 5 分钟时间。然而在线课堂中，这些视频会占用较多时间，并且视频中的无关信息会分散本节课教学目标，因此可以在课程的开始直接列出单元知识结构（见图 5-1），让学生明确学习目标。

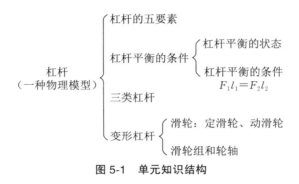

图 5-1　单元知识结构

通过上图知识结构化呈现，让学生明确本单元所学习的内容、单元学习任务，清楚每一课时的学习目标。

2. 切块呈现，具体化，调整学习通道

即使排除了所有的无关认知加工，基础认知加工容量也有可能超过学习者认识系统本身的限度。在这种情况下，教学需要调整学习者的基础认知加工，将课堂分割成几个小部分（切块呈现原则），通过分任务的形式呈现。我们把《杠杆》一课的目标分成两个任务：任务一，认识杠杆；任务二，练习画力臂和力。

在任务一中，可以采用多媒体和具体化原则，将已学知识与新知识联系起来，提供具体的实例和类比，促进学习者的生成认知加工。学习科学的研究者先后提出了学习的三种隐喻：增强反应、获得知识和知识建构。在针对概念和策略的学习中，主流理论认为知识建构是较为有效的学习方式。这是一种教师在学生学习过程中帮助学生进行认知加工的学习方式。为了帮助学生理解杠杆的概念，可以同时出示以下生活中比较常见的几段视频（见图 5-2），通过对熟知的工具使用过程中的共同特点提炼出杠杆的概念。意义学习发生于学习者在学习时进行适当的认知加工的过程中，学习者将所选择的材料与长时记忆中激活的原有知识进行整合。同时，这一方式也体现了学习科学的三条原理中的双重通道原理和主动加工原理。

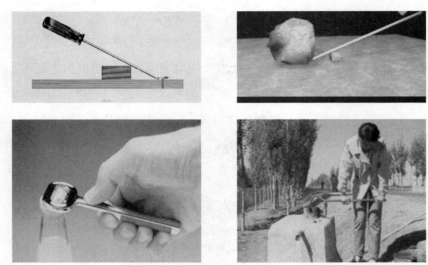

图 5-2   认识杠杆

3. 利用增强反应开展练习教学

在任务二的学习中，由于该知识属于基本技能的训练，我们可以利用增强反应的原理进行设计，同时采取实证教学原则中的分步练习、提供样例、及时反馈和指导发现原则，通过及时增强或削弱反应，促进学生对知识的掌握。教师通过样例分步示范，然后让学生练习，选取几位学生画的力和力臂进行讲解。如果平台没有类似的在线互动功能，教师可以根据教学经验，选取一些常见的答题结果（既有错误也有正确的实例），让学生判断对错。此时可以通过在线调查的方式，让所有学生参与，然后快速地统计出学生的答案，有针对性地进行解答，从而达到教学目标。

格雷厄姆·库伯（Cooper）和约翰·斯维勒（John Sweller）的研究表明，通过样例进行学习比"做中学"能更有效地促进学习者在测验中的迁移表现。样例原则更有助于调节学习者的认知加工。

提供样例如图 5-3 所示：

【例1】请作出动力臂和阻力臂

力臂的作图要点：

（1）找到力的作用线，必要时延长或反向延长力的作用线；

（2）过支点作力的作用线的垂线；

（3）在对应的垂线旁标上大括号和符号 l_1 或 l_2；

（4）检查：力臂一端应是支点，另一端是垂足。

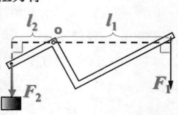

图 5-3   力臂作图样例

在提供样例示范之后，可以让学生分步练习画力或力臂。当然，为了增加课堂的互动性，还可以通过在线问答统计的方式进行及时反馈练习，如图 5-4 所示：

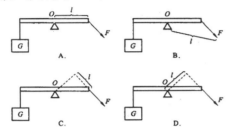

图 5-4　力臂作图在线练习

　　在完成了两项任务学习之后，一节课的两项分任务学习就已经完成了，如果我们止步于此，那么学习者的大脑只会记住一堆孤立、零碎的信息。接下来的两个过程——组织和整合对帮助学习者实现意义学习起着至关重要的作用。

　　4. 组织和整合

　　这一教学策略是帮助学习者将所学知识与原有知识联系起来。学习者激活原有的知识，并借此同化新知识。例如在《杠杆》一课学习中，我们在课程的最后阶段选取生活中的简单工具为例，可以是上课一开始提出杠杆概念中的几个图片实例，也可以选取更为复杂的杠杆实例，让学生辨认生活中的杠杆，综合运用前面所学的两个任务画出杠杆的五个要素。如果学习者在完成任务时得到示范、辅导和提供支架等帮助，而非单纯的发现，那么学习的效果更佳。所以学生在练习中进行知识的组织与整合时，教师也要给予重要及关键性的提示，如图 5-5 所示：

　　• 杠杆的动力和阻力
　　　力的作用点都在杠杆上

　　• 判断力的方向要根据动力和阻力对杠杆的
　　　转动方向**相反**来确定

　　• 力臂：虚线、垂足、大括号、符号

图 5-5　力臂作图五要素

　　在线课程的设计和研究对于一线教师来说才刚刚起步，物理学科的课堂又有别于其他学科，教师可以在比较线下教学和在线教学的特点、区别和联系中找到突破口，深入学习教学研究中的学习科学理论，根据不同的教学环节以及知识点设计更有效的在线课程。

（二）学习科学的教学设计原则应用于实验课

以《测电源电动势和内阻》实验课为例，从两个方面来说明学习科学的教学设计原则应用于实验课的设计要点。

1. 学习即增强反应

教师的角色就是激发学生的反应，并随后对学生进行奖赏（肯定）或惩罚（否定）。如果学生行为得到肯定，那么该行为与课堂情境的联系将更为紧密，该反应在今后出现的可能性会不断增多；反之将不断减少。《测电源电动势和内阻》实验课，以"诺贝尔奖""手机电池充电""特斯拉汽车电池"……对学生而言或密切相关或极为感兴趣的话题开始，教师语态轻松惬意，仿佛与朋友侃侃而谈。在此氛围下，教师适时提出本课的第一个重要问题：表征电池主要特性的是电动势和内阻，如何根据所学知识设计实验进行测量？在简单讨论后，学生们很快就对实验的基本原理达成共识。随后教师给予学生充分的时间完成分组讨论（教师给出的参考问题有：测量的物理量有哪些？如何测量？满足的关系式是什么？所需选择的实验器材有哪些？数据该如何处理……），讨论后安排两组学生上台交流，交流后教师就学生方案提出设计中有什么问题、有什么改进的建议等，以此引导学生综合思考实验原理、实验器材、数据处理等各方因素，最终确定实验方案。之后教室中的每一位学生都投入数据测量中，尤其是"抢"到可乐电池的组，更是以极大热情投入实验……在实验结束分享实验结果后，教师还不忘鼓励学生投身于科学研究，学生也欣然应允。

教师在这节课中以学生熟悉的话题引入课题，整节课中表现出极强的亲和力，不断鼓励学生表达想法，以贴近年轻人的选择（以可乐取代之前更为常用的土豆或番茄之类），增强学生的正向反应。教师在实验过程中巡视指导给予学生充分选择权等行为，会使学生参与的积极性更高。可见，当学生认为学习是对他自身有价值（解决疑惑）的时候，或者把教师当成伙伴的时候，学生的学习动机将被激发。因此，教师保持激励属性，创设出属于学生的教学环境，对于课堂教学效果的提升有正向作用。

2. 学习即知识构建

依照巴特莱特（F. C. Bartlett）的观点，当学习者缺少恰当的原有知识时，学习效果就会受到影响，因为学习效果取决于呈现的信息和学习者可以用于同化的原有知识。为达到测量电池电动势和内阻的目的，教师给出了 A 套餐（普通干电池）、B 套餐（可乐电池）选项，给予学生充分自由，在充足的实验仪器中进行选择。各组学生在教师提供的指引性问题指导下，在不断的"试错"中思考，最终得到最佳实验方案。这就犹如教育心理学家桑代克所做的禁闭于迷笼之中的猫开门的实验，学生在实验设计和实施时，所做的各种尝试类似于猫在笼中乱抓乱咬迷笼的门板、猛扑过去试图翻越及大声叫嚷等行为，最后偶尔碰到了门栓，门打开了。错误的反应在每一次尝试失败之后都会变弱，课堂中给予学生不断主动试错的机会，其实就是在不断削弱错误模型或错误原理在学生脑海中的记忆，以此帮助学生自主建构正确的知识体系。教师最主要的职责是引导学生建构起各零散知识的联系从而形成密不可破的知识网络，而要做到主动建构，最重要的是激发学生自身的内驱力，教师可以做到的是日益完善的外部保障（教师引导、情境代入、同伴互助等）。

三、课堂观察对教学成效的评估作用

如果我们想要采用一种科学的教学方法，就需要实证研究来证明哪一种教学方式是最有效的，课堂观察评价中的一项核心任务就是对学习结果做出评估。评估时能清晰地描述学生学到了什么，从而指导教师的教学行为，因此教学评估与学生的学习和教师的教学是密不可分的。

徐蓓蓓老师在一节高三《能量》复习课的教学中设计了让学生列举身边有关能量转化的实际案例的环节，原本想着学生刚参观过松江科技馆，其中的"古代科技"可以发现很多相关的例子，而且课本上各章节的插图中也有不少从能量角度分析的例子，学生应该没有多大的困难。但在试讲时发现，学生只发现了场馆中两个与能量有关的例子，课本中许多和能量有关的插图也没有找出来。教学的达成度远远低于设计的预期，课堂气氛也比较沉闷。

列举能量转化的实际案例，问题本身指向比较宽泛，学生所需的基础认知加工容量也较大，这种情况下，教师就需要预设环节帮助学生调节基础认知加工。第二次试讲，教师在课前预习时做了提示——从参观活动或者课本插图中去寻找。学生通过回忆、观察和梳理，发现了很多和能量转化有关的案例。教师通过给出样例示范，去引导学生体会科学思维方法，最后顺利地达成了这节课的目标。

学习科学中提到，教学评估应该关注的是学习者学到了什么、学习者的学习方式，以及与学习相关的学习者的个性特征。不难看出，课堂教学评价是建立在对学习者的学习过程、学习特征、学习结果观察基础上的对教学成效的一种评估。

第三节　基于学习科学的中学物理
课堂观察评价表的设计与使用

为了激发教师和学生"教"和"学"的责任感，课堂评价应该关注教学对学习的评价方式及评价效果，指导教师开展过程性、情境性、有效性的教学。开发"课堂观察评价表"，旨在探寻一种促进学习发生的课堂评估模式，以学习为中心的课堂评估需要对学习者的学习需求、学习过程、学习情感、学习方式和学习结果等五个方面进行评估。"课堂观察评价表"中除了要关注教师对学生与学习目标有没有了解、是否为相关的知识做好了经验准备、能否使用清晰直接的语言讲述课堂教学内容之外，还需要关注学生参与课堂教学过程的投入程度、回答问题的质量、小组合作中的表现等。通过对学习者参与课堂教学的情感进行观察和分析，考察学习者学习情感、态度与价值观之间的关联性，了解学习者的学习方式，找到适合学习者学习的最佳教学方式。课堂教学结束后还可以通过抽样座谈或者是问卷等形式，对学习者的学习结果和学习感受做一个反馈，对教学过程或者某个细节上的改进有个具体的建议。我们希望这样的"课堂观察评价表"，可以对教师的教学习惯、教学手段等进行观察和记录，并结合学生课堂的反应以及学习结果的评估信息，对教师的教学方式、课堂提问、组织活动等方面的改进起到指导性作用。

一、课堂观察评价表制定的理论依据和原则

（一）理论依据

1. 依据学习科学中双重通道、容量有限、主动加工等意义学习的认知原理，评估教学设计和实施是否符合学习者的认知规律。

2. 依据学习科学中意义学习的"选择""组织""整合"，评估教学环节的设计是否符合科学的认知过程及其实施的效果。

3. 依据意义学习的"整合"和学习的元认知，评估教师帮助学生建立其原有知识与新知识的联系手段是否有效。

4. 运用评估科学的三种评估功能，在教学前描述学习者和学习内容的特点，教学中观察学习者对教学的反应，运用观察分析，观察和描述学习者在学习过程中做了什么，对观察内容进行归类。

5. 结合崔允漷的 LICC 范式建构观察量表中提出的四个维度——教师教学、学生学习、课程性质、课堂文化，对各方面进行观察，评估课堂教学的有效性。

6. 评估在教学设计中是否有单元整体结构及课时教学在单元中的地位和作用的设计，以及课堂实施的过程中是否实现了学科核心素养的渗透。

（二）制定原则

1. 重视"课堂观察评价表"的科学性，量表中每一个观察点都对应了学习科学的基本原理和物理学科素养。

2. 重视物理课堂教学评价的过程性，尤其是学生在物理学习过程中的具体事实和表现。过程性评价中所体现出来的学习细节问题，不仅是教师教学的着眼点，也是学生学习的切入点，这种能启发教师、指导学生、促使学生修正学习过程的评价体系，正是我们制

定物理课堂观察评价表的主旨。

3. 重视课堂观察点的广泛性，拓展课堂教学的评价范围，把学生的物理活动、物理实验、物理制作和物理探究等方面的表现均列为观察点。

4. 体现学生在课堂教学中的主体性，从学生学的情况出发，对教师教的落实程度进行观察和评价，从而发挥学生的主体地位，体现"以学定教"的教学理念。

项目组在经过了系统的学习科学理论学习之后，收集现有的"课堂评价量表"，从其制定的目标、出发点、依据等，分析这些评价量表的特点，如时代特点、量表考察所关注的侧重点等，交流讨论现有评价量表的优点和不足，为制定新的评价量表做准备。随着对学习科学学习的深入，项目组负责评价环节的教师制定了兼具课堂中教师行为与学生行为观察的"课堂观察评价表"，将学习科学的原理尽可能显性化地呈现在评价表中。评价者能使用该表如实反映学习者的学习过程、学习特征和学习结果，并与教师的行为对照，对课堂教学进行客观、科学的观察评价。

（三）"课堂观察评价表"制定过程及改进

在物理课堂观察评价表的制定过程中，我们着力体现以下两个特点：

1. 针对物理学科核心素养的培养目标，我们制定了单元整体设计和课堂教学中教师行为的透视点；同时，为了能评估学生的学习结果，我们在课堂观察评价表中建立了对学习者（即学生）的学习过程、学习特征、学习结果的观察点，从而达成对教学成效的评估。评价表从学生能否形成物理观念、能否灵活应用物理思维方法、是否具有探究精神以及课堂整体的参与度情况几个维度进行整体观察。

2. 我们在这份评价表中设置了学生个体的透视观察点。带着评价表听课的教师可以选择一名个体观察对象（×排×列），听课教师在课堂教学的各环节中，对这名学生进行个体追踪，对其课堂关注度、课堂参与度等进行具体记录，对其课堂表现良好时的教师行为逐一对照记录，从而为指导教师课堂教学行为的改善提供有力的事实依据（见表5-4）。

概念规律组和实验组开展教学实践的时候，我们使用了该评价表，并听取了教师们使用后的意见，整理归纳出了如下的问题：

1. 学生个体观察对象位置的确定描述不清晰；

2. 评价表阅读量较大，设计较为繁复，教师行为与学生行为未做到一一对应；

3. 物理作为实验性学科，学生实验在课堂教学中占有很大的比重，此评价表中未能很好地对学生在开展实验活动时的行为进行观察记录。

针对以上意见，我们对评价表做了第一次优化。优化主要体现在以下三点（见表5-5）：

1. 明确作为个体观察的学生位置的标记点，将"＿＿排＿＿座"改为"＿＿排

表 5-4　物理课堂观察评价表（高中）1.0

学校：＿＿＿＿＿＿　班级：＿＿＿＿＿＿　授课教师：＿＿＿＿＿＿　时间：＿＿＿＿

课型：＿＿＿＿＿＿（新授课、实验课、习题课、复习课）　个体观察对象：＿＿排＿＿座

教师行为			学生群体行为			学生个体观察	简要记录
透视点	分值	得分	观察点	分值	得分	专注或游离/主（被）动回答	
创设情境，引导学生解释一些日常现象或解决实际问题			在教师引导下，能合理解释一些相关日常现象或解决相关实际问题				
结合教学内容，适时引导学生体会科学思维方法（建模、等效等）			能准确应用物理词汇描述现象中所体现的思想方法				
			在教师引导下，能正确运用思维方法解决相关问题				
演示实验、信息技术等手段运用熟练、恰当、合理			对实验、信息技术等观察仔细，乐于思考，勇于表达，通过合理推理、逻辑论证等得到结论				
在实验、视频等教学环节中，能引导学生注重观察，通过合理推理、逻辑论证等得到结论							
在教学过程中，鼓励、引导学生发现问题、提出问题			学生积极性高，主动提出问题，并通过教师引导、生生互动获得符合物理逻辑的结论				
善于引导学生根据问题收集和选择有用信息，并通过逻辑推理得到结论							
在实验教学中，能有效引导学生合理设计			在教师引导下，学生得到符合科学性要求的实验设计，并能高效完成实验，操作规范				
在学生实验过程中，引导学生如实记录、客观对待、加强生生间的交流合作			学生实验操作规范，数据记录实事求是，与同学合作交流顺畅、高效				
教态亲切，语言流畅（幽默），逻辑清晰，有良好的师生互动			主动投入课堂进行脑力比拼，全程精神集中，课堂参与性高				

学生个体观察维度	
学　　生	教　　师
座位：＿＿＿＿排＿＿＿＿座	关注到周边学生的次数（时间）：
主动回答问题次数：＿＿＿　回答正确的次数：＿＿＿	＿＿＿次/＿＿＿＿分钟

____列（从门数起）";

2. 简化表格内容的设计，将相近的观察点进行合并，比如将"在教学过程中，鼓励、引导学生发现问题、提出问题"和"善于引导学生根据问题收集和选择有用信息，并通过逻辑推理得到结论"合并为"在教学过程中，鼓励、引导学生发现问题、提出问题"等，便于课堂观察者能更用心地关注课堂，科学记录；

3. 增加对个体学生在实验课中的行为表现观察维度，通过对个体学生的主动性、领导性、参与性、科学性、合作性等方面进行观察，力图通过观察评价表的客观记录寻找出教师的哪些行为激发了学生的学习动力，教师怎样的言行举止更能触发学生的学习动机；

4. 增加了单元教学设计板块，以适应马上要实施的新课程标准中对单元设计的要求。

表 5-5　物理课堂观察评价表（高中）2.0

学校：_____　班级：_____　授课教师：_____　时间：_____

课型：_____（新授课、实验课、习题课、复习课）　个体观察对象：____ 排 ____ 列（从门数起）

模块	评　价　要　点					得分
教学设计	教学目标符合课程标准，符合学生实际程度；有单元整体结构及课时教学在单元中的地位和作用（10分）					
课堂教学	**教师行为**		**学生群体行为**		**学生个体观察**	
	观察点	得分	观察点	得分	专注或游离/主（被）动回答/无反应	简要记录
	创设情境，引导学生解释一些日常现象或解决实际问题（20分）		在教师引导下，能合理解释一些相关日常现象或解决相关实际问题（20分）			
	结合教学内容，适时引导学生体会科学思维方法（建模、等效等）（20分）		能准确应用物理词汇描述现象中所体现的思想方法；能正确运用思维方法解决相关问题（20分）			
	在实验、视频等教学环节中，能引导学生注重观察，通过合理推理、逻辑论证等得到结论（20分）		对实验、信息技术等观察仔细，乐于思考，勇于表达，通过合理推理、逻辑论证等得到结论（20分）			
	在教学过程中，鼓励、引导学生发现问题、提出问题（20分）		学生积极性高，主动提出问题，并通过教师引导、生生互动获得符合物理逻辑的结论（20分）			
	教态亲切，语言流畅（幽默），逻辑清晰，有良好的师生互动（10分）		主动投入课堂，全程精神集中，课堂参与性高（20分）			

学生个体观察维度（概念课）	
学　　生	教　　师
座位：_____ 排 _____ 列（从门数起） 主动（包括群体）回答问题次数：_____ 回答正确的次数：_____	关注到周边学生的次数（时间）： _____ 次或 _____ 分钟
学生精神集中时间：约 _____ 分钟	学生精神集中时的教师行为： _____ _____ _____

学生个体观察维度（实验课）	
学　　生	教　　师
座位：_____ 排 _____ 列（从门数起） 自己动手设计或操作实验： _____ 次或 _____ 分钟	对学生个体实验辅导时间： _____ 次或 _____ 分钟
学生在实验设计或操作过程中，在下列符合的情况后打"√"： 积极参与（　　　） 独立完成（　　　） 起主导作用（　　　） 被动参与（　　　） 旁观（　　　） 实验操作规范，数据记录实事求是，与同学合作交流顺畅、高效（　　　）	学生在设计或操作实验过程中教师的行为： _____ _____ _____

2.0 版在实际使用后仍感到有不少问题，如在教师行为和学生行为的观察点中，仍过多关注于较为"悬空"的点，过于偏重从学科核心素养角度设计观察点，学习科学被隐形化，这不利于对教学的总结，无法起到优化教学行为的作用，因此我们做了第三次改版。

我们将有关意义学习的认知原理、认知过程、整合元认知等相关学习科学理论，结合学科核心素养转变成为可透视的观察点，力争使此份评价表能从科学的角度指导教师优化教学行为，更符合学习者的学习规律，提升课堂观察的科学性。主要的修改如下：

1. 在第三版评价表中出现了如下描述："教师运用图片、表格、视频等手段合理、恰当"，对学生相应有"在图片、表格、视频等帮助下，学生能建立起与知识点的联系，反馈良好"，这正是学习科学三条原理之一的"双通道原理"（人拥有用于加工语言材料和图示材料的单独的通道）在评价表中显性化的处理；

2. “教师能运用有效手段，帮助学生建立其原有知识与新知识的联系”，对学生相应有“学生在教师引导下，能准确表达（运用）基于其原有知识而习得的新知识”，这正是意义学习的三种基本认知过程：选择（对呈现的语词和图像的相关部分予以注意）、组织（对已经选择的语词或图像进行组织，以形成连贯的言语或图像模型）、整合（将声音表征和图像表征相互联系起来，并与原有知识相整合）在评价表中的呈现；

3. 对于考量学习者学习动机（兴趣、信念、归因、目标、伙伴）在学习中所发挥的作用，在评价表中我们通过“学生体态轻松，思维活跃，师生互动、合作良好”，对应教师的“课堂用语、课堂行为亲切、自然，营造良好氛围，形成学习团队”进行表述。

改进后的课堂观察评价表，从学生学习、教师教学、课程性质、课堂文化等视角对课堂教学进行观察，客观描述教师和学生在课堂学习的过程中做了什么，有何表现，同时也关注学科核心素养在教学环节中的渗透（见表 5-6）。

表 5-6　物理课堂观察评价表（高中）3.0

<table>
<tr><td colspan="7">学校：＿＿＿＿＿　班级：＿＿＿＿＿　授课教师：＿＿＿＿＿　时间：＿＿＿＿
课型：＿＿＿（新授课、实验课、习题课、复习课）　个体观察对象：＿＿排＿＿列（从门数起）</td></tr>
<tr><td>模块</td><td colspan="5">评　价　要　点</td><td>得分</td></tr>
<tr><td>教学设计</td><td colspan="5">教学目标符合课程标准，符合学生实际程度；有单元整体结构及课时教学在单元中的地位和作用（10 分）</td><td></td></tr>
<tr><td rowspan="5">课堂教学</td><td colspan="2">教师行为</td><td colspan="2">学生群体行为</td><td>学生个体观察</td><td rowspan="2">简要记录</td></tr>
<tr><td>观察点</td><td>得分</td><td>观察点</td><td>得分</td><td>专注或游离／主（被）动回答／无反应</td></tr>
<tr><td>创设情境，引导学生解释一些日常现象或解决实际问题，教师运用图片、表格、视频等手段合理、恰当（20 分）</td><td></td><td>在图片、表格、视频等帮助下，学生能建立起与知识点的联系，反馈良好，在教师引导下，能合理解释一些相关日常现象或解决相关实际问题（20 分）</td><td></td><td></td><td></td></tr>
<tr><td>结合教学内容，适时引导学生体会科学思维方法（建模、等效等）（20 分）</td><td></td><td>能准确应用物理词汇描述现象中所体现的思想方法；能正确运用思维方法解决相关问题（20 分）</td><td></td><td></td><td></td></tr>
<tr><td>在实验、视频等教学环节中，能引导学生注重观察，通过合理推理、逻辑论证等得到结论（20 分）</td><td></td><td>对实验、信息技术等观察仔细，乐于思考，勇于表达，通过合理推理、逻辑论证等得到结论（20 分）</td><td></td><td></td><td></td></tr>
</table>

续表

模块	评　价　要　点				得分
课堂教学	教师能运用有效手段，帮助学生建立其原有知识与新知识的联系（20分）	学生在教师引导下，能准确表达（运用）基于其原有知识而习得的新知识（20分）			
	教师课堂用语、课堂行为亲切、自然，营造良好氛围，形成学习团队（10分）	学生体态轻松，思维活跃，师生互动、合作良好（10分）			

学生个体观察维度（概念课）	
学　　生	**教　　师**
座位：_____ 排 _____ 列（从门数起）	关注到周边学生的次数（时间）：
主动（包括群体）回答问题次数：_____ 回答正确的次数：_____	_____ 次或 _____ 分钟
学生精神集中时间：约 _____ 分钟	学生精神集中时的教师行为： _____ _____ _____

学生个体观察维度（实验课）	
学　　生	**教　　师**
座位：_____ 排 _____ 列（从门数起）	对学生个体实验辅导时间： _____ 次或 _____ 分钟
自己动手设计或操作实验： _____ 次或 _____ 分钟	
学生在实验设计或操作过程中，在下列符合的情况后打"√"： 积极参与（　　　） 独立完成（　　　） 起主导作用（　　　） 被动参与（　　　） 旁观（　　　） 实验操作规范，数据记录实事求是，与同学合作交流顺畅、高效（　　　）	学生在设计或操作实验过程中教师的行为： _____ _____ _____ _____

考虑到此份评价表能够应用于更广泛的物理课堂，为了让更多不是项目组的教师使用，我们对评价表又补充了一份说明，便于第一次使用者能快速了解课堂中需要观察的点，把握此份评价表的价值和意义，以使其快速地为大家所接受、理解和使用，同时也听取了多位使用者的反馈，将"个体观察"的评价记录量化，并增加了课后使用的课堂观察评价表（二）——学生问卷，从学生的视角评价课堂教学活动的效果，使得我们的评价更完整、更客观，至此物理课堂观察评价表的第四版完成（见表 5-7、表 5-8）。

二、课堂观察评价表的使用说明

课堂观察评价表（一）为听课教师使用，分为高中版和初中版。参与听课的教师务必仔细阅读表（一）后面的使用说明，以确保课堂观察的客观性和有效性。

评价表（二）为课后用于学生访谈，可以请学生无记名填写，表（二）后的说明阐明了问题设计的意图，仅供分析使用，无需给学生看；为了避免以点概面，参与的学生人数不可低于听课学生的 1/3，无论是访谈还是学生填写，都应一个学生一张表，便于对课堂效果的全面统计。

表 5-7　物理课堂观察评价表（一）（高中）4.0

学校：＿＿＿＿＿　　班级：＿＿＿＿＿　　授课教师：＿＿＿＿＿　　时间：＿＿＿＿＿				
课型：＿＿＿（新授课、实验课、习题课、复习课）　　个体观察对象：＿＿ 排 ＿＿ 列（从门数起）				
模块	**评　价　要　点**			**得分**
教学设计	教学目标符合课程标准，符合学生实际程度；有单元整体结构及课时教学在单元中的地位和作用（10 分）			
课堂教学	**教师行为**		**学生群体行为**		**学生个体观察**
	观察点	**得分**	**观察点**	**得分**	**参与度 （1—5 分）**	**简要记录： 主动回答、 上台演示等**
	创设情境，引导学生解释一些日常现象或解决实际问题，教师运用图片、表格、视频等手段合理、恰当（20 分）		在图片、表格、视频等帮助下，学生能建立起与知识点的联系，反馈良好，在教师引导下，能合理解释一些相关日常现象或解决相关实际问题（20 分）			
	结合教学内容，适时引导学生体会科学思维方法（建模、等效等）（20 分）		能准确应用物理词汇描述现象中所体现的思想方法；能正确运用思维方法解决相关问题（20 分）			

续表

模块	评 价 要 点			得分
课堂教学	在实验、视频等教学环节中，能引导学生注重观察，通过合理推理、逻辑论证等得到结论（20分）	对实验、信息技术等观察仔细，乐于思考，勇于表达，通过合理推理、逻辑论证等得到结论（20分）		
	教师能运用有效手段，帮助学生建立其原有知识与新知识的联系（20分）	学生在教师引导下，能准确表达（运用）基于其原有知识而习得的新知识（20分）		
	教师课堂用语、课堂行为亲切、自然，营造良好氛围，形成学习团队（10分）	学生体态轻松，思维活跃，师生互动、合作良好（10分）		

学生个体观察维度（概念课）

学 生	教 师
座位：_____ 排 _____ 列（从门数起）	关注到学生的周边的次数或活动时间：
主动（包括群体）回答问题次数：_____ 回答正确的次数：_____	_____ 次或 _____ 分钟
学生精神集中时间：约 _____ 分钟	学生精神集中时的教师行为：_____ _____ _____

学生个体观察维度（实验课）

学 生	教 师
座位：_____ 排 _____ 列（从门数起）	对学生个体实验辅导时间： _____ 次或 _____ 分钟
自己动手设计或操作实验： _____ 次或 _____ 分钟	
学生在实验设计或操作过程中，在下列符合的情况后打"√"： 积极参与（ ） 独立完成（ ） 起主导作用（ ） 被动参与（ ） 旁观（ ） 实验操作规范，数据记录实事求是，与同学合作交流顺畅、高效（ ）	学生在设计或操作实验过程中教师的行为：_____ _____ _____

评价表说明：本评价表的制定以学习科学的认知理论为基础，结合了评估科学，通过观察和描述教师和学生在课堂学习的过程中做了什么，从学生学习、教师教学、课程性质、课堂文化等视角对课堂教学进行观察和评价，同时也关注学科核心素养在教学环节中的渗透。

观　察　点	对应的学习科学理论和核心素养
创设情境，引导学生解释一些日常现象或解决实际问题，教师运用图片、表格、视频等手段合理、恰当	对应认知原理：双重通道、容量有限、主动加工原理；渗透物理观念
结合教学内容，适时引导学生体会科学思维方法（建模、等效等）	对应意义学习的"选择""组织""整合"的认知过程；渗透科学思维
在实验、视频等教学环节中，能引导学生注重观察，通过合理推理、逻辑论证等得到结论	对应意义学习的"选择""组织"的认知过程；渗透科学探究
教师能运用有效手段，帮助学生建立其原有知识与新知识的联系	对应意义学习的"整合"和学习的元认知；渗透科学思维
教师课堂用语、课堂行为亲切、自然，营造良好氛围，形成学习团队	对应学习动机理论中的兴趣和伙伴

通过在实践中不断改进评价表，使评价表本身更具科学性，才能更有效地帮助教师改进课堂行为。此评价表以高中物理课堂教学为研究目标而设定，对于初中课堂的观察透视应具有差异性。

表 5-8　物理课堂观察评价表（一）（初中）

模块	评　价　要　点				得分
	学校：_____　班级：_____　授课教师：_____　时间：_____ 课型：_____（新授课、实验课、习题课、复习课）　个体观察对象：____ 排 ____ 列（从门数起）				
教学设计	教学目标符合课程标准，符合学生实际程度；对基本概念、核心内容与单元、模块或学科体系的关系处理恰当，有单元整体结构及课时教学在单元中的地位和作用（10分）				
课堂教学	**教师行为**		**学生群体行为**		**个体观察**
	观察点	得分	观察点	得分	参与度（1—5分）	简要记录：主动回答、上台演示等
	创设情境，关注新的基本概念、核心内容与学生已有经验和基础的联系，教师运用图片、表格、视频等手段合理、恰当，通过对教学内容内在情意因素的挖掘，激发学生的学习动机（20分）		在图片、表格、视频等帮助下，学生能够运用已有的基础和经验建立起与新知识的联系，在教师引导下，能合理解释情境中的一些相关现象，同时学生有进一步深入学习新物理概念的动机（20分）			
	结合教学内容，适时引导学生体会科学思维方法（建模、等效等）（20分）		能准确应用物理词汇描述现象中所体现的思想方法；能正确运用思维方法解决相关问题（20分）			

续表

模块	评　价　要　点			得分
课堂教学	在实验、视频等教学环节中，注意运用问题、任务、点拨等策略，开展师生之间的多向互动，促进教学关键问题的解决（20分）	对实验、视频等观察仔细，学生在反馈时对学科基本概念、核心内容表述完备准确，相应的解释和表达科学（20分）		
	教师能运用有效手段，帮助学生建立其原有知识与新知识的联系。关注学生在认知学习、问题解决中的生成性反应，及时给予有效的教学处理（20分）	学生能通过教师在认知学习、问题解决中的生成性反应及时给予有效的教学处理。将基本概念、核心内容与已有经验和基础进行有效构建（20分）		
	教师课堂用语、课堂行为亲切、自然，带动轻松愉快的气氛 教师注意倾听学生的表达，鼓励学生质疑问难等，营造课堂民主的气氛（10分）	学生体态轻松，思维活跃，师生互动、学生的注意状态和学习热情保持良好。学生有进一步深入学习其他更多物理概念的动机（10分）		

学生个体观察维度（概念课）	
学　　生	教　　师
座位：_____ 排 _____ 列（从门数起）	关注到周边学生的次数或活动时间：_____ 次或 _____ 分钟
主动（包括群体）回答问题次数：_____ 回答正确的次数：_____	_____ 次或 _____ 分钟
学生精神集中时间：约 _____ 分钟	学生精神集中时的教师行为：_____
学生个体观察维度（实验课）	
学　　生	教　　师
座位：_____ 排 _____ 列（从门数起）	对学生个体实验辅导时间： _____ 次或 _____ 分钟
自己动手设计或操作实验 _____ 次 或 _____ 分钟	
学生在实验设计或操作过程中，在下列符合的情况后打"√"： 积极参与（　　） 独立完成（　　） 起主导作用（　　） 被动参与（　　） 旁观（　　） 实验操作规范，数据记录实事求是，与同学合作交流顺畅、高效（　　）	学生在设计或操作实验过程中教师的行为： _____ _____ _____

评价表（一）说明：本评价表的制定以学习科学的认知理论为基础，结合了评估科学，通过观察和描述教师和学生在课堂学习的过程中做了什么，从学生学习、教师教学、课程性质、课堂文化等视角对课堂教学进行观察和评价，同时也关注学科核心素养在教学环节中的渗透。

观　察　点	对应的学习科学理论和核心素养
创设情境，引导学生解释一些日常现象或解决实际问题，教师运用图片、表格、视频等手段合理、恰当	对应认知原理：双重通道、容量有限、主动加工原理；渗透物理观念
结合教学内容，适时引导学生体会科学思维方法（建模、等效等）	对应意义学习的"选择""组织""整合"的认知过程；渗透科学思维
在实验、视频等教学环节中，能引导学生注重观察，通过合理推理、逻辑论证等得到结论	对应意义学习的"选择""组织"的认知过程；渗透科学探究
教师能运用有效手段，帮助学生建立其原有知识与新知识的联系	对应意义学习的"整合"和学习的元认知；渗透科学思维
教师课堂用语、课堂行为亲切、自然，营造良好氛围，形成学习团队	对应学习动机理论中的兴趣和伙伴

物理课堂观察评价表（二）（学生用）

1. 本节课中哪一个活动（例如教学引入、随堂小实验、教师演示实验、学生实验、学生交流讨论等）给你的印象最深刻，简要描述一下理由。

2. 通过本节课的学习，你学习到了哪些物理概念、规律、原理或者实验方法呢？你觉得哪个环节对你获得这些概念、规律、原理或实验方法的理解掌握帮助最大？

3. 通过本节课的学习，你觉得哪些地方还有困惑，理解还不是很透彻，希望得到老师什么帮助？

评价表（二）说明：表（二）的制定是希望了解在课堂教学中教师的哪些行为和策略可以有助于学习者进行认知加工。问题1是考量怎样的教学策略最有助于激发学习者的学习兴趣；问题2是收集归纳针对不同的知识规律，怎样的教学行为对意义学习最有效；问题3是了解教学过程中哪些方法策略对于学习者是无效或者低效的，以便于教师思考优化教学设计。

表（二）的使用是在课堂教学行为发生之后，应覆盖于不同层次的学习者，有助于全面、真实地反映教学行为的落实情况。

现实中，教师自己对"学习"问题了解多少？是否认真思考过学生到底是如何学习的？怎样能够更有效、更高效、更全面地促进学生的学习和发展？我们希望使用"物理课堂观察评价表"在课前能对教学设计起到指导性作用，在课中对课堂进行多维度的观察，及时发现、记录和挖掘问题，结合课后教师的反思与学生反馈，尽可能地发挥评价表的作用。

三、课堂观察评价表制定的使用范例

2021年3月14日下午，课题组教师利用课堂观察评价表（一）和表（二）对严荣琴老师开设的《电流的磁场》一课进行课堂观察评价。回收到听课教师的课堂观察评价表（一）共14份，学生的课堂观察评价表（二）共40份。

首先，对教师行为和学生群体行为的课堂观察评价进行统计，列出14位观察者基于评价表的每一得分项的详细得分，统计出平均得分以及总分情况如表5-9、表5-10所示。

从观察评价表的教师行为和学生群体行为统计中可以发现，对于第一个观察点——创设情境，引导学生解释一些日常现象或解决实际问题，教师运用图片、表格、视频等手段合理、恰当，教师的教和学生的学在评价表中都处于单项得分最高，分别为19.71和19.57。

我们再现教师的授课过程：

在课中，授课教师设计了一个小魔术，叫"听话的小磁针"。在桌子上放一枚小磁针（见图5-6），教师说出口令"转"，小磁针便转，然后让同学再喊口令"转"，小磁针也发生了偏转。这个奇妙的现象如何发生的呢？初三学生通过大量科学知识学习已经知道世界是物质的，那么怎么会有这样的现象发生呢？激发学生思考周围有没有其他看不见的物质，这个看不见的物质对小磁针有力的作用，联系之前所学过的知识，学生知道小磁针周围在我们喊口令的瞬间应该存在另一个区别于地磁场的磁场存在，那么这个磁场是哪里来的呢？再次激发学生的学习热情。

图 5-6　小磁针

接着，该教师给学生揭开了这个谜底。在摆放小磁针的

表 5-9　观察评价表教师行为统计

教师行为	观察1	观察2	观察3	观察4	观察5	观察6	观察7	观察8	观察9	观察10	观察11	观察12	观察13	观察14	总得分（平均分）
教学目标符合课程标准，符合学生实际程度；对基本概念、核心内容与单元、模块或学科体系的关系处理恰当，有单元整体结构及课时教学在单元中的地位和作用（10分）	10	10	9	9	9.5	10	10	10	10	10	10	10	10	10	9.82
创设情境，关注新的基本概念、核心内容与学生已有经验和基础的联系，教师运用图片、表格、视频等手段的挖掘，激发学生的学习动机（20分）	20	20	20	20	19	20	20	19	20	20	20	18	20	20	19.71
结合教学内容，适时引导学生体会学科学思维方法（建模、等效等）（20分）	19	18	20	18	18	20	20	18	20	20	20	16	20	20	19.07
在实验、视频等教学环节中，注意运用问题、任务、点拨等策略，开展师生之间的多向互动，促进教学关键问题的解决（20分）	18	20	18	18	19	20	20	19	20	20	18	19	20	20	19.21
教师能运用有效手段，帮助学生建立其原有知识与新知识的联系。关注学生在认知学习，问题解决中的生成性反应，及时给予有效的教学处理（20分）	19	20	18	20	18	20	20	20	19	20	19	18	19	20	19.29
教师课堂用语、课堂行为亲切、自然、带动轻松愉快的气氛，教师注意倾听学生的表达，鼓励学生质疑问难等，营造课堂民主的气氛（10分）	9	10	9	10	10	10	10	10	10	10	8	10	9	10	9.64
总得分	95	98	94	95	93.5	100	100	96	99	100	95	91	98	100	96.75

表 5-10　观察评价表学生群体行为统计

学生群体行为	观察1	观察2	观察3	观察4	观察5	观察6	观察7	观察8	观察9	观察10	观察11	观察12	观察13	观察14	总得分（平均分）
在图片、表格、视频等帮助下，学生能够运用已有的基础和经验建立起与新知识间的联系，在教师引导下，能合理理解释情境中的一些相关现象，同时学生有进一步深入学习新物理概念的动机。（20分）	19	20	20	20	18	20	20	19	20	20	20	18	20	20	19.57
能准确应用物理词汇描述现象中所体现的思想方法；能正确运用思维方法解决相关问题。（20分）	18	18	20	20	17	20	19	20	19	18	20	16	20	18	18.79
对实验、视频等观察仔细，学生在反馈时对学科基本概念、核心内容表述完备准确，相应的解释和表达科学。（20分）	18	20	17	20	19	18	19	19	19	18	19	16	18	18	18.43
学生能通过教师在认知学习，同题解决中的生成性反应及时给予有效的教学处理。将基本概念、核心内容与已有经验基础进行有效构建。（20分）	18	20	18	19	18	16	20	19	20	20	18	16	19	18	18.50
学生体态轻松，思维活跃，师生互动、学生的注意状态和学习热情保持良好。学生有进一步深入学习其他更多物理概念的动机。（20分）	19	20	18	18	20	20	20	20	20	20	18	19	20	20	19.43
总得分	92	98	93	97	92	94	98	97	98	96	95	85	97	94	94.71

桌子下方，教师放置了一根直导线，在喊口令的瞬间，教师用开关对直导线通了电。通过完整的可视化的实验，教师再一次演示了一遍这个实验过程，而后改变电流方向，再进行实验。通过这样的过程学习，学生不仅对奥斯特实验（见图5-7）有了清晰的认识，对后续的大量实验也有了

图 5-7　奥斯特实验

理解的基础。同时学生对电流周围存在磁场的电流磁效应现象也有了深刻的理解。

从这个教学过程中可以看出，教师充分运用了双重通道、主动加工等原理。在科学核心素养达成方面对应的是物理观念的形成。在教学过程中，教师的言语和实验图示是交替进行的，并且在与学生的互动中不断有言语和图示的信息输入，取得了非常好的教学效果，这便是双重通道原理的应用。在上述创设情境中，教师充分利用主动加工原理，选择的场景材料激发了学生对磁场周围有没有其他看不见的物质的思考，这个看不见的物质对小磁针有力的作用，学生整合原有知识确定小磁针周围在我们喊口令的瞬间应该存在另一个区别于地磁场的磁场存在，对这个磁场从何而来的思考再次激发了学生的学习热情和主动构建知识的愿望。

在课堂观察评价表中，第二个得分较高的观察点是"教师课堂用语、课堂行为亲切、自然，带动轻松愉快的气氛。教师注意倾听学生的表达，鼓励学生质疑问难等，营造课堂民主的气氛"，教师平均得分9.64分（满分10分）。学生在对应的该观察点中的表现，即"学生体态轻松，思维活跃，师生互动、学生的注意状态和学习热情保持良好。学生有进一步深入学习其他更多物理概念的动机"也有较高的19.43分（满分20分）。学习动机反映了学生愿意为理解学习材料付出的努力，即参与选择、组织和整合的认知加工过程，这被认为是意义学习的先决条件。该理论认为，当学生把教师视为共同学习的社交伙伴时，他便会更加努力地学习。该教师在授课过程中充分运用对话形式进行教学或提出带有感情的意见，有助于营造一种社交氛围，让学生在学习团队中找到归属感。

其次，我们对学生个体的参与度进行观察统计。每位观察者在整体观察课堂中的教师行为和学生群体行为的同时，对就近某一位学生进行个别关注，针对不同的观察点对该学生在课堂不同环节的参与度进行打分，最高分5分，最后汇总统计如表5-11所示。

从表5-11中可以发现，在教师行为和学生群体行为高得分点的观察点中，不同个体学生也同样表现出高得分率。表格中的统计数据也充分表明了教师的教学、群体学生的学和个体学生的参与度呈高相关性。因此教师有效地应用学习科学理论开展教学设计，在课堂教学过程中会呈现出与预设高度契合的教学效果。

最后，我们汇总分析学生课后的观察评价表（二）的主观描述。

表 5-11 观察评价表学生个体参与度的统计

学生个体的参与度（1—5分）	观察1	观察2	观察3	观察4	观察5	观察6	观察7	观察8	观察9	观察10	观察11	观察12	观察13	观察14	总得分（平均分）
在图片、表格、视频等帮助下，学生能够运用已有的基础和经验建立起与新知识的联系，在教师引导下，能合理理解释情境中的一些相关现象，同时学生有进一步深入学习新物理概念的动机。（20分）	5	5	4	5	4	5	4	4	5	5	5	5	5	5	4.71
能准确应用物理词汇描述现象中所体现的思想方法；能正确运用思维方法解决相关问题（20分）	4	4	3	4	4	5	4	5	4	4	5	3	5	4	4.14
对实验、视频等观察仔细，学生在反馈时对学科基本概念、核心内容表述完备准确，相应的解释和表达科学（20分）	4	5	4	5	5	4	4	5	5	4	4	5	4	4	4.43
学生能通过教师在认知学习、问题解决中的生成性反应及时给予有效的教学处理。将基本概念、核心内容与已有经验和基础进行有效构建（20分）	4	5	4	4	4.5	3	4	5	4	5	5	4	4	4	4.25
学生体态轻松、思维活跃，师生互动，学生的注意状态和学习热情保持良好。学生有进一步深入学习其他更多物理概念的动机（20分）	5	5	5	5	4.8	5	4	5	5	5	5	5	5	5	4.91
总得分	22	24	20	23	22.3	22	20	24	23	23	24	22	23	22	22.45

在"本节课中哪一个活动给你的印象最深刻，简要描述一下理由"这一问题中，90%的学生回答了在引入环节，教师的小磁针实验异常精彩，在实验讲述时直观清晰。

在"通过本节课的学习，你学习到了哪些物理概念、规律、原理或者实验方法呢？你觉得哪个环节对你获得这些概念、规律、原理或实验方法的理解掌握帮助最大"问题中，87%的学生认为是亲自实验操作环节帮助最大。这也充分体现了主动加工的学习科学原理在意义学习中扮演的重要作用。主动学习发生于学习者在学习过程中进行的恰当的认知加工。尤其针对概念和策略的教学，学习者的角色是理解所呈现的材料的意义；教师的角色是扮演认知指导者，在学习过程中帮助学习者进行认知加工。

而在"通过本节课的学习，你觉得哪些地方还有困惑，理解还不是很透彻，希望得到老师什么帮助"这个问题中，全部学生都认为，本节课的学习没有困惑，也没有理解不透彻的地方。

在课堂观察评价过程中，评价量表没有呈现出教学内容的多少设计是否合理，教学容量是否合适。但是在本节课的实际课堂观察中发现，我们可以充分利用应用学习科学理论中容量有限原理对课堂内容进行调整。在设计本节课时，教师可以尝试在通电环形导线周围的磁场分布结束后，就结束前面一节课的内容；第一课时从通电直导线开始，在通电环形导线结束；第二课时从环形电流周围的磁场分布情况引出首尾连接便形成通电螺线管作为第二课时探究学习的新开端。这样教学内容不至于过多，学生的思考、讨论也会更充分。因此，基于前面的教学逻辑设计思路，把《电流的磁场》的内容设计成2个课时的小单元设计，学生会有更多的时间进行通电螺线管的绕制、磁极的判断，以及进行通电螺线管的磁极与什么因素有关的讨论。如此一来，这个小单元教学设计的目标将会有更好的达成度，课堂教学也会更有效。

第四节 基于学习科学的中学物理课堂观察实践成效

通过课堂教学实践应用，我们收集了一百多份教师填写的课堂观察评价表和三百多份学生的问卷，进行了分析整理，结合教师的课后反思和听课老师对课堂教学的主观印象，总结得出：利用多媒体方式是促进生成认知加工的有效手段；空间邻近、切块呈现可以帮助学生更好地进行基础认知加工，减少认知负荷超载可以提高课堂教学的有效性。在教学环节中实时地应用这些方法和手段，可以提高学生物理学习的兴趣，促进科学思维的培养，有效地提升课堂效率。

以下为一些案例。

案例一：运用学习的认知模式助力学生学习

梅云霞

上海市青浦高级中学的徐燕老师在《闭合电路欧姆定律》的课堂教学中，用一个小实验作为课堂的引入：将三个小灯泡并联在电源的两端，每个灯泡都由一个开关来控制。徐老师先闭合了灯泡1的开关，灯泡1亮了；然后又闭合了另一个开关，灯泡2亮了，但同时灯泡1的亮度变暗了。学生立刻被眼前的现象吸引了。紧接着徐老师说："我把还有一个开关也闭合，你们猜猜灯泡1还会变暗吗？"当最后一个开关闭合后，学生看到不仅灯泡1变暗了，连灯泡2也变暗了。

师：灯泡变暗说明了什么呢？
生：灯泡两端的电压变小了。
师：那减少的电压去哪里了？
生：电源里。

徐燕老师的引入是基于学生对稳恒电路的元认识，通过实验现象，在视觉上引发认识上的冲突，继而引起学生对新知识学习的兴趣。活动进行时，有部分后排的学生站立起来观察现象结果，显然对此结果充满了兴趣。

总结11位听课老师的课堂观察评价表（一），在课堂教学板块的"创设情境，引导学生解释一些日常现象或解决实际问题，教师运用图片、表格、视频等手段合理、恰当（20分）"和"在实验、视频等教学环节中，能引导学生注重观察，通过合理推理、逻辑论证等得到结论（20分）"这两项观察点上，学生群体行为的评分均为18分以上，对11位同学的个体观察中记录了"专注""主动回答"表现，说明学生在这部分学习的过程中参与度很高，观察实验现象非常投入。每次闭合开关前都能听到他们的小声议论，当灯泡变暗时会发出惊叹，徐老师提出的两个问题学生均以群体形式回答，神情投入、体态轻松，证明了徐老师设问的难度和梯度恰当，学生很容易将眼前的现象和所学的知识点联系起来，运用原有的知识习得新知识。

学习科学指出，人类的信息加工一般有这样几个步骤：多媒体呈现→感觉记忆→工作记忆→原有知识整合→长时记忆。上述实例中，教师利用实验这种多媒体的方式，从视觉上将信息（开关闭合灯会变暗）传递给学生，实验现象进入眼睛后成为一种感觉记忆。感觉记忆的容量很大，但只能维持很短的时间，有两次开关闭合后发生的现象，信息加工系统会经过组织方式形成连贯的信息（开关闭合——原来亮着的灯泡会变暗），成为工作记忆。

相比于感觉记忆和长时记忆，工作记忆的容量很小，持续时间也较短。为了减少记忆模式的容量负担，学习者必须仔细地选择进行深入加工的相关信息，徐老师用几个问题"灯泡变暗说明了什么""那减少的电压去了哪里"引导学生思考运用已有的知识结构，把信息串联起来组织成一个连贯的表征即为长时记忆，长时记忆的持续时间较长，容量也很大。

　　教师在这里可以就如何选择进行深入加工的相关信息给予学生帮助。徐燕老师在稳恒电路的基础上，设问灯泡变暗的原因，引导学生将用电器功率的变化与其电压的变化相联系，之后又引导学生思考减少的电压去了哪里，这时学生就会很容易地结合串并联电路的基本特点，联想到减少的电压去了电源的内部，由此得出 $E = U_外 + U_内$ 的关系。

　　感觉记忆和工作记忆的持续时间都很短，要转变为容量大、持续时间长的长时记忆需要一个整合的过程，这个过程中要将看到的和听到的信息相互联系起来，并与原来的知识相结合。在教学设计中，教师的设问可以成为帮助学生进行深入加工信息的阶梯，激活他们长时记忆中储存的原有知识，与工作记忆中的信息进行整合，并将最终整合得到的学习结果再次储存到长时记忆中。

案例二：多方式促进学生生成认知加工的课堂教学

梅云霞

　　上海市华新中学的尹姗姗老师在九年级《电流》一课的公开课堂教学中，以教师闭合、断开示教板上电路的开关来控制小灯泡的亮暗作为引入，吸引了全体学生的目光。在看着学生满是疑惑的眼神时，她解释道："小灯泡发光是因为有电流通过灯泡。"随后她提出了本节课的第一个主要问题："电流是怎么形成的呢？"对于这一难点，尹老师以在本校用无人机拍摄的视频（体育课前后学生运动情况、校门口人流量情况）对应说明电流的形成、电流大小这两大难点。在收回的39份学生课后反馈表中，超过一半的学生表达了"由学生自己扮演电流"这一方式对获得概念的理解帮助最大。

　　本节课的第二个主要内容，也是本节课的重点，就是学生学会使用电流表测电流。尹老师课前精心准备"实验工作单"和演示实验教具，在课堂教学中引导学生先观察和描述（电流表构造、自制磁铁指针练习读数），再阅读（电流表使用说明书）。通过学生上台交流、演示等方式确认学生已明确电流表正确使用方法后，用警示标志提醒学生注意事项，随后学生开始了测量小灯泡电流的实验操作。在本课时的最后环节，尹老师以自制报警电流表演示电流表并联在电源两端的危害，牢牢吸引住了学生们的注意力。在收回的学生反馈表中，近乎100%的学生对于测量小灯泡电流的实验印象深刻，且明确表达"亲身体验很好玩"。

在收回的 14 份听课教师课堂观察评价表中，关于"在实验、视频等教学环节中，注意运用问题、任务、点拨等策略，开展师生之间的多向互动，促进教学关键问题的解决"和"对实验、视频等观察仔细，学生在反馈时对学科基本概念、核心内容表述完备准确，相应的解释和表达科学"这两项的评分中，有 10 位听课教师的评分为 19 分或以上，这与学生的课堂反应情况是相一致的。在对学生的实验操作过程的观察中，绝大多数的记录是符合"积极参与，独立完成，实验操作规范，数据记录实事求是"的。整体而言，学生关注度高，听讲认真，反馈正向，效果良好。

在学习科学的理论中，教师的课堂教学应该努力促进学习者的生成认知加工，从而促成学生对学习内容的长时记忆。对于无经验的学习者（尹老师的学生，新授课型）而言，促进生成认知加工的第一条教学原则就是善于使用多媒体手段（图片、视频等）。在突破本课难点（电流的形成和电流大小计算）、本课重点（了解电流表构造、准确读数）和安全教育（电流表使用注意事项）时，尹老师都用了视频、自制教具（图片）、演示实验等方法，成功吸引学生关注，引导学生积极思考，打通思维通道，帮助其建立正确的知识结构，效果良好；尹老师也极善于利用学生熟悉的情境（视频来源于学生的体育课、学校的校门场景），建立恰当的学习情境（小灯泡亮暗的原因），贴近学生生活，用形象化化解难点，帮助学生解决困难（测量电流大小），这种"抛锚式"教学原则在尹老师这节课中体现到位；在整一堂课中，尹老师柔声细语，多以"你""我"进行语言组织，对于听者而言感觉很亲近，教师的这种行为所创设出的课堂教学环境无形中拉近了与学生的距离，就像与学生在进行着对话，而非以高高在上的姿态进行授课。这也是促进学生生成认知加工的重要原则之一。

教无定法，每一位教师都有自己独特的方法，但是不同的优秀教师都有其课堂教学的共同点，而这些共同点随着对学习科学的学习更深入，也会越来越多地集中体现出来。

附《电流》教学设计：

7.1　电流

华新中学　尹姗姗

一、教学任务分析

本节课是上海教育出版社九年级物理第一学期第七章《电路》单元第一节《电流　电压》的第一课时，学习电流的概念及电流表的使用。电流是初中电学的基本概念，正确使用电流表是学生必须要学会的基本实验技能。本节知识也是今后学习电压、欧姆定律和电阻的重要基础。

华新中学属于农村中学，学生基础相对城区较薄弱。在学习本节课之前，学生在"科学"学科中初步学习了电的相关知识，会认识简单电路，并对原子内部结构和电荷量等概念有所了解，这为本节课提供了保障，但是考虑到间隔时间较长，教师要注意引导铺垫。

本节课的教学要求学生主动参与，在观察、实验、讨论的过程中建立电流的概念，并学会用电流表测电流。通过电流概念的学习，初步认识通过类比来研究物理现象的方法。通过了解人体安全电流，关注安全用电问题，懂得珍爱生命。

二、教学目标

（一）知识与技能

1. 理解电流。知道电流的形成及电流方向的规定，知道电流的概念、公式及其单位。

2. 学会用电流表测电流。

（二）过程与方法

1. 通过电流概念的形成过程，认识类比的科学方法。

2. 经历用电流表测电流的过程，认识科学测量的重要性。

（三）情感、态度和价值观

1. 了解人体安全电流，关注安全用电问题，懂得珍爱生命。

2. 在测量电流的实验过程中感悟团队合作的意义。

三、教学重点和难点

重点：电流表的正确使用方法。

难点：电流概念的形成。

四、教学资源

1. 学生实验器材：电流表、电池组、开关、带底座的小灯泡。

教师演示器材：电路示教板、电池组、小灯泡、开关。

2. 多媒体课件：PPT课件、视频。

五、教学设计思路

本教学设计的内容包括两个方面：一是电流的概念；二是电流表的正确使用。

本教学设计的基本思路是：通过类比的科学方法，帮助学生建立电流的概念，进而研究电流的方向及大小。通过学生自主阅读、观察和实验，教师有效引导，认识电流表并学会正确使用电流表。

本教学设计要突出的重点是电流表的正确使用。方法是：通过回忆测量型实验器材使用时的要点，引导学生观察电流表的结构；运用多媒体，练习电流表读数的方法，认识使用不同量程时，刻度盘上每一大格和每一小格所表示的电流值。通过学生分组阅读电流表使用说明书的相关内容，总结电流表正确使用的方法，并完成"用电流表测电流"实验，落实规范操作，知道接线的合理顺序和要求，尝试"试触"等方法并选择合适的量程。

本教学设计要突破的难点是理解电流的概念。方法是：通过闭合开关使小灯发光，说明有电流，进而提出"电流是怎样产生的"的问题，引发学生思考。与体育课的情形类比，通过一段 Flash 动画介绍电路中电流形成的原因：自由电荷的定向移动形成了电流。通过讲述自由电子定向移动的方向以及电路中电流的方向对比，明确电流的方向规定。通过人流有大小，类比得出电流也有大小，得出比较电流大小的方法：每秒内通过导体横截面的电量越多，电流越大，最后形成电流概念。

本节课的设计注意物理知识与实际生活的联系，力图落实"以学生为本"的理念，通过观察、讨论、阅读材料、分析、实验等自主活动，借助于类比法等科学方法，按照从形象到抽象，从宏观到微观的顺序，搭建学习的支架，激发学生学习物理的兴趣，提高学生的自主学习能力，提升思维，使教与学达到最佳的结合。

六、教学流程

（一）教学流程图（见图 5-8）

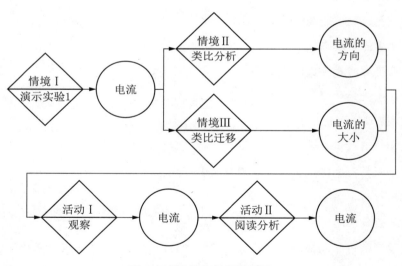

图 5-8 《电流》教学流程图

（二）流程图说明

情境Ⅰ　观察类比

教师闭合示教板上电路的开关，学生观察现象；将体育课前后学生运动情形与电路中自由电荷移动情形进行类比。

情境Ⅱ　对比分析

将自由电子移动方向与电路中电流方向规定进行比较。

情境Ⅲ　类比迁移

将学校门口人流量大小与电流大小进行类比。

活动Ⅰ　观察

学生观察电流表的结构，学会读数。

活动Ⅱ　阅读分析

阅读电流表使用说明书，总结正确使用电流表的方法，用电流表测电流。

（三）教学主要环节

本教学设计有两个主要的教学环节：

第一环节：认识电流的形成、方向规定，将电流与车流相类比，建立电流的概念。

第二环节：观察电流表，阅读使用说明书，学会正确使用电流表，学生实验。

七、教案示例

（一）电流

1.电流形成

闭合开关，小灯发光，有电流通过小灯。

播放人流形成视频，与电流形成的动画进行类比。

总结：自由电荷发生定向移动形成电流。

2.电流方向

微观：自由电子移动方向介绍。

宏观：电路中电流方向规定——从电源的正极经过导体流回电源的负极。

通过对比，得出自由电子移动方向与电流方向相反。

3.电流的大小

将人流量视频与电流大小相类比，引导学生得出电流大小比较方法。

电流概念：每秒通过导体横截面的电荷量叫作电流，符号是"I"。

定义式：$I=Q/t$

电流的单位：安培及物理意义，毫安，微安。

（二）电流表的使用

学生观察认识电流表，得出电流表结构、电流表量程及对应的最小分度值。

板画演示：练习电流表读数方法。

阅读"电流表使用说明书"，圈画电流表使用要点。

学生实验：用电流表测电流。

总结电流表使用的正确方法及注意事项。

（三）安全用电

了解安全电流，注意用电安全，珍惜生命。

（四）课堂小结（略）

（五）作业布置（略）

八、板书设计

§7.1　电流

一、电流

1. 形成

2. 方向

3. 大小

（1）定义

（2）公式

（3）单位

二、电流的测量

1. 电流表

量程

最小分度值

2. 使用方法

案例三：应用"促进生成认知加工的实证教学原则"的课堂教学策略

周　涛

2019 年 11 月 19 日，上海市虹口区物理青年教师教学评比赛在上海财经大学附属北郊高级中学举行。因为比赛课是借班上课，要跟一群完全不认识的学生教学相长，完成整节课的各种实验设计活动和问题推进，对上课老师是一种挑战。

美国心理学教授梅耶在他的《应用学习科学》一书中对"课堂学习的十二条教学设计原则"进行了阐述。其中，"促进生成认知加工的实证教学原则"是这样的：虽然学习者有时腾出了一定的认知容量来进行深层认知加工，但教师没有激发学习者把额外的精力投入理解所呈现的信息中去。因此，教学应该努力促进学习者的生成认知加工。在此，他认为"促进生成认知加工的实证教学原则"应该包含四个教学原则——多媒体原则、人性化原则、具体化原则和抛锚式原则。

　　许文怡老师在准备教学设计的前期认真研究了物理课堂观察评价表，觉得可以通过"教师课堂用语、课堂行为亲切、自然，营造良好氛围，形成学习团队""在实验、视频等教学环节中，能引导学生注重观察，通过合理推理、逻辑论证等得到结论"等对教师行为的观察点作为促进生成认知加工的突破点。

　　《牛顿第一定律》的内容学生在初中阶段就学习过，这很容易造成学生的学习热情和动力不足，许老师在教学设计中指出，学生需要提升的点在于，他们对惯性的认识局限于现象的认识，缺乏规律性的思维和深入的理解。在课堂教学中，演示伽利略理想斜面实验时，许老师用柔和的语言向学生求助：

　　　　师：这个实验器材我一个人操作比较麻烦，你们谁愿意来帮我一下？
　　　　生：我来吧！
　　　　师：谢谢你哦！
　　　　……

　　许老师整节课最常用的词语就是"我""我们"等第一人称，使得师生之间很快就达成了任务共识，学生很愿意跟着这样一位可亲的老师学习，帮助这样一位温柔的老师做实验，回答这样一位可爱的老师的问题，课堂气氛非常融洽。虽然下课的时候老师还叫不出一些学生的名字，但合作在这节课上已经不是问题。这正符合了"人性化原则"，与课堂观察评价表中的教师行为要求吻合。

　　许老师引导学生观察伽利略理想斜面实验，仿佛学生就是在循着历史的轨迹，重演当时的经典。

　　　　师：大家发现小球滚到另外一个斜面上的高度，跟释放时的高度相比怎么样？为什么？
　　　　生：比释放时的高度低，因为有摩擦力。
　　　　师：那么我们怎么样使最后到达的高度接近于释放的高度呢？你们帮忙想想办法。
　　　　生：换一个光滑些的轨道吧。
　　　　……

　　有些实验对环境要求比较高，许老师借助 PPT、视频等多媒体呈现出比较清晰的实验过程和结果，也符合了"促进生成认知加工的实证教学原则"中的"多媒体原则"，在各个实验和视频等多媒体的推进下，达成了学生对抽象的《牛顿第一定律》内容的认知。

当天一共收到 9 位教师的课堂观察评价表，在课堂教学板块的"教师课堂用语、课堂行为亲切、自然，营造良好氛围，形成学习团队（10 分）"和"在实验、视频等教学环节中，能引导学生注重观察，通过合理推理、逻辑论证等得到结论（20 分）"这两项观察点中，学生的群体行为评分均为 17 分以上，对 9 位学生的个体观察中记录了"专注""主动回答"表现，说明学生在学习的过程中参与度很高，观察实验现象非常投入。教师提出问题后，学生能主动在下面跟着回答或者低声互相讨论，课堂专注的时间大约有 30 分钟，效果非常好。

附《牛顿第一定律》教学设计：

第三章　牛顿运动定律
A 牛顿第一定律　惯性

课　题：牛顿第一定律　惯性

设计者：许文怡

单　位：华东师范大学第一附属中学

一、任务分析

本节内容是教材中《第三章　牛顿运动定律》的第一节，是学生由平衡问题转向非平衡问题的重要转折，也是将运动和力联系在一起的开始，同时又是学习和理解牛顿第二定律的前提。

学生在初中阶段已经学习过惯性和牛顿第一定律的相关内容，但是对惯性局限于现象的认识，缺乏规律性的思维和深入的理解。同时学生通过前两章《直线运动》和《力的平衡》的学习，已经具备了进一步认识力和运动关系的基础。

本节课通过对力和运动关系认识的发展历程的介绍和对惯性现象的层层深入剖析，试图做到：

1. 从现象描述到理论分析、从具象观察到抽象总结，不仅知道有惯性，还要能解释"为什么有惯性""什么是惯性""惯性怎么表现"这样的问题。

2. 为牛顿第二定律的定量分析做好定性理解的铺垫。

《牛顿第一定律　惯性》课程标准要求为 1 课时，本节课设计为 1 课时。

二、教学目标

（一）知识与技能

1. 理解惯性，知道惯性是物体的固有属性。

2.理解力与运动的关系，知道力是改变物体运动状态的原因。

3.理解牛顿第一定律，能运用牛顿第一定律解释一些简单的物理现象。

（二）过程与方法

1.通过对斜面理想实验的探究过程，认识理想实验的抽象思维方法。

2.通过用惯性解释生活中的现象，让学生学会分析情境、建立模型、解决问题的方法。

（三）情感、态度与价值观

1.通过对惯性的认识和分析，感悟惯性在生活中重要的实际意义，懂得有时要利用它，有时要防范它的不利影响。对学生进行生命安全教育。

2.通过力与运动关系的认识历程的介绍，感悟科学发展探究过程中排除经验性错误认识的艰辛过程，认识到排除经验性错误需要客观事实与逻辑思维相结合的探究方法。

三、教学重点与难点

本节重点：理解牛顿第一定律。

本节难点：理解理想实验，理解并应用惯性解释生活中的现象。

四、教学资源

伽利略理想斜面实验装置、PPT、空气大炮、水杯等小道具。

（一）本教学设计的依据和理由

首先，通过猜测旅行者一号探测器运动情况，启发学生对力和运动关系的思考。介绍牛顿第一定律的形成过程，即牛顿如何在前人研究的基础上，利用理性思维，通过归纳、总结，逐步得出牛顿第一定律。通过物理学史内容的介绍，突出伽利略理想斜面实验的思考过程，提出理想实验这一科学研究方法。

（二）本教学设计要突出的重点

通过对实验的研究和现象的讨论，认识惯性的表现以及力与运动的关系，从而全面认识理解牛顿第一定律的内涵。

（三）本教学设计要突破的难点

理解理想实验：通过深入浅出的细致讲解，结合板画板演，引领学生经历丝丝入扣、层层深入的思维探究过程。

理解惯性：通过演示实验和学生实验引导学生理解惯性，学会用物理知识解释生活中的现象。

五、教学流程

（一）教学流程图（见图 5-9）

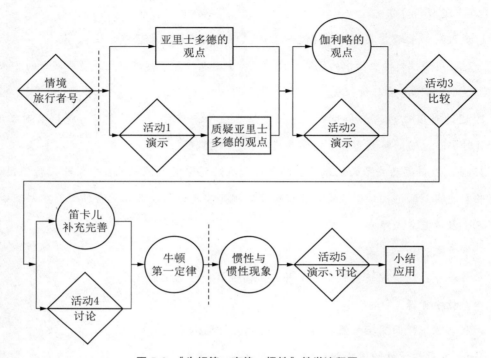

图 5-9 《牛顿第一定律　惯性》教学流程图

（二）教学流程说明

情境：旅行者号空间探测器的介绍。

设问：如果旅行者号离开太阳系，脱离了太阳的引力，它将做什么运动？

启发学生对力和运动关系的思考，并引出亚里士多德的观点。

活动 1：演示实验

推动木块，看到什么现象？如果给木块装上轮子，看到的现象有什么不同？引发学生对亚里士多德关于"运动需要力来维持"的质疑。

活动 2：演示实验

演示伽利略理想斜面实验的设计思路和具体现象，介绍理想实验的思想方法。

活动 3：比较

比较伽利略和亚里士多德的研究方法。

活动 4：讨论

通过讨论得出笛卡儿对伽利略的观点的补充完善，讨论牛顿第一定律的含义以及牛顿第一定律区别于前人的伟大之处。

活动5：学生活动、视频、演示

学生活动：刹车游戏，让学生在模拟刹车情况下了解人体的反应。（任何运动状态下的物体都具有惯性）

视频：小狗甩掉身上的水花。（液体具有惯性）

演示：空气大炮。（气体具有惯性）

小结（略）

（三）教学主要环节

本节课可以分成三个教学环节。

第一环节：创设情境，引出课题，质疑亚里士多德关于运动和力关系的认识。

第二环节：介绍力和运动探究的历史过程，通过还原理想斜面实验的思考和操作过程，正确理解理想实验的科学方法。学习牛顿在前人研究的基础上，结合自己的研究，总结出牛顿第一定律。

第三环节：通过对实例的分析和讨论，理解惯性是一切物体的固有属性。

六、板书设计

第三章　A牛顿第一定律　惯性

一、历史

1.亚里士多德：提出问题

2.伽利略：研究方法

3.笛卡儿：补充完善

4.牛顿：建立体系

二、牛顿第一定律

三、惯性

案例四：应用"空间邻近"和"切块呈现"原则的教学设计

——《牛顿第三定律》课后反思

梅云霞

在高中物理教学中，《牛顿第三定律》是一节既好上又不好上的课。学生在初中阶段学习过牛顿第三定律，对作用力与反作用力的三要素关系烂熟于心，但正是因为过于重视三要素，才会和平衡力的概念相互混淆。在高中的学习中，不仅要理解物体间相互作用的关系，还要在实际问题中运用规律解释现象。在设计教学时，运用了"空间邻近"的教学设计原则，减少学生的无关认知加工，对于牛顿第三定律在实际生活中的应用分析，采用了"切块呈现"的方式，使得学生可以更好地进行基础认知加工，减少认知负荷超载。

课堂教学的一开始，我利用演示实验中的实际情境，用表格的形式帮助学生总结出相互作用力的施力物体和受力物体是互换的，并且力的性质相同等特点；从力产生的角度出发，明确作用力和反作用力不是作用在同一个物体上，这是与平衡力根本上的差别。这一环节目的在于引导学生关注物理规律本质，而不是停留于关注力的大小、方向等表面化的特征。

当几位学生对不同物理情境的分析同时呈现的时候（如图 5-10 至图 5-12 所示），我引导学生通过对比分析，得出相互作用力的施力物体和受力物体是互换的、它们都是同种性质的力的结论。这一教学利用了减少无关认知加工的标记结构和空间邻近原则。如果将这些不同情境的问题分开呈现，学生无法迅速地找出与力的本质相关的关键信息，甚至于会引起无关的认知加工——只关注力的三要素；而将三个情境整合呈现，符合空间邻近原则的要求，从而减少了无关认知加工，有助于引导学生将注意力集中在力的本质上。

学生在对相互作用力的特点进行自主总结时，很自然地提到了施力物体和受力物体是互换的，它们都属于同种性质的力。

1.请写出物体的作用是相互的现象，并对该现象中的作用力与反作用力进行分析：

现象：用手挤压梳皮，梳皮回陷，手感到被挤压。

作用力		反作用力	
施力物体	手	施力物体	梳皮
受力物体	梳皮	受力物体	手
力的性质	弹力	力的性质	弹力
大小		大小	
方向	沿梳皮凹陷方向向下	方向	沿梳皮凹陷向外
力作用的先后顺序	同时		

图 5-10 作用力与反作用力实际情境分析 1

1.请写出物体的作用是相互的现象，并对该现象中的作用力与反作用力进行分析：

现象：用手挤压两个并排的气球，气球出现形变

作用力		反作用力	
施力物体	绿气球	施力物体	红气球
受力物体	红气球	受力物体	绿气球
力的性质	压力	力的性质	弹力
大小	1N	大小	1N
方向	向水平向右	方向	水平向左
力作用的先后顺序	手作用在绿气球，绿气球先作用在红气球上		

图 5-11 作用力与反作用力实际情境分析 2

1.请写出物体的作用是相互的现象，并对该现象中的作用力与反作用力进行分析：

现象：跳时 双手给墙感到压痛			
作用力		反作用力	
施力物体	手	施力物体	右手
受力物体	墙壁	受力物体	墙
力的性质	弹力	力的性质	弹力
大小	20 N	大小	20 N
方向	从左向右	方向	从右向左
力作用的先后顺序	先作用力再反作用力		

图 5-12　作用力与反作用力实际情境分析 3

在牛顿第三定律应用的环节中，我提出可以人为地施加作用力，以获得所需要的反作用力来解决现实中的问题。将游泳的教学视频分割成几段，分别是手部动作、出水动作、腿部动作，要求学生观看视频及解说后，回答如何在游泳的过程中实现在水中前进并完成换气。这个环节的设计依据了课堂教学中调节基础认知加工的切块呈现原则，将原本同步的一些动作分成几个视角加以研究，帮助学生理解不同部位施加作用力后所获得的反作用力的作用，提升对相互作用力的理解。原本这个环节的教学设计是让学生个体回答的，但在课堂实施中，学生做了群体回答，说明大部分学生对该实例中身体单一部位所施加的作用力和反作用力以及反作用力所获得的效果都能较好地分析出来。如果直接提问：游泳时怎么利用作用力和反作用力？这样的问题超出了学生的认知加工容量，学生很难将相互作用力和游泳运动联系起来，因此我将游泳运动分解为需要解决"向前运动"和"抬出水面换气"两个问题，又将腿部动作和手部动作分开观察，这样的切块呈现可以帮助学生调节基础认知加工，对不同部位所施加的力进行充分表征。课堂教学中，学生在观看了视频之后非常顺利地解释了利用反作用力解决在水中游泳的问题。

在课堂观察评价表（二）的问卷中，对于"2.通过本节课的学习，你学习到了哪些物理概念、规律、原理或者实验方法呢？你觉得哪个环节对你获得这些概念、规律、原理或实验方法的理解掌握帮助最大"的问题，大约有 1/3 的学生反映："几个演示实验让本身枯燥的物理定律变得形象了""用表格对照对理解力的作用是相互的帮助最大"；有一半的学生提到"通过观看游泳视频，并对其中的力进行分析对理解定律帮助最大""通过 DIS 实验真实看到了作用力和反作用力是相等的"。问卷反映了运用表格分析对比和视频分割的手段有助于突出关键材料，将复杂的学习过程分割，帮助学生更好地在被动情境下进行有效的学习。

附《物体的相互作用　牛顿第三定律》教学设计：

第三章C《物体的相互作用　牛顿第三定律》教学设计

一、任务分析

本章牛顿定律的学习渗透了运动和相互作用的观念，以及物体运动与其受到的作用力之间的关系的科学思维。牛顿第一定律和牛顿第二定律解决的是单个物体在不同的力学情境下所遵循的规律问题。但是自然界是物质的，不同的物体之间是相互联系、相互影响、相互作用的，力不能脱离受力物体和施力物体而独立存在，讨论时必然要涉及施力物体与受力物体间的相互作用及它们之间所遵循的规律，牛顿第三定律使得牛顿的运动理论更加完备。

教材对于牛顿第三定律的讨论是渐次深入、逐层推进的：先通过司空见惯的实例得到物体之间的作用力和反作用力的概念，再通过实验总结出作用力与反作用力的定量关系，然后分析汇总得出牛顿第三定律，最后再回到实际应用中去，学生通过牛顿第三定律的应用，达到对定律的深入理解和融会贯通的目的。

本校为区重点高级中学，学生在初中阶段有过对作用力和反作用力的初步学习，但仅仅停留于讨论这对力的三要素的关系，并未涉及力的产生、力的性质等本质问题，这就使得有部分学生会将相互作用力与平衡力混淆。因此在教学过程中，通过学生对事实的归纳得出作用力与反作用力性质相同，但两者作用于不同的物体上，这也有助于将它们与平衡力加以区别。

二、教学目标

（一）知识与技能

1.理解牛顿第三定律。

2.理解作用力与反作用力之间的大小、方向等关系

（二）过程与方法

1.通过对物体相互作用的实验和亲身感受过程，得出牛顿第三定律。

2.运用比较归纳的科学思维方法，找出作用力与反作用力的关系。

3.从力的本质上区别平衡力与相互作用力。

（三）情感、态度与价值观

1.通过学习我国火箭发展史了解神舟飞船成功发射的相关事迹。

2.阅读对爱国科学家钱学森的介绍，激发爱国情怀，认识到科学、技术、社会存在相互联系，培养科学的责任与态度。

三、重点和难点

（一）教学重点

1.牛顿第三定律内容。

2.分析作用力和反作用力在实际生活中的应用。

（二）教学难点

1.作用力与反作用力的关系以及与平衡力的区别。

2.在实际问题中分析作用力和反作用力的作用。

四、教学资源

1.学生自主活动：气球（20 组）。

2.演示实验 I：气球 2 个。

演示实验 II：力传感器 2 个、小车、数据采集器。

3.课件：PPT、视频、课堂活动记录。

五、教学思路

根据"落实立德树人，提升学生的物理核心素养"的课程理念，本教学设计突出学生在教学中的主体地位，在教学过程中，指导学生经历"观察现象——比较归纳——实验验证——分析应用"的过程，使学生在学习物理知识的过程中，增强科学思维，从物理学的视角认识自然、理解自然，培养科学责任与态度。

本节课的学习建立在学生已知力会使物体发生形变的基础上，从两个相互挤压的气球这一情境入手，讨论物体间的作用是否为相互的，引导学生就身边的现象，从力的产生、力的性质、力的方向、力作用的先后顺序等方面研究作用力和反作用力的定性关系，最后通过实验，证明无论在平衡还是不平衡的状态，物体间的相互作用力的大小都时刻相等。然后再回到实际应用中，学生通过分析作用力与反作用力在实际情境中的应用，体会正是牛顿第三定律使得现实生活中许多实际问题得以圆满顺利地解决，从而更加全面地认识到物质世界的关系及其运动规律。在整个学习过程中，应注重培养学生应用物理概念和规律去解释或者指导实际问题的物理观念，提高其综合分析问题的科学思维能力。

本节课需突出的重点是：理解牛顿第三定律的内容及其在实际生活中的应用。方法是：从观察直观的现象入手，通过日常经验和元认知，从作用力和反作用力的产生、力的性质、方向、作用的先后顺序等方面研究作用力和反作用力的定性关系，通过实验找出作用力和反作用力的大小的定量关系。在牛顿第三定律的实际应用中，通过对游泳现象的分析，提升对相互作用力的理解，并应用该知识解决"让气球飞起来"的实际问题等。

本节课需突破的难点是：作用力和反作用力与平衡力的区别，以及在实际问题中分析作用力和反作用力。方法是：在学生列举身边物体的作用力是相互的实例中，从力的产生的角度出发，明确作用力和反作用力不是作用在同一个物体上，这是与平衡力根本上的差别。引导学生关注力产生的本质，而不是停留于关注力的大小、方向等表面化的特征。在对实际问题的分析中，以学生熟悉的游泳运动为例，指出可以人为地施加作用力来获取我们所需要的反作用力，使学生有一个感性的认识——认识到牛顿第三定律是如此地重要和深入人心，我们常常不自觉地应用却感觉不到它的存在。从气球弹射的现象联系火箭升空，以及神舟飞船成功发射，感受人类利用物理规律来指导和解决实际问题的重要性。

六、教学流程

（一）教学流程图（见图 5-13）

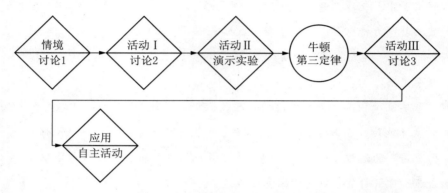

图 5-13 《牛顿第三定律》教学流程图

（二）教学流程说明

（1）情景：两只气球相互挤压，从形变的角度说明了物体的作用是相互的。讨论1：物体的作用是否都是相互的？举例说明。

（2）活动Ⅰ：从实例出发，研究相互作用力的关系，完成表格，并进行交流。讨论2：作用力与反作用力之间存在怎样的关系？

（3）活动Ⅱ：作用力与反作用力的大小关系。演示实验：用 DIS 实验定量验证作用力和反作用力的大小相等，证明这一规律与物体的运动状态无关。

（4）活动Ⅲ：相互作用力和平衡力的区别；引导学生关注问题的本质。讨论3：作用力与反作用力是平衡力吗？

（5）应用：解释游泳运动中的作用力和反作用力。解释说明简单的现实问题，巩固所学知识，激发学习兴趣。自主活动：让气球飞起来，感受反冲运动带来的快乐。

（三）教学主要环节

本节课主要分四个环节：

第一个环节，情境引入：通过观察相互挤压的气球，引发对物体间相互作用力的研究。

第二个环节，比较归纳：从实例出发，多维度地比较相互作用力，归纳总结它们之间的关系。

第三个环节，实验验证：通过演示实验定量地验证作用力和反作用力的大小总是相等，且与物体的状态无关。

第四个环节，应用巩固：通过学生的自主活动，应用牛顿第三定律解释和解决实际问题。

（四）作业布置

完成练习册第81页，第1—10题。

七、教学过程

情境引入：演示气球实验，两只气球相互挤压，从形变的角度说明了物体的作用是相互的。当两个气球挤压以后我们可以观察到两个气球的形状都发生了变化，这说明了什么呢？使气球发生形变的力是谁施加的呢？

使A气球发生形变的力是B气球施加的，使B气球发生形变的力是A气球施加的。

这说明力的作用是相互的。

在我们的身边还有哪些现象说明物体间的作用是相互的呢？学生举例说明。

师：同学们举的这些例子都说明了力的作用是相互的，今天这节课我们一起来研究这些相互作用力之间存在什么关系。

要研究两个力的关系，首先要全面了解这些力，那么我们要从哪些角度去了解力呢？

生：要知道施力物体，受力物体，力的性质、大小、方向等，建立表格。

学生活动：根据自己小组的举例，填写表格（见表5-12），并交流。

表5-12　作用力与反作用力记录表

现象：_____

作用力		反作用力	
施力物体		施力物体	
受力物体		受力物体	
力的性质		力的性质	
大小		大小	
方向		方向	
力作用的先后顺序：_____			

总结交流的结果，表格中除了力的大小无法填写，从其他的项目中可以总结出：

1. 施力物体和受力物体是互换的，即作用力与反作用力不是作用在同一物体上。

2. 力的性质相同。

3. 方向相反，作用在一条直线上。

4. 同时出现，同时消失。

师：那么作用力和反作用力的大小是怎样的呢？

现象："以卵击石"，用熟鸡蛋击打讲台。

师：鸡蛋壳碎了，讲台纹丝未动，是否说明作用力和反作用力大小不一样呢？

由于作用力和反作用力是作用在不同的物体上的，因此"以卵击石"只能说明力作用在不同物体上的效果是不同的，并不能说明力的大小关系。

我们还是要借助测量力的大小的测量工具，来测一测作用力和反作用力的大小。

实验探究：作用力和反作用力的大小关系。

把一个力传感器固定在小车上，另一个握在手中。如图5-14所示，先将小车固定，当通过传感器用力拉物体时，在任何时刻，作用力和反作用力总是大小相等、方向相反。

图5-14　作用力与反作用力测试图

教师设疑：以上实验中，相互作用的两个物体都是静止不动的，处在平衡状态，那么两个运动中的物体之间的相互作用力是否满足上述规律呢？

把装有力传感器的小车悬吊在另一个力传感器上，教师拉着在竖直方向上做上下运动，观察显示器上的图线，说明在加速或者减速运动时作用力和反作用力也总是大小相等、方向相反。

结论：无论物体处于何种状态，作用力与反作用力的大小总是相等的。

牛顿第三定律：两个物体之间的作用力和反作用力大小相等，方向相反，作用在同一条直线上，即 $F=-F'$。

讨论：作用力与反作用力是平衡力吗？

例题：一物体受绳拉力的作用，由静止开始前进，先做加速运动，然后改为匀速运动，再改为减速运动，下列说法正确的是（　　　）。

A. 加速前进时，绳拉物体的力大于物体拉绳的力

B. 减速前进时，绳拉物体的力小于物体拉绳的力

C. 只有匀速前进时，绳拉物体的力才与物体拉绳的力大小相等

D. 不管物体如何前进，绳拉物体的力与物体拉绳的力大小总相等

解析：作用力、反作用力总是大小相等、方向相反，并作用在一条直线上，与相互作用的物体所处的状态没有关系。

答案：D。

在了解了作用力和反作用力的关系后，我们可以主动施加作用力来获得我们想要的反作用力。观看游泳视频，游泳的时候人是如何获得向前运动的动力的？怎样做才能从水中伸出头来进行呼吸呢？

例如：在游泳的时候，由于需要不断地探出水面换气，人主动对水施加一个向下的作用力，以获得水对身体向上的反作用力；前进时向后蹬腿，对水施加一个向后的作用力，以获得向前的反作用力。

自主活动：不施加外力，让气球飞起来。

众所周知，充入氢气或者氦气的气球由于里面气体的密度比空气小，因此可以在空气浮力的作用下飞起来，但是如果气球内充入一般的空气是无法自行飞起来的，学生在学习了作用力与反作用力后，有没有办法让气球飞起来呢？

学生释放手中的气球，感受反冲运动带来的快乐。

学生解释气球飞起来的原因。结合学生的回答，解释火箭飞行的原理，介绍爱国科学家钱学森在我国导弹研制及国防事业上的卓越贡献。

"微型拔河"：两个学生拔河，A 同学赢了。

师：获胜同学的拉力比另一位同学更大吗？

思考：这位同学获胜的原因是什么呢？

案例五：利用学习动机助力学生实验探究

梅云霞

余颖老师的《测电源电动势和内阻》是以实验活动为主的一堂课，需要学生积极参与的教学环节很多，所以这节课的效果如何很大程度上取决于学生的投入度。从课堂反应可以看出余老师给学生预留了宽裕的自主学习的空间和时间。在复习了闭合电路欧姆定律之后，余老师提出在没有实验仪器限制的条件下，如何根据闭合电路欧姆定律测量电源电动势和内阻的问题，学生以小组为单位开展测量方案的讨论。余老师预设实验器材不受限，引导学生大开脑洞，充分运用已学知识，选择相关的实验器材，并将所选器材与长时记忆中激活的原有知识进行整合，尝试设计尽可能多的方案，很好地体现了主动加工原理。这一环节的设计激发了学生的探究热情。小组讨论设计方案之后，余老师又设计了交流展示环节，请每组选出最为满意的方案在全班范围内展示交流，在交流过程中引导全体学生一起思考方案的可行性、可能存在的困难等，意在培养学生敢于质疑、善于分析的能力。在课堂表现中，学生们的讨论和交流都非常积极，每一组学生在介绍自己设计的实验方案时表现得自信满满，语言表述也符合科学性；同一组员认真聆听，并不时地给予提示，其他组学生也听得很认真，碰到有相同设想的，都纷纷点头表示赞同，或者小声说自己也想到了；全体学生都充分地融入课堂活动中，可以说这是整节课中学生参与度和积极性最高的环节。

总结 11 位听课教师的课堂观察评价表，在"学生个体观察维度（实验课）"表中记录了每位观察者观察他所关注的学生课堂中的表现情况，"自己动手设计或操作实验"的记录都有一次或以上；"学生在实验设计或操作过程中"这一项，都选择了"积极参与"，其中有 3 名学生"起主导作用""实验操作规范，数据记录实事求是，与同学合作交流顺畅、高效"。在课堂教学板块的"在实验、视频等教学环节中，能引导学生注重观察，通过合理推理、逻辑论证等得到结论（20 分）"这项观察点中，学生的群体行为评分均为 18 分以上，对 11 位学生的个体观察中记录了"专注""上台演示""主动回答"表现，除了上台展示本组实验方案的学生，其他学生的参与度也均在 4 分及以上。这说明学生在实验设计和操作的过程中，参与度很高且认真观察实验现象。在讨论过程中，学生积极表达自己的想法，最后汇总出多种试验方案，甚至还有学生对本组的多种方案进行了评价，从中选出他们认为最合适的方案。有两位听课教师的观察对象在同一组内，其中一位起着主导作用，而另一位一开始默不作声，在学生不断交流和提问的过程中也开始加入讨论。在各组展示交流时，其他小组成员都专注地听着，聚精会神。虽然最后由于实验器材的限制，学生设计的多种实验方案无法在课堂上呈现，但是最后呈现的实验方案也有不少同学想到了。在实验操作的过程中，学生也都十分专注投入，认真记录并处理实验结果，获得结论。

由于以实验为主要教学内容的课堂教学，需要学生更高的热情，因此余老师设计中非常关注调动学生的积极性。学习动机在学习中的作用非常重要，要让学生主动参与实验设计与操作的过程，学习动机是必不可少的。学习的五种动机理论包括兴趣、信念、归因、目标和伙伴。教师在上一节课学习的闭合电路欧姆定律的基础上，提出新的问题，激发学生的好奇心和学习兴趣；通过小组讨论、展示交流，给予学生充分发挥的空间和平台，学生认真设计和操作实验就能获得成果，这其中的信念和归因都能提供学习动机；最后在实验设计和操作过程中，余老师不断地关注学生的情况并一起讨论，让学生将她看作是合作伙伴，进一步提高了学生的学习动机，从而能更顺利地展开自主探究学习。余颖老师这一节课的设计是符合《应用学习科学》中的教学原理的，因此收获了很好的课堂教学效果，这从观课教师对学生的个体观察和课堂中学生的整体表现都可以得到印证。

附《测电源电动势和内阻》教学设计：

测电源电动势和内阻

上海市青浦高级中学　余　颖

一、教学任务分析

（一）教材分析

本节课是《物理拓展型课程》（试用本）第六章 C 节，等级考对该实验的学习水平要求为 C 级。这节课的内容是对闭合电路欧姆定律的深化和应用。通过本节课的学习，可帮助学生巩固电学问题的分析思路，深化对闭合电路欧姆定律的理解。此外，电源的特性主要由电动势和内阻来描述，因此测量电源电动势和内阻对于合理使用电源具有重要意义。

（二）学情分析

通过前面的学习，学生理解了闭合电路欧姆定律，复习了部分电路欧姆定律，并能运用定律解决简单的实际问题。但是由于高中阶段对电学实验接触比较少，实际动手操作能力仍需进一步加强，这也是本实验的一个重要任务。另外，对于数据处理，学生较熟悉的是计算法，利用图像处理数据的能力的培养是本次实验探究的另一个重要任务。

二、教学目标

（一）知识与技能

1. 能根据相关理论原理，设计测量电源电动势和内阻的实验方案；

2. 能基于一定的理论依据对不同的实验方案提出检验和修正；

3. 知道运用"化曲为直"的思想处理实验数据。

（二）过程与方法

1. 在实验设计、操作的过程中体会物理实验研究方法；

2. 尝试运用图像法求解未知量；

3. 结合探索及实验过程，能够勤于思考、与人合作。

（三）情感、态度与价值观

通过交流设计方案，尝试基于证据和逻辑发表自己的看法，感悟实事求是的科学态度。

三、教学重点与难点

重点：方案的设计、实验数据的处理。

难点：图像法的运用。

四、教学资源

电压传感器、电流传感器、滑动变阻器、导线、电池、开关、实物投影仪。

五、教学设计思路

本教学设计的教学内容为测量电源的电动势和内阻。

课的开始在复习上节课所学的闭合电路欧姆定律的基础上，直接引出本节课的学习目标：如何测量一节干电池的电动势和内阻，顺利进入方案设计环节。

在方案设计环节中，学生四人为一组，结合之前已学的闭合电路欧姆定律和部分电路欧姆定律，在没有实验仪器限制的前提下，设计尽可能多的实验方案，在这过程中学生能够开阔思路，从而激发学习兴趣。之后，组内讨论选择其中最为满意的 1～2 个方案向全班展示交流，教师在交流过程中引导全体学生一起思考所介绍方案的可行性、存在的困难等，培养学生敢于质疑、善于分析的能力。在交流后的数据处理讨论环节，教师引导学生寻找相较于"多次测量取平均值"更为科学的数据处理方法——图像法，并发现一次线性函数图线是最便于研究的，在此基础上选定其中变量函数关系最符合的一套方案开展实验。通过这样设计——交流——评价——选择——操作的过程，使学生体验较完整的物理实验过程。

在动手操作实验结束后，结合之前其他尚未使用的设计方案，通过思考如何进行公式变形来选择最为合适的横、纵坐标轴对应物理量，引导学生再次学习图像法，并体验物理研究中"化曲为直"的思想方法，帮助学生在交流中提升，在动手过程中体验物理思想及物理实验的全过程。

六、教学流程

（一）教学流程图（见图 5-15）

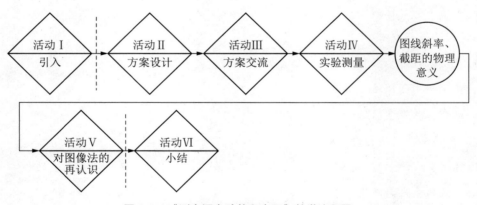

图 5-15 《测电源电动势和内阻》教学流程图

（二）流程图说明

活动Ⅰ：通过复习闭合电路欧姆定律引入本节课的主要学习目标：测量电源电动势和内阻。

活动Ⅱ：学生四人为一组，思考在实验仪器不受限制的前提下可能的测量方案，并将所能想到的方案记录在任务工作单中。

活动Ⅲ：组内讨论评价每一位成员的方案，选择最满意的1—2个方案向全班交流，在交流过程中，其他同学思考该方案的可行性、可能存在的困难等。

活动Ⅳ：在多个可行方案中选择数据处理较为简便的一个方案进行 DIS 实验测量，在测量前引导学生知道可根据图线的斜率、截距来获得实验结果。记录各小组的电动势和内阻测量值，并作为下节课的教学素材之一。

活动Ⅴ：在活动Ⅳ的数据处理环节已采用了图像法，因此在该环节结合之前活动Ⅲ中已交流但尚未使用的方案，思考这些方案中怎样选择横、纵坐标轴的物理量，得到一次函数关系的图线，在进一步学习图像法的基础上，引导学生体验物理研究中"化曲为直"的思想方法。

活动Ⅵ：总结本节课的内容，归纳物理实验的一般过程，学会通过描点作图，根据图线的斜率、截距等来获取数据。

七、板书设计

C. 测电源电动势和内阻

1. 闭合电路欧姆定律：

$$E = U_外 + U_内 = U_外 + Ir = I（R_外 + r）$$

2. 实验方案设计

3. 实验数据处理：图像法

八、作业布置

1. 你还能设计出更多的测量方案吗？

2. 回忆课上所使用的测量方案，想一想，造成实验误差的可能原因有哪些？

案例六：引发认知冲突，激发学习动力

——《探究凸透镜成像规律》课后反思

上海市青浦区徐泾中学　盛　超

课后回收 16 份"课堂观察评价表（一）"，其中教师行为和学生行为的 1、3 两个观察点的得分基本都在 19～20 分，普遍高于其他观察点。

本节课设计时的一个重点就是情境导思，引发学生的认知冲突，激发学习动力。课堂观察评价表（二）中"1. 本节课中哪一个活动（例如教学引入、随堂小实验、教师演示实验、学生实验、学生交流讨论等）给你的印象最深刻，简要描述一下理由"，反馈最多的是"两个同学配合老师做的实验十分有趣"（情境1），"学生实验，因为是自己亲手操作，发生的问题比较多，所以印象深刻"等；"2. 通过本节课的学习，你学习到了哪些物理概念、规律、原理或者实验方法呢？你觉得哪个环节对你获得这些概念、规律、原理或实验方法的理解掌握帮助最大"，学生基本都提到了实验环节对掌握原理和规律的帮助最大，有两位学生感受到"发现规律是需要反复实验的"。学生通过活动体验知道凸透镜不仅可以聚光，还能成缩小的实像。在课堂实验过程中，我利用演示凸透镜，在展示板上找到了放大的实像，形成了与元认知不同的认知冲突，学生急切想要知道凸透镜成像的规律，积极猜想凸透镜成放大像或缩小像的影响因素，此环节时课堂气氛十分活跃。

实验分析是这节课的难点，实验操作的难点是准备阶段调节光学仪器和寻找最清晰的像。我将复杂的学习过程，通过器材介绍、观看视频、补充说明、活动演示、步骤展示等多个步骤切块呈现，利用各种方法策略突破操作难点，从不同维度让不同层次的学生理解实验的要点和关键，从而使得各小组学生都成功地开展了实验探究。

各实验小组间分享实验数据，通过比较物距与像距的大小关系和物距像距的位置集合得出了凸透镜成像的区域位置规律；通过多媒体的物距像距物高数据的采集和成像，有了物体高度，于是我便抛出一个引发学生深思的问题："有没有可能凸透镜成等大的像？如果可以，猜想其位置。"通过之前学习的两个规律和放大缩小像的分界点 $2f$，学生猜想物距在 $2f$ 处会呈现等大的像，并通过实验证明。在此过程中，我应用多媒体软件积极引导学生进行自主、富有挑战的学习，图式同化，帮助学生达成知识建构。

本节课中利用实验现象引发学生的认知冲突，引起学生的好奇心和探究问题根源的兴趣。初中阶段是学生逐步培养理性思维的阶段，教师通过课堂引导，成功地让学生体会到物理学科是一门以实验为基础的学科，而实验是将自己原有生活经验联系物理理论的重要桥梁。

附《探究凸透镜成像规律》教学设计：

第二章　2.3　探究凸透镜成像规律　第二课时

一、教学任务分析

本节课使用的课本是由上海教育出版社出版的初级中学教科书《物理　八年级第一学期》(试用本)。本节课是第二章第三节的第二课时，重点是凸透镜成像的规律，难点是探究过程中像与物所在范围的确定。

本节课的主要内容是探究凸透镜成实像的规律。通过第一课时的学习，学生知道了凸透镜对光有会聚的作用。而本节课凸透镜成像是凸透镜对光的折射规律的具体应用。凸透镜成像的规律又与实际生活联系紧密，因此本节内容是初中物理中的一个重点知识。

学习本节内容需要光的折射规律、凸透镜主光轴、光心、焦距和焦点等概念作为准备知识。

教学对象为初二年级基础较普通的学生，他们对物理动手实验、探究活动有着较大的兴趣，但基础知识掌握不牢固，对抽象概念理解较为浅显，理性认识不深，需要教师通过模型、图像等方式将感性知识转化为学生自己的理性认知。

本节的教学要求教师积极引导，学生主动参与。通过实验探究的过程，感受实验、归纳的科学方法，初步学会将数据转化为图形的研究物理问题的方法，体会事物的发展变化是有规律可循的。

二、教学目标

（一）知识与技能

理解凸透镜成实像的规律，知道实像与虚像的区别。

（二）过程与方法

经历凸透镜成像规律的探究过程，感受观察、比较、归纳、推理等科学方法。

（三）情感、态度与价值观

1. 在探究活动中，学习从物理现象中归纳科学规律的方法。

2. 通过小组实验中的互相配合、相互交流，养成合作学习的良好学习习惯。

三、教学重点和难点

重点：凸透镜成像规律。

难点：在探究过程中找出物距、像距范围与f、2f之间的联系。

四、教学资源

1. 演示器材：凸透镜、LED灯板、光具座、凸透镜、光屏、KT板、图钉等。

2. 学生实验：光具座、"F"字样发光体、凸透镜（焦距已知）、光屏等。

3. 课件：PPT、凸透镜成像动画演示课件。

五、教学设计思路

本教学设计的主要内容是探究凸透镜成实像的规律。

本教学设计的基本思路是通过创设情境，提出问题，激发学生学习兴趣。设置合理探究点，在教师控制下通过学生的自主活动进行有序实验探究。通过学生间的交流与合作，归纳物理结论。在学习过程中使学生充分感受科学方法的应用，感悟物理学研究的方法，逐步养成良好的学习习惯。

本教学设计要突出的重点是：学生通过探究实验，得出凸透镜成像的规律。方法是分成两步走：先将学生分成两大组分别探究凸透镜成缩小倒立实像与放大倒立实像，之后通过多媒体动画图像上物像大小变化的规律，学生猜想有成等大像，然后通过验证，完善凸透镜成实像的规律；再用另一课时共同探究凸透镜成正立、放大的虚像。通过实验、观察、归纳得出凸透镜成像规律，再通过动画显示加深对凸透镜成像规律的理解；通过对实例的分析、讨论，学会用凸透镜成像条件解决实际问题。

本教学设计要突破的难点是：如何在学生探究实验中引导学生将所测得的物距、像距分别与凸透镜的一倍、两倍焦距做比较得出凸透镜的成像规律，同时还要在有限的课时内让实验的结论具有一定的普遍性。本教学设计突破难点的方法是缩小每组学生的探究范围，通过数据共享，每小组只需找到一次成实像的物距、像距，在演示的 KT 板上用图钉做上记号。通过大量的数据以及可视化的呈现，将物距、像距分别与 f、2f 比较是较为顺畅的。

完成本教学设计的内容需 1 课时。

本教学设计说明：由于课时限制，本设计中只探究同一焦距的凸透镜成实像情况，对于基础较好的学生，教师在探究实验中可再增加一个焦距不同的凸透镜，使得出的结论更具有普遍性。另外，由于课程时间有限，对于成正立、放大虚像的成像情况，放在后面一课时，并着重结合凸透镜成像的实际应用，进一步巩固对凸透镜成像的认知。

六、教学流程

（一）教学流程图（见图 5-16）

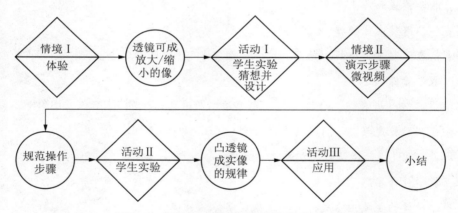

图 5-16 《探究凸透镜成像规律》教学流程图

（二）流程图说明

情境 I：师生互动体验——将一个凸透镜面对"四叶草"LED 灯，在凸透镜另一侧放置一张白纸作为光屏。前后移动光屏，直到光屏上生成清晰的像为止，并仔细观察像。引入新课课题：凸透镜可以成缩小或放大的实像。

活动 I：猜想凸透镜成实像时，像的情况会与什么有关？明确需要采集的数据。

情境 II：学生观看教师演示操作步骤的微视频，规范操作步骤。

活动 II：学生实验，探究凸透镜成实像的规律。

（分成观察成缩小像或放大像两大组。每组将自己所采集的一组数据通过图钉将 U、V

记录于演示用 KT 板上）

讨论并归纳初步规律。

通过凸透镜成实像多媒体动画课件，将像高数据输入后，发现物像大小变化规律，猜测有成等大像的位置，并通过实验验证。

活动Ⅲ：凸透镜成像规律的反馈与应用。

课堂实践观察因不可抗力原因暂停将近一年。在线上授课期间，项目组的部分教师追求高效的线上教学方式，在比较线下教学和在线教学的特点、区别和联系后，参照"课堂观察评价表"的观察点，从学生学习、教师教学、课程性质、课堂文化等视角找到突破口，根据不同的教学环节以及知识点设计更有效的在线课程，并做了以"课堂观察评价表"为指导的教学设计小结，这也是项目的一个意外收获。同时，有的教师也利用本评价表对一些不成熟的课堂教学开展观察评价，找出教学设计中的缺陷，改变教学策略和手段，提升课堂教学效果。

案例七：基于课堂观察评价表观察点的教学设计

任莲映

2020 年 11 月 25 日，邢怡老师完成了《楞次定律》的教学研讨课。授课对象为本校（区示范校）高三拓展学生。在这节课的主题确定后，教师尝试着从课堂观察评价表的观察点出发，进行课堂设计、课堂实践。在课后的反馈和反思中，我发现多处体现了应用学习科学对教学的指导作用。

《楞次定律》的新授课是在网课阶段完成的，虽然学生对于"阻碍"一词能有所应用，但是实验探究部分的缺失对规律的理解和掌握的负面影响一直存在，因此备课组在备课时一致同意这节教学研讨课的主题就定为"《楞次定律》2：实验探究"，重点不仅在于学生实验探究本身，也在于学生已完成规律应用学习后的教师课堂教学的不同之处。教学设计中要注意运用有效手段，帮助学生建立其原有知识与新知识的联系，教师在学生学习过程中承担着帮助学习者进行认知加工、完善加工过程的任务，因此补充这一探究实验，有助于学生完成知识生成的闭环。

主题的确定体现了以学生为中心的理念，但在教学设计中如何体现与完全新授课的区别也是值得考量的。教师已明确知道学生对于规律本身及其应用已较为熟悉，因此在设计时从课堂观察评价表的观察点"在实验、视频等教学环节中，能引导学生注重观察，通过合理推理、逻辑论证等得到结论"出发，突出实验方案的设计、实验观察点的落实，引导学生注意实验数据与实验结果的逻辑自洽，感应电流方向由哪些因素决定，通过"在哪里产生感应电流""如何判断感应电流方向"和"如何使磁通量发生变化"等一系列问题，帮助学生逐步实现探究实验方案的设计，并指导学生理清指针偏转方向与感应电流方向间的关系。可见，教师在突破本课时教学重点时，充分认识到原有知识在学生学习中的核心地位，针对薄弱点，通过问题设置、图表设计等将本节课的重点与原有知识储备发生良性联系，从而提高教学效果。教师的教学设计很好地体现了应用学习科学中的"聚焦要义""标记结构"这两条教学原则。教师逐步引导学生去除无关学习材料，突出关键材料，减少无关认知加工，使学习效果更佳；通过"切块呈现"，把一个完整的实验方案设计，分割成学生可以回答掌握的三个问题，形成最终设计实验方案的台阶。

在课堂实践环节中，教师更是以学生为本位。课堂的引入是一实验（小磁珠在铜管中下落），与学生认知中的小磁珠自由下落做一对比，将习题可视化，符合评价表中的观察点"学生能建立起与知识点的联系……"，是激发学生学习兴趣的有效途径；通过小组合作实验、推理、描述，加强学生间交流，教师在这过程中也充分融入各小组探究中，第一组探究任务结束后，教师给予时间让各组进行交流，通过及时引导获得学生信任……这一些课堂细节的把控也正是在激发学生的"兴趣""伙伴"等学习动机，在主动学习并获知通过自己的努力能掌握知识的时候，学生会更加努力地学习。在课堂实践中，学生的参与度很高，在教师课堂观察评价表的反馈中可以看到，所观察的学生个体无论是回答问题的次数，还是精神集中时间，指标均为良好；在课后的问卷反馈中，学生对随堂小实验和实验探究中教师的引导作用肯定度也是很高的，有不少学生写道："教师演示实验印象最为深刻，效果极佳。""实验操作，培养了实践能力，便于我们理解物理原理，增加互动性与趣味性。"几乎所有学生都认可学生实验和演示实验对获得规律的掌握帮助最大。

邢老师在课后对于课堂从设计到实施、主动或被动应用学习科学的理论进行了认真反思，通过本节课的实践，也对学习科学理论有了更深层的理解。我们对运用"课堂观察评价表"的观察点来指导自己的备课、教学做出了初步的尝试，虽然本节课仍有遗憾（对于非新授课的探索仍稍有欠缺），但是也获得了一些宝贵的经验，我们会继续探索，继续努力。

附《楞次定律》教学设计：

第八章　A　楞次定律

北虹高级中学　邢　怡

一、教材分析

本节课对应的《楞次定律》是上海高级中学课本《拓展型课程》第八章《电磁感应》

A 节内容，在已经认识电磁感应现象以了解感应电流的产生条件背景下，进一步讲述感应电流方向的规律，是较为深入的对磁生电现象的认识，总结了电、磁的统一性，在高中物理教材中占有重要地位，同时对学生认识物质世界在观念上是质的飞跃。本教学设计是针对高三第一轮复习阶段的学生，复习并深化对楞次定律的认识。

二、学情分析

本设计的授课对象为高三选择加试物理学科的学生，就各方面知识储备以及能力发展上而言，他们都处于高中时期较为成熟的阶段。在此之前，学生在高二年级的时候已经学了磁场和电磁感应的相关内容，掌握了电磁感应现象的规律，包括电磁感应现象的定义和感应电流产生的条件，学习理解了楞次定律这一规律，但并未就该规律进行实验探究、总结归纳等。到了高三年级，在完成本节课授课前，复习了电磁感应现象的规律，不仅如此，通过近一年时间的学习，学生相对高二年级时，在科学探究、科学思维等各方面的能力都有一定程度的发展，再次复习楞次定律，完成探究感应电流方向规律的实验，能让他们对电磁感应现象有更深层的认识。

三、教学目标

（一）三维目标

1.知识与技能

掌握楞次定律的主要内容，能熟练运用楞次定律判断感应电流方向，会表述感应电流的方向与引起感应电流的磁通量变化之间的关系。

2.过程与方法

通过楞次定律的探究过程，掌握实验探究的基本方法，掌握比较总结法这一研究方法。

3.情感、态度和价值观

通过实验探究，培养学生对实验探究的兴趣、抽象思维能力、实事求是的严谨的科学态度以及与他人合作交流的团队精神；通过对物理学史的介绍，激发学生对科学的好奇心与求知欲。

（二）素养目标

1.物理观念

理解楞次定律，能用楞次定律判断感应电流方向，会表述感应电流的方向与引起感应电流的磁通量的变化之间的关系，从物理学视角认识电和磁之间的关系，形成物质观、能量观、相互作用观等物理观念。

2.科学思维

会用自己的语言组织表述"感应电流的磁场总要阻碍引起感应电流的磁通量的变化"

中的"阻碍"的意义，认识客观事物的本质属性、内在规律及相互关系，形成科学思维。

3. 科学探究

想要了解感应电流方向与磁通量变化的关系，有进行科学探究的意识，并能提出问题、猜想与假设、制订计划与设计实验、分析论证、验证等，通过楞次定律的学习过程，了解物理学的研究方法，体会科学探究的过程，学会科学探究的方法并形成相应的能力。通过生生交流与师生交流，培养学生就研究过程和结果进行交流、评估、反思的能力。

4. 科学态度与责任

通过楞次对法拉第研究成果的关注到发现感应电流方向的规律的介绍，让学生发展对科学的好奇心与求知欲，体验探索自然规律的艰辛与喜悦，以及通过实验养成实事求是的科学态度和与他人合作交流的团队精神以及动手能力，形成对科学和技术应有的正确态度与责任感。

四、教学重难点

重点：楞次定律的实验探究过程及其主要内容和理解。

难点：楞次定律的实验探究过程和对楞次定律理解的表述。

五、教学资源

1. 演示实验：小磁珠、铜管、DIS 线圈、条形磁铁、导线。

2. 学生实验：灵敏电流计、条形磁铁、线圈、导线。

3. 课件：PPT。

4. 多媒体硬件、软件：投影屏幕、智能手机、笔记本电脑、DIS8.0 软件、稳定的 Wi-Fi 等。

六、设计思路

《物理新课标》提出了物理学科核心素养，本节课就以培养学生物理学科核心素养为目标进行教学设计。这是一节规律探究课，所以本节课以科学探究为重点，以"研究感应电流方向的规律"为载体，让学生在课堂中经历"提出问题——实验设计——实验操作——规律总结"这一过程，在亲历过程中体会科学探究的一般方法，激发学生的科学探究意识，提升科学探究能力。在得到实验结论后，就该结论进行归纳总结，得到物理规律再对比进行深入的解读理解，在该过程中又可以培养学生的科学思维和物理观念。

本教学设计主要分为四个环节，分别是引入、探究、解读、应用。在引入环节中，通过观察小磁珠在铜管中下落变慢的实验现象，引发学生的好奇心和求知欲，引入本节课主题。利用简单的、学生熟悉的材料完成物理实验，让学生直观地看到现象，激发他们的兴趣，不仅是对这一个现象的兴趣，同时也让学生对生活中的物理现象等充满探究的欲望，从而进一步地培养他们的物理观念。在探究环节，本想给学生完全开放的环境让他们自己针对这个问题进行探究，但考虑到学生学情和实验准备的可行性，最后设计了半开放的实验探究过程。通过问题引导学生设计实验方案、数据记录表格，观察并指导学生操作，最后交流实验结果，引导学生运用分析比较的研究方法归纳总结出结论。虽然有一定的限制，但也做到了学生在有限的条件下尽可能地经历"提出问题——实验设计——实验操作——规律总结"的科学探究过程，培养他们科学探究这一学科核心素养。得到物理规律后，我设计了解读这一内容的环节，在该环节中，引导学生找到楞次定律的关键词，并会用自己的语言组织表述"感应电流的磁场总要阻碍引起感应电流的磁通量的变化"中的"阻碍"的意义，认识客观事物的内在规律及相互关系，同时也培养学生的科学思维，能自己进行归纳、质疑、评估和反思。在最后的应用环节中，引导学生利用本节课所学的物理规律解释物理现象，能用楞次定律判断感应电流方向并进行表述，从物理学视角认识电和磁之间的关系，形成物质观、能量观、相互作用观等。

七、教学流程图

（一）教学流程图（见图 5-17）

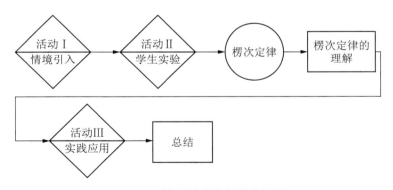

图 5-17 《楞次定律》教学流程图

（二）流程图说明

活动Ⅰ：观察小磁珠在铜管中的下落情况。

活动Ⅱ：设计并完成探究感应电流方向与磁通量变化关系的实验，总结实验现象，归纳实验结论。

活动Ⅲ：利用楞次定律解决问题。

八、教学过程（见表 5-13）

表 5-13 《楞次定律》教学过程

环 节	教师活动	学生活动	设计意图
观察小磁珠在铜管中的下落情况	引导学生观察、思考和分析，引入本节课主题：电磁感应现象	观察、测量小磁珠在铜管中下落40 cm的时间；分析下落变慢的原因	通过观察小磁珠下落变慢的现象，引发学生好奇心和求知欲，引入本节课主题
设计探究感应电流方向与磁通量变化关系的实验方案	提出问题感应电流方向由哪些因素决定，遵循什么规律；引导学生设计实验方案	互相讨论，设计实验方案；交流展示；在教师的引导下完善实验设计	通过实验探究的过程，形成进行科学探究的意识；体会科学探究的过程，掌握科学探究的方法和能力
实验过程	引导学生完成第一组实验过程；巡视指导	合作完成实验，填写实验表格记录结果	通过实验过程，形成和他人合作交流的团队精神和动手能力以及实事求是的科学态度
得到实验结论，提出楞次定律	引导学生归纳得到完整的实验结论；提出楞次定律	分享交流实验现象与结果，归纳实验结论	培养学生就实验过程进行交流、评估和反思的能力
解读楞次定律	引导对关键词"阻碍"的分析；引导分析电磁感应现象中的能量问题	学习楞次定律，找到关键词，分析解读楞次定律；通过楞次定律，解读电磁感应现象中的能量问题	会用自己的语言组织表述"感应电流的磁场总要阻碍引起感应电流的磁通量的变化"中的"阻碍"的意义，认识客观事物的内在规律及相互关系
观察磁场力	完成观察磁场力的实验，引导学生分析实验结果，观察到磁场力的作用效果	观察教师实验，分析实验结果，讨论并交流实验结论，了解磁场力	观察磁场力，认识磁场力，从物理学视角认识物质和相互作用，形成物质观、相互作用观
实践应用	提出问题；DIS实验验证学生的判断	分析运用楞次定律解决问题及其一般步骤；运用楞次定律解决实际问题	能用楞次定律判断感应电流方向，并进行表述，从物理学视角认识电和磁之间的关系，形成物质观、能量观、相互作用观等

九、板书设计

楞次定律

一、实验探究

二、楞次定律

内容：

理解：

案例八：课堂观察评价表与应用学习科学助力课堂教学

——从一节《电势能　电势》的试讲课谈起

姜　峰

在一次组内交流活动中，某位教师上了一节《电势能　电势》的试讲课。教师对此教学内容主要采用了类比的方法，计划让学生自主建构电势能和电势的概念。如在讲授电势能概念前，给学生提供了文本资料并设计了一个表格，让学生通过阅读完文本后以小组为单位在磁性软白板上写出重力势能的定义、重力做功与重力势能变化的关系、重力势能的大小，并归纳出重力势能的特点，然后每组派代表进行展示交流。但实际课堂生成效果与预设有着较大差距，如在让学生总结重力势能的特点时，预设学生会很自然地回答重力势能具有相对性，然而学生的回答仅仅是高度越大，重力势能越大。

在建立电势的概念时，该教师同样采用类比的方法，但是没有给学生提供阅读资料，而是让学生对之前学过的电场强度的概念和定义过程、定义方法进行了回顾。教师课前的预设是希望学生能够完整地说出比值定义的过程不同，但学生依然只说出电场强度的定义式为 $E=F/q$，没有具体说出电场强度的定义过程。在教师引导他们说出定义过程中，预设他们能够用同样的思路去叙述电势的定义，结果学生还是不会。

听课的 5 位物理教师在课堂观察评价表中课堂教学板块的"教师能运用有效手段，帮助学生建立其原有知识与新知识的联系（20 分）"这项观察点"教师行为"和"学生的群体行为"的评分均在 10 分以下，对 5 位学生的个体观察中记录了"注意力涣散""不主动参与"等表现，说明学生在这部分学习的过程中参与度不高。在此教学环节中，教师发现学生并没有很积极高效地阅读文本或者靠回忆快速地完成表格，而是一边慢慢地看材料，一边就谁来写白板的事推来推去，有的小组甚至一人写一项，最后选代表来交流时也是相互推脱。对教师提出的两个问题，几个学生都支支吾吾答不上来，这说明学生并没有很顺利地运用原有的知识习得新知识。

问题出在哪里呢？从教师的角度来看，他没有安排好意义学习中"整合"这一环节。所谓"整合"是指将声音表征和图像表征相互联系起来，并与原有知识相结合，使学生长时记忆中的知识转换到工作记忆中。很明显，在试讲课中，该教师并没有很好地利用声音和图像引导学生将原有知识与新知识结合起来。那么如何促进整合呢？学习科学告诉我们，促进整合有两种策略："具体先导"和"具体示范"，这两种策略都借用了"隐喻"的方法，以熟悉的或具体的知识为模型，促进学生领会新知识或抽象的知识，从而帮助学生激活原有知识，并同化新知识。

从学生的角度来看，他们并没有在学习中使用元认知。所谓"元认知"包括元认知意识和元认知控制，是学生关于自己如何学习的知识以及对学习过程的控制。元认知在学习中发挥着重要的作用，它能够指导学生对学习材料进行认知加工，学生既要具备元认知意识——知道什么是对自己有用的学习策略，又要具备元认知控制能力——知道运用这些策略的合适时间。这节课上，学生明显没有达到这个要求：他们面对教师提供的材料不知如何学习，也没有意识到自己理解定义时存在困难，更没有及时调节和控制自己学习的方式。也就是说，学生不知道如何帮助自己学习，也没有付出学习所需的努力。

在课后的组内交流中，大家帮助上课教师分析了评价表中对课堂的观察实录，并深入学习了学习科学的相关原理，使该教师充分认识到了存在的问题并重新调整了教学设计。正式上课时，按照新的设计，让学生根据制定的表格，跟着教师的思路一条一条知识点去回顾，并且在不同学生的回答过程中互相启发、进行思维碰撞，最终顺利地完成了教学任务。

项目开展的时间有限，其间又遇到不可抗拒的因素，造成"课堂观察评价表"实践使用的样本数量还不够多，目前只是对现有的数据总结出一些受学生欢迎、有利于教学效果达成度的教学方式和手段，例如：激活原有知识可以帮助学生进行知识整合；创设认知冲突可以提升学生的学习动力等。相信随着样本的增加，一定还能找出更多有助于提升学习动力和效率的教学手段和学习规律。

第六章　基于学习科学的中学物理教学评价

第一节　中学物理教学评价的现状与发展

物理课堂教学的效果需要通过一套科学合理的评价体系来测量，所以物理课堂教学评价是物理教学中的重要组成部分，是检验教学目标是否达成、学生是否成长的重要工具。从应用科学的角度来看，能够反映课堂教学效果的评价系统，能科学、全面地反映学生在学习前后由学习活动所引发的积极变化，关注学生在课堂学习活动中获得了什么。以此为支撑点开发的物理课堂教学评价工具，更有利于确定教学效果的好坏，并为后续的教学活动提供可靠的依据。

一、中学物理教学评价的现状

物理教学评价，是运用各种手段和统计方法对学生物理学习的成效、教师的教学目标达成程度，给予数量或等级的描述，并做出科学的判断。评价的前提是搜集学生的学习行为信息，在对之加以分析处理的基础上，对学生的学习表现进行解释，再根据预定的教学目标予以价值判断。评价是物理教育的重要组成部分，它在教学实践活动中起着调控和导向的作用。物理教学评价有助于检查教学效果，测量教学质量，调整和改进教师后续的教学内容和实施方案，也有助于帮助学生评判自身的学习情况，激发学习行为，引导学生树立学习目标。

教学评价是教学活动中的重要一环，与教学方式的进步同步发展。现阶段，物理教学评价一般有以下几种功能：（1）鉴定水平功能；（2）激励反思功能；（3）诊断调节功能。随着课堂教学理念的不断变化，教师的评价理念也在不断提升。中学物理教师普遍意识到，适时合理地运用有效的物理学习评价工具，不仅能帮助师生共同检测一定时期内物理学习的状况和水平，还能有效激励学生的学习动机，促使学生反思物理学习状况，帮助教师诊断调节物理教学内容和形式，对物理的教与学都有积极的作用。

从性质上来看，物理课程的教学评价属于发展性评价，旨在同步实现以上功能。这种评价有以下的特征：（1）关注学生的学习过程，以及在此过程中学生所表现出的情感、意志、态度；（2）强调评价主体的多元化，主张学生也参与评价活动中，实现自我反馈、自我调节、自我认识；（3）关注学生的差异性，强调通过评价促进学生的发展；（4）强调定量评价与定性评价的结合，关注那些不能直接量化的指标在评价中的作用，着力促进学生的完美和发展。

由于评价的效度、信度、可操作性等要求，现阶段中学物理教学评价主要集中在总结性阶段，一般在完成一个单元、学期、课程之后，对学生总体的学习成果进行评估，形式往往以纸面测验为主，且评价结果以分数形式呈现。这样的评价方式操作简便，较为成熟，其量化结果对于学生学习水平高低的判断较为直观。现行定量测量中学物理学习水平方式主要有以下几类：

1. 纸笔测试类总结性评价：应用最为广泛，评价指标多为知识点或者某种技能的掌握情况，兼顾学习思维和能力的考查，运用分数定量描述学生水平较为直观，师生均最为重视。教师对物理试题的研究投入精力巨大，学生花费大量的学习时间用以增加解题熟练度。传统考试的试题情境一般是理想化或抽象化的物理模型，要求学生通过系统的理论推导去处理过程复杂，但已被抽象、分解成一定数学模型的理想问题。在教育改革不断推行的过程中，中学物理教师也在不断探索，通过试题检验学生的学科思维能力，具体表现为纸笔测试的命题着眼点，逐步从知识技能转化为对过程、方法和能力的考查。通过对试题的设计，能反映出学生认识和解决问题的思维过程，这对于达成物理学科的课程目标具有积极的导向作用。

2. 实验操作类考试：官方考试中慢慢引入动手实验操作类评价，此类考试形式可以有效检测学生的动手实验能力，并有利于考查学生的科学思维和科学探究素养，对中学物理教学也有积极的导向作用，但由于成本较高，实验操作考试的实施处于较为尴尬的地位。

3. 教学过程中的过程性评价一直有专家学者在研究，但普及程度不高，新课程改革过程中，课标引导教师通过设计过程性评价活动的方式促进学生核心素养的培育。

4. 课前预评估的开展受制于客观条件，一般出现于学段入学前、每学期开学前阶段，每课时或者每单元的学前评估未见有系统研究。

物理教学评价在实施过程中，大体流程是明确评价对象和目标、设计评价指标和工具、进行多元评价。在确定对学生物理学习过程中哪个阶段、哪个内容、哪个环节进行评价后，从课程标准角度出发，结合具体内容设计评价指标，作为评价依据，并制作评价量表类工具；从量表、评语、特长认定等多种角度，以及自评、互评、教师评价等多种方式对学生的学习做出综合评价。

二、中学物理教学评价的发展

在"双新"改革的背景下，高中物理课程被赋予立德树人、发展学科核心素养的任务。先进的课程理念，只有通过与之相匹配的评价体系进行反馈和引导，才能达到预期的课程目标。伴随着新一轮课程改革的不断推进，物理课程中的学习评价从理论到实践都在随之发生深刻的变化。现阶段，高中物理学习评价应是基于学科核心素养的评价，其目的是围绕育人目标，以实现物理课程目标为宗旨，围绕物理学科核心素养的基本要求，创设真实而有价值的问题情境，采用主体多元、方法多样的评价方式，客观全面地诊断学生的核心素养发展状况，及时有效地反馈评价结果。高中物理学习评价应遵循目标明确、可信有效、全面深入、主体多元、方式多样、激励进步的原则，依照《物理新课标》核心素养和学业质量水平的要求，设置合理的评价目标和评价内容，依据物理学科核心素养的内涵和水平、学生在特定情境中的行为表现，确定相应的评价指标体系。要将评价目标、方式、内容、手段设计得合理而有效，需要科学的方法。基于学习科学原理，从学生认知发展的规律入手，进行有效可信的学习评价，是提高课堂教学效率、发展学生核心素养的必要手段。

中国的高考体系已经发展了四十多年，是国家选拔人才的重要评价体系。在新高考改革的大背景下，中国高考评价体系是根据新时代党的教育方针与国家教育改革相关政策文件构建的、符合素质教育全面发展要求的、用于指导高考内容改革和命题工作的测评体系。高考评价体系的"一核四层四翼"明确了：为什么考（一核）——立德树人、服务选才、引导教学；考什么（四层）——核心价值、学科素养、关键能力、必备知识；怎么考（四翼）——基础性、综合性、应用性、创新性。高考的评价属性主要体现在以下几方面：

《物理新课标》提出中学物理教学评价的目的是促进学生物理学科核心素养的提升和学习能力的提高；评价对象从三维目标的评价转为对学科核心素养的评价；评价方式多元化发展，单项评价与整体评价、定量评价与定性评价、终结性评价与形成性评价相结合，运用及时的评价促进教学；评价的工具信息化程度逐步提高，运用现代工具提升评价信度与效度。

第二节 基于学习科学的中学物理教学评价原理阐释

教学评价是一种对教学活动的过程及其结果，利用科学标准、技术手段进行定性、定量的测量，并给予的价值判断。根据评价的标准不同，我们可以把教学评价分为诊断性评价、终结性评价、形成性评价。

我们项目组聚焦的是形成性评价。目前普遍被接受的形成性评价的定义是指通过对教育计划、方案、过程以及具体的教育活动内容进行相应的诊断与判断，从而发现教学活动中存在的一些问题，提供相应的反馈信息，为接下来的教学活动起到积极的推动作用。形成性评价是一种以实现教学目标、优化教学为目的的评价机制。评价的主体既包括教师的教学过程，也包括学生在此过程中的学习情况，通过访谈、记录、观察、测验、讲评、学生评价等方法，结合一些评价工具，准确、及时地获取教学信息，对进一步改善教学活动、提升教学质量至关重要。

一、 形成性评价的理论基础

形成性评价强调教学的主体是学生，要将学生的优势迁移到学习薄弱的环节，根据学生的特点进行教学。从这个意义来看，形成性评价的理论基础包括建构主义理论、多元智能理论和后现代主义理论。

（一）建构主义理论

建构主义理论认为，人的认知是在原有知识基础上建构的，而教师只是学习者学习过程中的引导者与帮助者。在学习中，学习者的主动参与对学习占主导地位，学习者本人的主观能动性是决定学习结果最重要的因素。建构主义理论强调，仅仅采用一种标准进行评价是不科学的，要多侧面、多形态地制定评价标准，并组成一个有评价者、被评价者、教育专家等在内的多元的主体评价小组。

（二）多元智能理论

多元智能理论认为人的智力不是单一的，而是由多种智能组成，这些智能互相关联又彼此独立。多元智能理论给予我们启示，即教育中对学生的智能应从多方面进行评价，同时，评价本身应该起到促进学生智能发展，整体提高学生学习水平的功能。

（三）后现代主义理论

后现代主义理论认为，每一个学生都是一个独立的个体，拥有自己的个性特征，我们不能以一个完全相同的标准去评价学生的学习结果，要尊重和鼓励他们发表自己的不同见解，不能把他们看作知识的被动接受者，要让他们主动去探究和发现知识。评价的目的是充分调动他们的积极性，以促进下一阶段的学习，最终促进学生的发展。

二、 形成性评价的原则

（一）多元化原则

物理是自然科学的重要组成部分，中学物理作为中小学自然科学领域的一门基础课程，承担着提高学生科学素养、助力学生终身发展的责任。现今学科标准中提出的"核心素养"，在本质上是学生在应对和解决复杂的、不确定的真实生活情境时，表现出的综合性能力和品格。故而评价不仅仅要评价学生对学科知识的认知，更要评价学生的能力及其他方面的发展情况。在这一基础上，学习的评价应该关注学生在提出问题、形成假设、设计方案、搜集信息、做出解释、交流表达等活动中的能力方面。评价过程中可以通过自评、互评以及成长记录档案袋等多种评价方式改善学生的学习。

物理学习的评价应该不止针对学习的结果，还应该关注学习过程的评价、学习态度的评价等。学习过程的评价是针对课堂学习、学生实验、学生作业、实践过程中表现出的思维品质、表达能力、问题解决能力等进行评价。学习态度的评价是针对在学习过程中表现出的学习动力、学习习惯、学习方法等进行评价，也可以通过对学生进行较长时间的观察，收集学生学习过程中的真实记录，探索用量表和评语的方式给予描述性的评定。

教学评价不应该是教师一个人说了算，要让学生也参与评价活动中来，让他们认识到评价不光是教师的事，更是自己的事，家长、学校也可以作为评价的主体参与进来。

（二）激励性原则

评价的目的是对接下来的教学活动起到积极的推动作用。形成性评价具有激发行为动机、调动积极性的功能，通过评价，可以让学生看到自己的成绩，找到不足，激发改进和提高的内在需求，增强信心，从而达到提高教育质量的目的。每一个学生都是渴望成功的，故而教师的评价要利用这一点对学生进行心理上的激励。这可以体现在课堂中的语言表扬，也可以体现在作业中的文字性评语。教师在教学过程中，通过形成性评价，在教学目标的指导下，自觉规范和调控教师的教学行为和学生的学习行为，使之能够达成特定的教学目标。

三、SOLO 分类理论

（一）SOLO 分类理论的内涵

SOLO 分类评价理论是 1982 年由澳大利亚心理学家约翰·比格斯（John Biggs）和凯文·科利斯（Kevin Collis）在皮亚杰（Jean Piaget）的认知发展阶段理论的基础上建构起来的。这个理论主要是为了认定学生处在哪一个发展阶段，比格斯把个人在实际回答某个具体问题时表现出来的思维结构称为"可观察的学习成果结构（SOLO）"，把发展阶段的标记放在学生对问题的回答上，根据学生在回答某一具体问题时的表现，判断学生的思维水平处在哪一个层次。基于学生回答问题的表现，SOLO 分类理论把学生的回答从简单到复杂分成五个层次：前结构、单点结构、多点结构、关联结构、抽象扩展结构。以物理为例，其具体含义如下：

1. 前结构（prestructural）：学生基本上无法理解问题和解决问题，要么空白无答案，要么只提供一些逻辑混乱、没有论据支撑的答案。这些学生不能提炼题中的有效信息，也不能结合所学写出对应的公式，对所学几乎不理解。

2. 单点结构（unistructural）：学生找到了一个解决问题的思路，但就到这一步，往往不能完全理解题意，理清思路，只能生搬硬套公式，对问题的理解非常初步。可以简单识别单一公式的问题，能套用公式计算结果，但是对于涉及多个知识点的综合问题或者考查多个过程的问题，他们解答的过程看似很合理，但是从整个过程来看，写出的公式之间没有关联性，甚至自相矛盾。

3. 多点结构（multistructural）：学生对问题有了较多的理解，能够找到多条与问题相关的信息、公式的条件，但却未能把这些信息有机地整合起来。这些学生能够在解决问题时举例说明某一物理规律对应的物理事件，会对物理问题分类，能根据问题写出大量的公式和文字说明，但不能将这些信息整合起来分析。

4. 关联结构（relational）：学生对问题有了完整的理解，不仅能找到多个解决问题的信息和条件，还能找到隐含或者简单推导出来的条件，并且能够把这些信息和条件结合起来找到它们之间的联系，以达到解决问题的目的。处于这一水平的学生能够灵活运用公式处理综合问题，分类讨论多过程的问题，且能熟练地用物理思维分析物理过程，用文字说明解释因果关系；遇到经典的物理模型能进行简单的迁移，但不能发明创造。

5. 抽象扩展结构（extended abstract）：学生对问题有完整的理解并且能够对问题进行抽象概括。遇到复杂的多过程问题，能概括成熟悉的物理问题分析处理，并且从理论的高度分析问题、深化问题，使问题本身的意义得到拓展。处于该水平的学生能对问题进行科学推理，并且具有评价、质疑的能力。

综上所述，首先，比格斯提出的思维分类理论是一个由简单到复杂的层次类型，具体来说就是点、线、面、立体、系统的发展过程，思维结构越复杂，思维能力的层次也就越高。其次，SOLO 分类理论的焦点集中在学生回答问题的"质"，而不是回答问题的"量"。没有量的支撑，质是无从体现的，但针对"质"的评价与针对"量"的评价的确大有区别。例如，传统高考历史题目中的主观题评卷，我们就习惯于把答案细分为若干个采分点来打分，这基本上就是一种针对"量"的评价方法。SOLO 分类理论不在乎学生答对了多少个与标准答案相近的字眼，更不在乎学生写出了多少字，只是力求从学生的回答中分析出他能够达到哪一思维层次。因此，SOLO 分类理论为评价学习质量提供了另一种视角。

（二）学业质量水平的 SOLO 分类层次

《物理新课标》将学业质量划分为五个水平，分别从问题情境的复杂程度、知识与技能的迁移能力、思维方式或者价值观等方面对不同水平的具体表现做了详细的描述。每一级水平的描述都包括物理观念、科学思维、科学探究、科学态度与责任四个维度。不同水平之间呈现由低到高递进的关系。

物理学科核心素养的培养需要经历深度学习，发展高阶思维。基于 SOLO 分类理论的层级评价同样关注学习的进阶，导向高阶思维的深度学习。可见，物理学业质量评价虽然基于物理核心素养评价学生的学习情况，但思想上与 SOLO 分类理论具有较高的一致性。运用 SOLO 分类理论指导物理课程的评价与教学，能够有效促进学生发展高阶思维，形成物理学科的核心素养。SOLO 分类理论中的关联结构和抽象扩展结构，属于高阶思维水平，深度的学习与评价可以有效促进学生在这两个水平上的发展。

我国普通高中课程标准中明确要求，高中物理学业质量评价要以核心素养的不同表现水平为标准。鉴于 SOLO 分类理论的思想能够帮助教师培养学生的物理学科的核心素养，那么借鉴 SOLO 分类理论对核心素养的不同水平归类则有较强的可行性。只是 SOLO 分类理论中的前结构表现为学生基本上无法理解问题和解决问题，而物理观念方面的水平要求描述为"能从物理学的视角观察自然现象，具有将物理学与实际相联系的意识"，显然物理学科核心素养的水平划分最低也应该与单点结构相对应。表 6-1 列举了学业质量水平划分中描述理解的常用词与 SOLO 分类理论结构层次的对应关系。

表 6-1　SOLO 分类理论层次与物理学科核心素养水平划分的对应关系

结构层次	描述理解的常用词
单点结构	说出、识别、区别、陈述、复述等
多点结构	描述、列举、说明、表达、计算等
关联结构	分析、解释、推理、质疑、制订等
抽象扩展结构	概括、模拟、灵活应用、创新、审视等

SOLO 分类理论表明，学习过程是一个由浅到深、由量变到质变的发展过程。SOLO 分类理论的五个层次中，前结构是学习的准备阶段，描述学生学习前的状态；单点结构和多点结构是量的积累阶段，描述学生学了多少；关联结构和抽象扩展结构是质的跃迁阶段，描述学生学得多好。从量的积累到质的跃迁，反映了学生的学习从知识的积累向知识的综合应用过渡。

（三）学业质量水平的 SOLO 理论分类评价

学业质量的结构非常复杂，为了评价学生在某学科的学习达到了何种水平，我们需要清晰地描述学生在该学科学习中学科素养水平处于哪一阶段的表现。SOLO 分类理论关注的正是学生在解决某一问题时所表现出来的能力与思维水平。分析《物理新课标》，借鉴

SOLO 分类理论各层级的思维结构特征，为了评价学生学业质量的不同水平，我们可以根据试题解答过程中对学生能力与思维操作水平要求的高低，尝试编制不同 SOLO 层次的试题。以《电场》为例，单点结构试题案例如下：

以下措施属于静电防范的是（　　　）。

A. 使用复印机　　　　B. 使用电蚊拍

C. 静电喷涂　　　　　D. 使用避雷针

该试题仅仅要求学生简单区分静电防范与静电利用的生活实例，并不需要解释其中涉及的原理，不涉及知识点间较为复杂的综合应用。

多点结构试题案例如下：

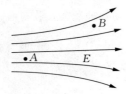

如图所示，把电量为 -5×10^{-9} C 的电荷，从电场中的 A 点移到 B 点，其电势能 _____（选填"增大""减小"或"不变"）；若 A 点的电势 $U_A = 15$ V，B 点的电势 $U_B = 10$ V，则此过程中电场力做的功为 _____ J。

这道试题要求判断电势能高低，根据电势、电势能、电场力做功三者之间的关系，计算电场力做功，但对知识的综合性要求不高。

关联结构试题案例如下：

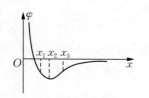

空间有一沿 x 轴方向电场，x 轴上各点电势 φ 随 x 变化的关系如图所示，则（　　　）。

A. 该电场可能是单个点电荷所形成的电场

B. $x_2 \sim x_3$ 区间内，场强沿 x 轴负方向

C. $0 \sim x_2$ 区间内，沿 x 轴正方向电势先降低后升高

D. 将电子沿 x 轴从 x_1 移到 x_3 处，其电势能先减小后增大

这道题以抽象的图像描述了某一沿 x 方向的电场，需要学生根据电势随 x 变化的趋势，联系电势与电场强度的关系，判断电场在 x 轴方向的分布情况，进一步讨论带电粒子在电场中的电势能的变化。学生需要有将抽象问题形象化的能力，综合运用静电场的电势

与场强的知识求解问题。

抽象扩展结构试题案例如下：

> 匀强电场的方向沿 x 轴正向，电场强度 E 随 x 的分布如
> 图所示。图中 E_0 和 d 均为已知量。将带正电的质点 A 在 O
> 点由静止释放。A 离开电场足够远后，再将另一带正电的质
> 点 B 放在 O 点也由静止释放，当 B 在电场中运动时，A、B
> 间的相互作用力及相互作用能均为零；B 离开电场后，A、B
> 间的相互作用视为静电作用。已知 A 的电荷量为 Q，A 和 B
> 的质量分别为 m 和 $\dfrac{m}{4}$，不计重力。

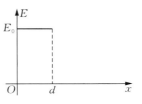

> （1）求 A 在电场中的运动时间 t；
> （2）若 B 的电荷量 $q=\dfrac{4}{9}Q$，求两质点相互作用能的最大值 $E_{\max}$；
> （3）为使 B 离开电场后不改变运动方向，求 B 所带电荷量的最大值 q_m。

这道题首先看懂图像是前提，在电场范围内电场强度不变是匀强电场，A 显然做匀加速直线运动，所以第（1）问求时间就是一道与牛顿运动定律结合的简单问题。然而第（2）问求相互作用能的最大值，对许多学生而言，因为是一个崭新的情境，就不会迁移了。实际上，A、B 都通过同一个电场的加速，然后做匀速直线运动，出电场后 A、B 之间为电场斥力，就是典型的类碰撞问题。第（2）问需要将类碰撞问题的分析方法迁移到此情境中，找到相互作用能达到最大值时，A、B 间距最小且速度相等，这样问题就迎刃而解了。第（3）问在此基础上需要学生迁移爆炸模型，炸弹炸成两段，内能全部转化为物体的动能的分析过程，得到 B 速度刚好减小到零的时候，而且 A、B 之间的相互作用能全部转化为动能。

这道题对学生的迁移能力要求较高，需要学生在新的情境下仔细分析小球的受力以及运动情况，在原有的知识结构中甄别出典型的物理模型，采用类比的方法分析、解决问题，需要将电学、牛顿运动定律、动量守恒、能量守恒等知识融会贯通。

第三节　基于学习科学的中学物理教学评价实施策略

基于应用学习科学的评价，关注学生学习到了什么，并找到学生在物理学习中发展素养的证据。学习科学原理要求评价内容涉及学生学习到了什么、学生的学习方式以及与学

习相关的学生个性特征等，一般从学习结果、学习过程、学习能力等维度进行评价。从本质上来说，评价与教学相联系，可通过课前、课中、课后的评价环节设计教学，从不同角度评价学习效果，同时调整教学设计。

一、运用三种评估工具综合评价的策略

理查德·E.梅耶教授在《应用学习科学》中指出：评估科学是关于确定人学会了什么的研究。评估在本质上是与教学相联系的，可以用于三种教学功能：（1）教学前的评估——"预评估"描述学习者的特点；（2）教学中的评估——"形成性评估"描述学习者对教学的反应；（3）教学后的评估——"总结性评估"描述学习者的知识掌握情况。

（一）关于预评估

学习前的评估，也叫预评估，对于了解学习者的背景知识、兴趣以及学习能力非常重要，基于学习者的学习起点开展教学已经逐步成为教师进行教学设计的重要原则。在选择教学策略和活动内容时，预先评估学生的学习状况，考虑学生背景知识的差异，对教学成效有积极的作用。

预评估是教师在教学设计前必须要考虑的因素。学生在进入课堂学习知识之前，脑海中并不是毫无一物的，而是已经存在一些来源于生活经验的直觉认识，我们把这些认识称为"前概念"。前概念有科学的、正确的，也有片面的、错误的。学生带着前概念进入课堂，或多或少会促进或阻碍课堂学习。

所以，通过课前的预评估分析学生的前概念结构，分析学生前概念的成因，了解学生前概念的思维方式，可以使教学更有针对性，有助于教师在教学过程中与学生互动。

案例一：《运动的描述》第三节《位置变化的快慢　速度》预评估

华东师范大学第一附属中学　方　莹

【课前预习】

阅读课本 P11—13，回答下列问题：

1. 比较物体运动的快慢，可以有哪些方法？结合身边的实例加以说明。

2. 什么是速度？为什么用速度就可以描述物体运动的快慢？

3. 速度的单位有哪些？速度是矢量还是标量？

【评估分析】

第 1 题：我执教的班级 27 人，绝大部分（约 90%）同学在阅读教材之后，能结合生活常识，正确比较描述物体运动快慢的常规方法，表现出学生经过初中物理的学习掌握了一些基本的描述运动快慢的观念，并能将生活具体情境与物理规律结合在一起。

第 2 题：几乎所有同学都能通过阅读教材，正确写出速度的基本概念，并结合速度概念分析实际问题，从另一方面反映出学生掌握了基本的运动观念。

第 3 题：该题检测学生对速度概念理解的细化程度，与初中物理概念有关，并有一定程度的升华，约 70% 学生能结合数学工具更为全面地了解速度的物理概念。

在进行教学设计时，教师加入了课前评测的环节，用以评估学生的学习起点，了解学生对即将进行的教学内容相关知识的掌握程度，进而帮助教师预设课堂教学活动的合理性和有效性，及时调整课堂教学策略。

（二）关于形成性评估

教学过程中的评估，也可称为形成性评估，涉及经过一段较短时间后（一般一个单元教学中的某一个课时，或者某一个教学活动后），确定学习者的学习情况。检测结果既可提供本课时的学习反馈，也为下一课时教学提供建议，帮助教师了解教学进度和方法是否有效，确定哪些教学内容还需要投入时间。

案例二：《功》课堂检测

上海市复兴高级中学　龚嘉琦

【评价目标】

知道力和物体在力的方向上的位移是做功的两个要素；知道功是标量；理解正功、负功的物理意义；能用公式 $W=Fs\cos\theta$ 求恒力所做的功；能计算几个力做功的总和。

本节内容的难点在于理解正功、负功的物理意义及公式 $W=Fs\cos\theta$ 的使用。

【评价形式】

（1）课堂即时交流

例：试判断右图三个过程中，人是否做功。

让学生判断一些情境中是否做功以及做正功还是负功。

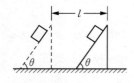

（2）课堂现场测评

例：如图所示，质量为 m 的物体静止在倾角为 θ 的斜面上，物体与斜面间的动摩擦因数为 μ，现使斜面水平向左匀速移动距离 l。

（a）重力对物体做的功为 _____。

（b）斜面对物体的弹力做的功为 _____。

（c）摩擦力对物体做的功为（物体与斜面相对静止）_____。

（d）斜面对物体做的总功是 _____。各力对物体所做的总功是 _____。

【评价的理论依据】

根据《应用学习科学》中开展练习的实证教学原则中的即时反馈原则，当学习者即时收到针对其表现给予的解释性反馈时，学习效果更佳。作为第五章的第一节，知识点相对单一，难度不高，采取课堂即时提问、即时测评、即时交流的形式能帮助学生更好、更快地找到分析问题的要点。

在《功》的课堂教学设计中，将测评作为教学活动的组成部分，让课堂的组织形式显得丰富，有助于学生专注力的提升；其评价结果可以帮助教师了解学生的即时学习状况，为后续教学活动的选择提供参考依据，也让学生了解自己的学习效果。

（三）关于总结性评估

教学后的评估，也可称为总结性评估，涉及经过一般较长的学习时间后确定学习者的学习情况。常见的情况如：在《电场》单元学习结束后，安排一次考试，考试范围是《电场》整个单元的知识内容。通过考试成绩能大致反映出学生在该单元中学习的效果。总结性评估的结果，还能在教学策略和模式上为后续阶段的教学提供参考，帮助教师保留教学设计中的有效部分，或者修正教学过程中的低效内容。

以下为经过一节课的学习，教师为确定学习者的学习掌握情况进行课后检测，检测结果既可作为本课时的学习反馈，也可为下一课时的教学提供建议。

案例三：《压强》第三课时《改变压强的方法及其应用》总结性评估

上海市金卫中学　杨红燕

【课后检测】

1. 一块豆腐放在平板上，它对水平板的压强为 p。现将它竖直对半切开并取走半块后，剩下的半块对平板的压强为 p'。甲同学说："半块豆腐对平板的压力较之前少了一半，所以 $p' = \dfrac{1}{2}p$"。乙同学说："半块豆腐的受力面积较之前少了一半，所以 $p' = 2p$。"请你判断一下，他们的说法对吗？

2. 木块对地面的压强是 p，如图四种方式将长方体切去一半，求剩下的对地面的压强。

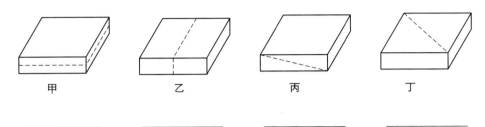

甲　　　　　乙　　　　　丙　　　　　丁

_____　　_____　　_____　　_____

3. 一位九年级的同学站在操场上时对地面的压强大约为 1.2×10^4 Pa。他行走时对地面的压强大约为 _____。九年级有甲、乙、丙三个班，每班人数分别为 38 人、40 人、42 人，以班为单位站在操场上。则：

甲班约为 _____ Pa；乙班约为 _____ Pa；丙班约为 _____ Pa。

4. 质量相同的鸡和鸭同在湿稻田里走动，鸡的脚印比鸭的深，这是因为鸡与鸭相比，鸡脚掌接触地面的面积较 _____，对地面产生的压强较 _____。（均选填"大"或"小"）

5. 坐沙发或软椅比坐硬木椅舒服，其中的重要原因是人坐在沙发或软椅中时，压力 _____，受力面积 _____，压强 _____。（均选填"变大""变小"或"不变"）

6. 如图所示，如果把书从桌子的边缘慢慢向里推，书对桌面的压力 _____，压强 _____，书与桌面间的摩擦力 _____。（均填"变大""变小"或"不变"）

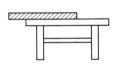

7. 如图所示，一圆柱体金属块放在水平的桌面上，若用电钻在其中间钻透一个圆孔，则此金属块对桌面的压力 _____，压强 _____。（均选填"变大""变小"或"不变"）

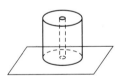

8. 一物体放在水平桌面上，如图所示。

（1）若沿 aa' 线将它切成两块，拿去上面的部分，物体对桌面的压力将 _____，密度将 _____，压强将 _____；

（2）若沿 bb' 线切开，拿去右边部分，则物体对桌面的压力将 _____，密度将 _____，压强将 _____。（均选填"变大""变小"或"不变"）

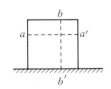

【评估内容】

第（1）题是运用控制变量法对压强公式的辨析。第（2）(3）题是课中练习（3）（4）的知识迁移。第（4）(5）(6）题是本节课中如何改变压强的生活实例应用，需具备一定的生活常识，解释了一些生活中习以为常的现象。第（7）（8）题为下一课时柱体压强推导计算做好知识储备。

【评估结论】

以某教学班完成情况为例，全班共35位学生，结果表示为 $x/35$：

题号	目　　标	素　养	评价水平	评价结果
1	理解压强的概念，记住压强的单位，能用压强概念进行简单计算	物理观念	B	34/35
2		物理观念	B	35/35
3		物理观念	B	35/35
4	知道压强在生产和生活中的应用	科学思维	C	28/35
5		科学思维	C	32/35
6		科学思维	C	25/35
7		科学探究	C	21/35
8		科学探究	C	26/35

根据学生答题情况的分析可知，大部分学生对于基本概念的掌握较为扎实，说明教师落实基本到位；涉及根据信息进行推理的问题，正确率有所下降，说明学生基于证据分析问题的能力有所欠缺，需要在后期的教学过程中引导学生正确思考。

（四）评估科学在实际教学中的三种功能

预评估、形成性评估、总结性评估是按照时间顺序进行的。预评估是对评价对象的学习准备程度做出鉴定，以便采取相应措施使教学计划顺利、有效实施而进行的测定性评价。形成性评估是在教学过程中，为调节和完善教学活动，保证教学目标得以实现而进行的确定学生学习成果的评价。形成性评估的主要目的是改进、完善教学过程。总结性评估是以预先设定的教学目标为基准，对评价对象达成目标的程度即教学效果做出评价，便于反思并建立成长型思维教学的模板，以便丰富教学内容，加快学习内容的进度。

二、编制有效评估工具的策略

（一）梳理评价要素

从学习科学的角度来看，学生学习状况的评价的要素可提炼为：一个目的、两个角度、三个层次和多元形式。

1. 评价的一个目的：评估学生物理学科学习的水平能力，为教学活动设计提供依据；

2. 评价的两个角度：分别从学科知识水平和学习行为表现的角度进行评价；

3. 评价的三个层次：学习起点的评价、学习过程的评价和学习结果的评价；

4. 评价形式的多元：评价的形式包括但不限于笔试试题、调查问卷、行为观察、交流讨论、学生自评与互评等。

（二）设计评价方案

从学习科学的角度，结合物理学科学习的特征，寻找对学生物理学习过程和成果有价值的内容设计评价环节，具体见图 6-1。

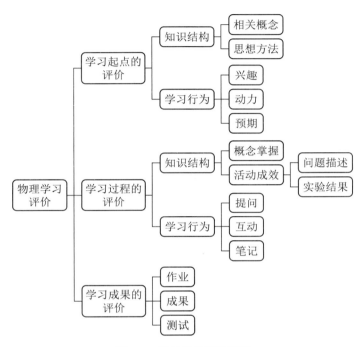

图 6-1 设计评价相关环节

常见的学习评价方式是笔试，其可以在一定程度上检测学生知识概念的掌握程度。然而，学习动机、目的，学习过程的学习行为表现，也能从侧面反映学习的成效，进而促进学习行为的发生，所以我们选择在笔试之外，以问卷、交流、观察等其他方式采集数据，综合评价学生的学习状况。

（三）评价工具设计列举

1.学习起点的评价工具设计

中学物理的核心素养主要由三个方面构成：一为具有描述、解释物质世界的物理概念和规律等基础知识；二是在发现和探索的认知过程中，具有问题解决、科学探究的方法与能力；三是具有探索物质世界的好奇心和求知欲，严谨、认真的科学态度和关注资源、环境的社会责任。

针对这三个方面，我们的评价也相应地分为知识方法评价和兴趣动力评价两个方面。预评估由于发生在课前，因此主要在知识诊断和兴趣动力诊断两个方面进行评估。

（1）知识诊断

知识诊断聚焦学生的认知起点，包含学生前概念的认知、知识结构以及形成前概念的过程。概念认知主要针对在生活中常见、学生已经形成明显前概念的科学概念，通过概念选择题测试，可针对不同知识点、不同学生群体、同一学生群体不同学段来对试题填写答案进行定量分析，从而得出结论（可采用问卷的方式，便于统计）。针对前概念的知识结构，可以以思维导图的形式通过小组讨论的方式展开，通过思维导图分析学生的思维习惯、知识体系。对于知识的形成过程，可以通过个人访谈的形式展开，可针对之前概念问卷的结果设计访谈流程，了解学生前概念中的误区所在。

（2）兴趣动力诊断

兴趣动力诊断聚焦学生在之前的知识体系中，对这一部分知识与科学、社会、环境之间关系的了解与兴趣。有些物理知识如运动学、力学等与生活联系紧密，有些学科如电磁学等在生活中的应用相对较少。兴趣动力的预评估也是激发学生学习兴趣和动力的一个过程，可以通过项目探究的方式展开。以项目作为着眼点，在项目中可设计若干问题作为学生研究的方向，从而帮助学生在这个过程中大胆尝试、质疑，将知识与生活结合起来。

学习起点评估的案例

——以高中物理《电场》章节为例

上海市复兴高级中学　丁　慧

【内容分析】

《电场》一章由电荷间的相互作用、电场的概念、电场的力的性质描述、静电的利用和防范等组成。学习的重点是电场、电场强度。电场概念和电场的性质是今后学习电磁运动的基础。

通过经历点电荷和电场线等物理模型的建立过程，感受以生活经验为基础、由具体到抽象建构理想模型的科学方法；通过类比初中所学"磁感线"建立"电场线"概念，感受类比的研究方法；通过对电场强度概念的学习，进一步认识比值定义物理量的方法；通过对电荷间相互作用的学习，促进相互作用观念的形成；通过关注静电在实际生产生活中的利用和防范，感悟事物的两面性，形成趋利避害的意识。

本章的教学难点一是在于尚未正式学习时对于电场的前概念较少；二是在于知识与生活分割，相对力学、运动学等物理分支，在实际生活中，学生很难找到机会把电磁学知识加以应用，导致知识只能停留在书本和做题上，学生只是把做题的公式记住，对于原理一知半解，导致当题目有变化时就无法应对，甚至本以为理解的知识，在学习了新知识之后，认知发生冲突，加深了矛盾。

针对这两点，学习起点评估首先要理顺《电场》这一章节中涉及的主要知识概念，通过问卷测试及结果分析将主要的错误观念整理，再通过访谈了解之前的知识结构和知识形成过程，最后通过项目激发学生的学习兴趣和动机。

【评估内容】

① 知识维度——前概念

评价形式：问卷调查

前概念知识点	测试结果	错误概念（预测）
导体与绝缘体（考查学生对导体和绝缘体的认识）		"带电"与"导电"概念混淆
电荷（考查学生对电荷产生的认识）		电荷是被创造出来的
电荷间相互作用（考查学生对电场力的作用原理及其特性的认识）		电荷间的作用力是一种"超距"作用
电场（考查学生对场的物质性及基本性质的认识）		"场"是一种想象
电场线与磁感线（考查学生对用场线来形象描绘场的方法的认识）		"场线"是一种真实存在；电场线与磁感线完全相同

② 知识维度——前概念结构

评价形式：针对问卷调查结果，从结构的角度用访谈形式问答。

例：你认为电荷是如何产生的？

你认为电荷与电荷是如何发生力的作用的？

你认为电场真的存在吗？

你认为电荷附近哪里电场强？

你认为电场有方向性吗？

你有什么描述这个电场的好方法吗？

③ 兴趣动力维度——兴趣动机

评价形式：合作完成研究项目。为激发学生学习兴趣，项目应尽量与生活接近；为做好后续学习的铺垫，项目最好能有一定的可持续性，让学生在章节结束后仍可以继续深入研究；为帮助学生完成项目，可在研究过程中通过一些问题给学生搭建台阶，让他们的研究更有方向性。

例：小组合作，收集一些生活中的电现象，制定标准将它们进行分类，选择其中的一个现象进行解释。

问题引导：生活中有哪些常见的电现象？你能将它们分类吗？（可按照静电/电流，利用/危害等方式进行分类）

找出感兴趣的电现象，通过资料查阅找出它涉及的物理原理。

2. 学习过程的评价工具设计

学习过程与教师课堂教学活动设计紧密结合，故学习过程的评价工具往往会与教师教学设计深度融合，甚至作为教学设计的一部分。而评价内容的设计，也须根据课堂教学目标、重点难点相应展开，并且方便即时反馈，让师生共同获得评价结果，以便于调整后续的教（或学），达到学习过程评价的目的。

学习过程不仅限于某一课时，可能延续一个单元或者一长段时间。学习过程的评价工具设计时，需要考虑学习内容与学习时间的延续性，并完成相关配套内容的设计，帮助教师在不同学习进程及时得到反馈。形式也可以多元，以便达到综合评判学生学习状况的目的。

以下为教师针对初中物理"探究平面镜成像特点"设计的学习过程评价工具。

《探究平面镜成像特点》课堂教学活动评价工具表

上海市金卫中学　杨红燕

一、评价目标

1. 知识与技能

学会《探究平面镜成像特点》的实验：

（1）能根据生活经验、自然现象和实验观察，就物体在平面镜中所成像的大小、位置等做出假设；

（2）能依据实验方案选择实验器材；

（3）能辨认物体在平面镜里所成的虚像，确认虚像的位置；

（4）会多次改变物体的位置，并测量像和物体到镜面的距离；

（5）能根据实验现象及数据，分析归纳得出平面镜成像的特点。

2. 过程与方法

通过对平面镜成像特点的探究，感受探究过程的一般方法，即提出问题、做出假设、制订计划、搜集证据、解释问题等方法。

3. 情感、态度与价值观

通过该实验的探究过程，初步养成严谨、求真的科学态度和踏实认真的学习习惯。

二、评价活动

"探究平面镜成像特点"实验探究过程：

提出问题：平面镜所成的像有什么特点？

做出假设：猜想平面镜所成像可能与物体大小、镜面距离有关。

制订计划：选择实验器材并设计实验方案。（如何找到平面镜所成的像？如何减少前后镜面两个虚像的干扰？如何比较像和物的大小？如何标记所成像的位置？）

搜集证据：实验操作应注意哪些？如何才能得到普遍规律？多次实验需要改变哪些因素？

解释问题：平面镜成像的原理是什么？为什么人在镜前看到自己的像是远小近大？

三、评价工具

评价维度	评分标准	分值	得分
学习态度	积极主动参与	4分	
任务表现	猜测平面镜所成像的特点	2分	
	选择合适的实验器材	2分	
	点燃的蜡烛、玻璃板、未点燃的蜡烛分别竖直放置在铺有白纸的桌面上	2分	
	在镜前不同位置观察镜中的像，并不断微调镜后未点燃的蜡烛，直到看起来都好像点燃似的	2分	
	改变点燃蜡烛的位置，并多次实验	2分	
	换用不同高度的蜡烛再进行多次实验	2分	
	根据实验现象及数据，得出平面镜成像的特点	2分	
	实验误差分析	2分	
知识诊断	课堂检测	30分	
	课后检测	40分	
	周末制作：魔镜盒	10分	

课堂检测

1. 在"探究平面镜成像特点"的实验中：

（1）在桌面上竖直放置一块 ＿＿＿＿＿＿＿＿ 当作平面镜。

（2）在玻璃板前面放一支 ＿＿＿＿＿＿＿＿ 的蜡烛。

（3）在玻璃板后放一支同样的 ＿＿＿＿＿＿＿ 的蜡烛，移动该蜡烛，直到从玻璃板前看，它好像是 ＿＿＿＿＿＿，即让它恰好与前面的蜡烛所成的像在 ＿＿＿＿＿＿ 上。

（4）用 ＿＿＿＿量出两支蜡烛到玻璃板的距离，它们到玻璃板的距离大小 ＿＿＿＿＿＿，它们的连线跟玻璃板 ＿＿＿＿＿＿。

（5）观察到玻璃板里蜡烛的像与蜡烛的大小 ＿＿＿＿＿＿＿。（探究过程）

2. 平面镜成像的特点：＿＿＿＿＿＿＿＿＿＿＿＿＿＿＿＿＿＿＿＿＿＿＿

＿＿＿＿＿＿＿＿＿＿＿＿＿＿＿＿＿＿＿＿＿。（实验结论）

3. 物体在平面镜中的像的大小，取决于（　　　）。

A. 物体到平面镜的距离　　　　　　　　B. 像到平面镜的距离

C. 平面镜的大小　　　　　　　　　　　D. 物体的大小

4. 检测视力时，眼睛与视力表的距离应保持5m远，若人通过平面镜观察视力表，当视力表与平面镜相距3m时，则人与平面镜的距离应为（　　　）。

A. 1 m　　　　　　B. 2 m　　　　　　C. 3 m　　　　　　D. 4 m

课后检测

1. 在"探究平面镜成像特点"实验时：

（1）为了使实验所成的像看起来更清晰，最好在＿＿＿＿＿＿＿（选填"较亮"或"较暗"）的环境中进行。

（2）探究时用＿＿＿＿＿＿＿作为平面镜，是为了＿＿＿＿＿＿＿；实验时应选用＿＿＿＿＿＿＿（选填"厚"或"薄"）的玻璃板，并从＿＿＿＿＿＿＿位置（选填"A""B"或"C"）观察像的情况。

（3）移去玻璃板后未点燃的蜡烛，在玻璃板前A处＿＿＿＿＿＿＿（选填"能"或"不能"）看到点燃蜡烛的像。

（4）在玻璃板后面＿＿＿＿＿＿＿的位置上放一个光屏，并在＿＿＿＿＿＿＿位置观察光屏（均选填"A""B"或"C"），光屏上＿＿＿＿＿＿＿像（选填"有"或"没有"），说明平面镜所成的是＿＿＿＿＿＿＿像。（探究过程）

2. 平静的水面能够清晰地映出岸上的景物，通常叫"倒影"，它是景物的光（　　　）。

A. 经反射面反射直接会聚而成

B. 进入水中会聚而成

C. 经水面反射，反射光的反向延长线会聚而成

D. 进入水中的光的反向延长线会聚而成

3. 平面镜成像是由于光的＿＿＿＿＿＿＿而形成，物体在平面镜中所成的像是＿＿＿＿＿＿＿。若小明同学身高1.7 m，他站在大衣柜的穿衣镜前1.5 m，他在镜中的像高＿＿＿＿＿＿＿m；像与他相距＿＿＿＿＿＿＿m；若他逐渐远离穿衣镜，那么镜中的像大小将＿＿＿＿＿＿＿。（选填"变大""变小""不变"）

周末制作

（1）万花筒　　　　　（2）潜望镜　　　　　（3）魔盒

过程性评价工具实施时，应注意以下几个原则：

（1）空间邻近原则：在教学评价的实施中，使用图示与相应的文字说明相邻呈现，如课堂检测 4 和课后检测 1。

（2）切块呈现原则：在选择实验器材并设计实验方案中设计坡度：如何找到平面镜所成的像？→看得到却无法和物体作比较→找一个与物体 A 相同的 B 物体去和像比较→在镜后看不到 B 物体是否与像重合→用玻璃板代替平面镜。

（3）多媒体原则：解释平面镜成像原理时，借助多媒体动画解释，可以促成学生的生成认知加工。

（4）即时反馈原则：学生在实验操作过程中，教师课堂巡视，可对学生的正确操作予以肯定，对其不当操作及时纠正，作出合理的评价和解释。

3. 总结性评价工具设计

总结性评价是在一个阶段的学习（可以是一个完成的课程、项目或者一个单元）完成后，对学习者知识掌握程度进行的测量。总结性评价常见的形式就是一次考试，也可以通过活动形式开展。总结性评价也可以为教师下次教学提供改进的建议。有效的总结性评价工具，包含以下四个方面的特点：

（1）效度：出于恰当的目的合理解释和使用评价结果；

（2）信度：多次评价结果的一致性；

（3）客观性：不同评价教师都以同样的方法和标准进行评价；

（4）参照性：评价结果便于做出解释。

要比较客观地进行评价，首先需要对学习内容划分知识水平。根据《物理新课标》，高中物理课程旨在落实立德树人根本任务，进一步提升学生的物理学科核心素养。因此，学习内容可以从概念规律和实验技能、过程与方法、情感、态度与价值观三个维度划分学习水平。其中对"概念规律"维度的学习水平分为 A、B、C、D 四个等级，对"实验技能"中学生的实验水平划分为 A、B、C 三个等级，而"过程与方法"和"情感、态度与价值观"的目标达成，是一个长期的综合积累的过程，应该融合在"知识与技能"的学习中，对这两个维度的学习水平不划分等级，只用行为动词区分层次。

表 6-2 为学科核心素养对应的知识水平，作为设计总结性评价工具的重要依据。

表 6-2　学科核心素养对应的知识水平

学科核心素养		学习水平	含　　义
物理观念	（包括概念规律等）	知道（A）	识别和记忆学习内容，是对知识的初步认识
		理解（B）	初步把握学习内容的由来、意义和主要特征，是对知识的一般认识
		掌握（C）	以某一学习为重点，联系其他相关内容，解决简单的相关内容，是对知识较深入的认识
		综合（D）	以某一学习内容为重点，整合其他相关内容，解决物理问题，是对知识较系统的认识
科学思维		感受	感受和接受相关过程中的方法
		认识	识别和区分相关过程中的方法
		运用	经历相关过程，恰当使用相关方法，体现能力
科学探究	（包括实验技能等）	初步学会（A）	根据实验目的，按照具体的实验步骤正确使用给定的器材，完成实验任务
		学会（B）	根据实验目的，参照简要的实验步骤，合理选择实验器材，独立完成实验任务，正确处理实验数据
		设计（C）	根据学习的需要，确定实验目的，设计实验方法，选择或制作简易的实验器材，独立完成实验任务，根据实验结果分析误差原因
科学态度与责任		体会	萌发和领会相应的情感、态度与责任
		感悟	感知和领悟相应的情感、态度与责任
		养成	树立和具有相应的情感、态度与责任

以下为教师针对《电场》单元学习设计的单元评价工具。

《电场》单元总结性评价

上海市复兴高级中学　丁慧

单元教学目标

《电场》是高二第一学期的第八章。本单元基础型课程的内容由电荷间的相互作用、电场的概念、电场力的性质描述、静电的利用和防范等内容组成；拓展型课程的内容由真空中的库仑定律、电场的能的性质描述、电场力做功与电势差的关系等内容组成。电场概念、电场的力的性质和能的性质，是今后学习电磁运动的基础。

在本单元学习中，要经历点电荷和电场线等物理模型的建立过程，感受以生活经验为基础，由具体到抽象建构理想模型的科学方法；要类比初中所学"磁感线"建立"电场线"概念，感受类比的研究方法；要在学习电场强度的概念时，认识比值定义物理量的方法；要关注静电在实际生产生活中的利用和防范的具体应用，感悟事物的两面性，学会较为全面地看待问题。本单元教学目标整理如下：

学习内容	学习水平	教学目标
1. 电荷量及元电荷	A（知道）	① 知道电荷量的概念 ② 知道元电荷的概念，知道最小电荷量 ③ 知道静电现象和摩擦起电的原因
2. 电荷间的相互作用	B（理解）	① 知道静电力的概念 ② 知道点电荷的概念 ③ 知道电荷间的相互作用力与电荷间的距离、电荷量之间的定性关系 ④ 能解释实际情境中的电荷的相互作用的实例
3. 真空中的库仑定律	C（掌握）	① 知道库仑扭秤实验 ② 知道真空中库仑定律的公式 ③ 知道静电力常量的大小和单位 ④ 能用库仑定律计算真空中两个静止点电荷间的作用力大小 ⑤ 能联系力学的相关知识，解决简单的实际问题
4. 电场	A（知道）	① 知道电场的概念 ② 知道电场对放入其中的电荷有力的作用 ③ 知道电荷间的相互作用是通过电场发生的
5. 电场强度电场线	B（理解）	① 知道电场强度的概念 ② 知道电场强度是描述电场力的性质的物理量 ③ 能用电场强度的定义式定量描述电场中某点的强弱 ④ 知道电场线的概念 ⑤ 知道单个点电荷或两个等量点电荷周围的电场线分布 ⑥ 能根据电场线比较或者判断电场强度的大小和方向
6. 匀强电场	B（理解）	① 知道匀强电场的概念 ② 能根据电场线比较或判断电场强度的大小和方向
7. 电势能	B（理解）	① 知道电势能的概念 ② 理解电场力做功与电势能变化之间的关系
8. 电势电势差	B（理解）	① 知道电势的概念 ② 知道电势是描述电场的能的性质的物理量 ③ 理解电势的定义式 ④ 理解电势与电势能之间的关系 ⑤ 知道电势差的概念 ⑥ 理解电势与电势差的联系和区别
9. 电场力做功与电势差的关系	B（理解）	① 知道电场力做功的特点 ② 知道等势面的概念 ③ 知道在等势面上移动电荷时，电场力不做功 ④ 理解匀强电场、点电荷电场的等势面分布特点 ⑤ 能用电场力做功与电势差的关系判断电势的高低，分析电势的变化
10. 用 DIS 描绘电场的等势线	B（理解）	① 知道实验原理 ② 知道电极 A、B 模拟的是两个等量异种点电荷电场，感受模拟的实验方法 ③ 能参照实验步骤完成相关操作 ④ 会根据实验探测出的等势点描绘电场的等势线分布
11. 静电的利用和防范	A（知道）	① 知道生产、生活实践中的静电现象 ② 知道静电的利用和防范的具体措施和事例

评估工具（测验）编制

教师在编写单元测试时，不仅要有保持测验题目（测验目标主要是记忆），也要有迁移测验题目（测验目标是理解）。迁移测验题目检测的是学生对知识的有意义的学习，但对学生的能力要求较高。考虑到单元测试作为阶段测试，除了有诊断的功能，还有帮助学生认识自我学习水平、调整学习方法的激励作用，因此测试中应该有保持测验题目。基于以上原则，结合《电场》的学习水平，单元测验题目如下：

测　验　题　目	学习内容	学习水平	测试属性
一、单选题（共40分，第1—8小题，每小题3分；第9—12小题，每小题4分）			
1. 以下措施属于静电防范的是（　　）。 A. 使用复印机　　　　　　　　B. 使用电蚊拍 C. 静电喷涂　　　　　　　　　D. 使用避雷针	11.②	A	保持
2. 下列关于电场线的说法中，正确的是（　　）。 A. 电场线是用来形象描述电场这种看不见的物质而假想出来的曲线 B. 电场线的粗细反映电场的强弱 C. 两条电场线可以相交 D. 直线电场线描述的一定是匀强电场	5.④	A	保持
3. 关于场强和电势的关系，正确的是（　　）。 A. 场强为零处电势也为零　　　　B. 场强大处电势也高 C. 沿电场线的方向电势降低　　　　D. 电势降低的方向必沿电场线	5.② 8.③ 9.⑤	B	保持
4. 下图所示的各电场中，A、B 两点场强相同的是（ 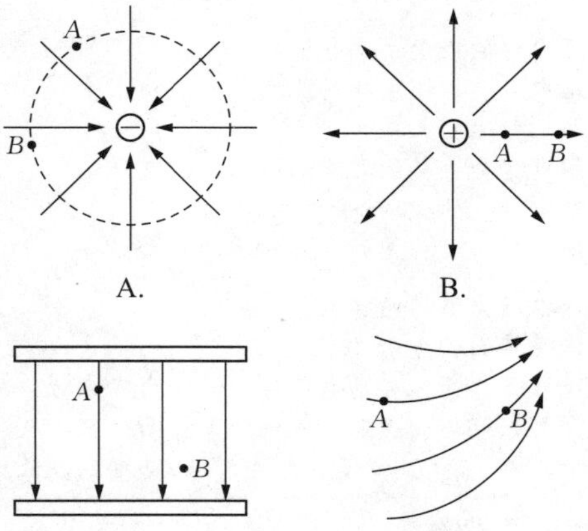　　）。 	5.⑥	B	保持
5. 保护知识产权、抵制盗版是我们每个公民的责任与义务，盗版书籍影响我们的学习效率甚至给我们的学习带来隐患。小华有一次不小心购买了盗版的物理参考书，做练习时，他发现有一个关键数字（$6.\square \times 10^{-19}$ C）看不清，拿来问老师，如果你是老师，你认为可能是下列几个数字中的（　　）。 A. 6.2×10^{-19} C　　　　　　　B. 6.4×10^{-19} C C. 6.6×10^{-19} C　　　　　　　D. 6.8×10^{-19} C	1.②	A	迁移

测　验　题　目	学习内容	学习水平	测试属性
6. 相距 L 的点电荷 A、B，带电量分别为 $+4Q$ 和 $-Q$。若在 A、B 连线上引入第三个点电荷 C，为了使三个点电荷都仅受库仑力而处于平衡状态，则（　　）。 A. 点电荷 C 为正电荷　　　　　B. 点电荷 C 为负电荷 C. 电荷 C 的位置为 A、B 之间　　　D. 电荷 C 的位置为 A 外侧	2.③④	B	迁移
7. 图上实线为电场线，虚线为等势面，a、b 两点的电势分别为 $U_a=50$ V、$U_b=20$ V，则 a、b 连线中点 c 的电势 U_c 可能为（ 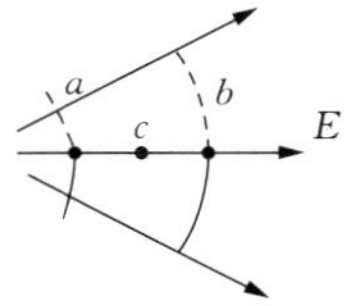　　）。 A. 35 V　　　　　　　B. 40 V C. 25 V　　　　　　　D. 10 V	8.⑥	B	迁移
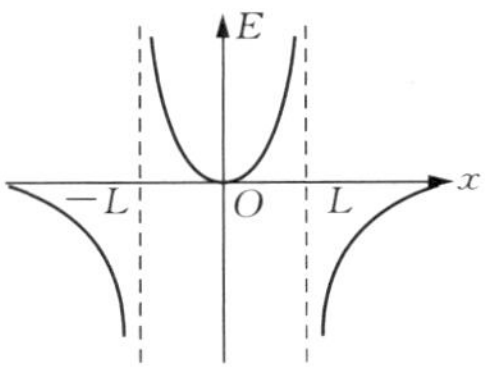 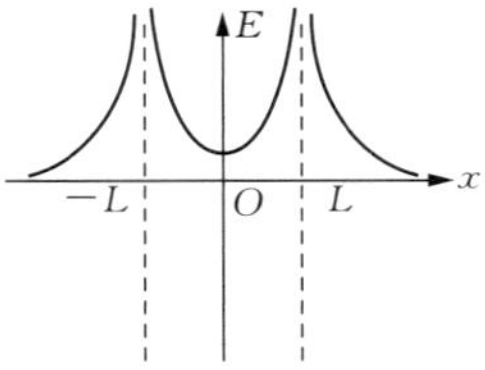 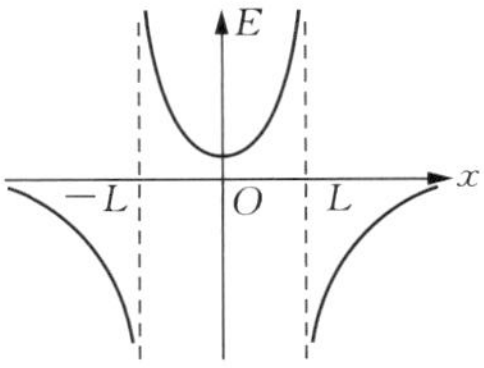 8. 在 x 轴上的 $-L$ 和 L 点分别固定了 A、B 两个点电荷，A 的电荷量为 $+Q$，B 的电荷量为 $-Q$，如图所示，设沿 x 轴正方向为电场强度的正方向，则整个 x 轴上的电场强度 E 随 x 变化的图像正确的是（ 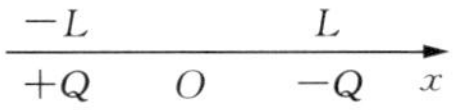　　）。 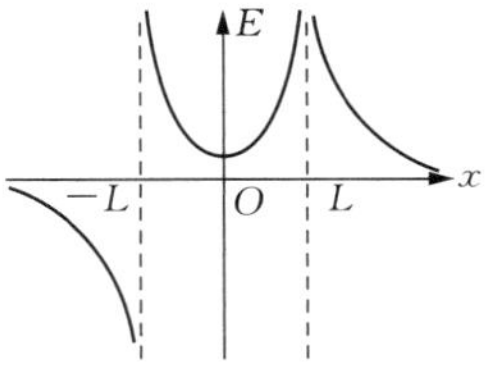	5.⑤	B	迁移
9. 一带电粒子仅在电场力作用下以初速度 v_0 向右做直线运动，其 v–t 图像如图所示，则（ 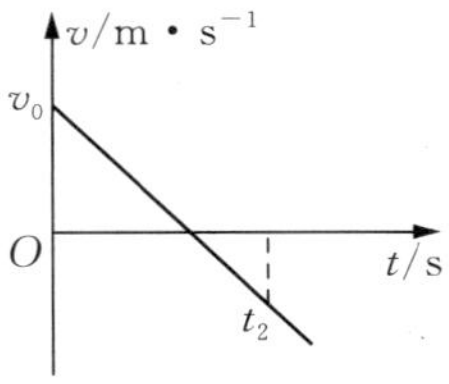　　）。 A. t_1 时刻前后电场力方向相反 B. $0 \sim t_2$ 时间内电场力先减小后增大 C. $0 \sim t_2$ 时间内粒子速度一直减小 D. $0 \sim t_2$ 时间内粒子速度改变量的方向向左	4.②	B	迁移
10. 如图所示，虚线是用实验方法描绘出的某一静电场中的一簇等势线。若不计重力的带电粒子从 a 点射入电场后恰能沿图中的实线运动到 b 点，则下述判断正确的是（ 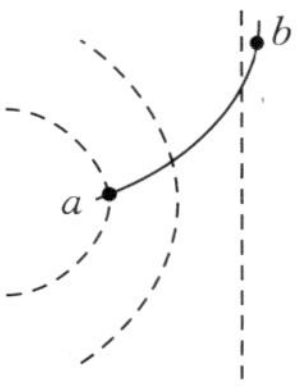　　）。 A. 带电粒子在 b 点的速率一定小于在 a 点的速率 B. 带电粒子一定带正电 C. b 点的电势一定高于 a 点的电势 D. b 点的电场强度一定大于 a 点的电场强度	9.②⑤	B	迁移

测　验　题　目	学习内容	学习水平	测试属性
11. 如图所示，将两个质量均为 m，带电量分别为 $+q$、$-q$ 的小球 a、b 用绝缘细线悬挂于 O 点，置于水平方向的匀强电场中，用力 F 拉小球 a，使整个装置处于平衡状态，且悬线 Oa 与竖直方向的夹角为 $30°$。则 F 的大小可能为（　　）。 A. mg　　　　　　　B. $\frac{1}{2}mg$ C. $\frac{\sqrt{3}}{3}mg$　　　　　D. $\frac{\sqrt{3}}{2}mg$ 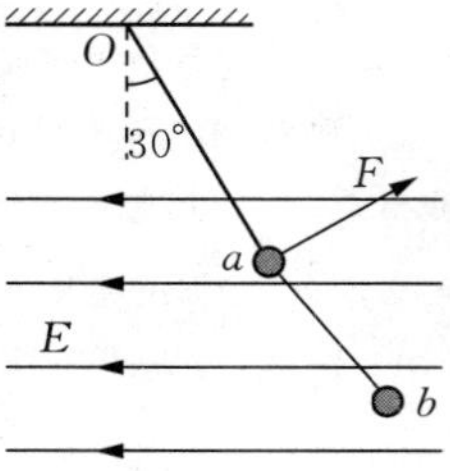	6.①	B	迁移
12. 空间有一沿 x 轴方向电场，x 轴上各点电势 φ 随 x 变化的关系如图所示，则（　　）。 A. 该电场可能是单个点电荷所形成的电场 B. $x_2 \sim x_3$ 区间内，场强沿 x 轴负方向 C. $0 \sim x_2$ 区间内，沿 x 轴正方向电势先降低后升高 D. 将电子沿 x 轴从 x_1 移到 x_3 处，其电势能先减小后增大 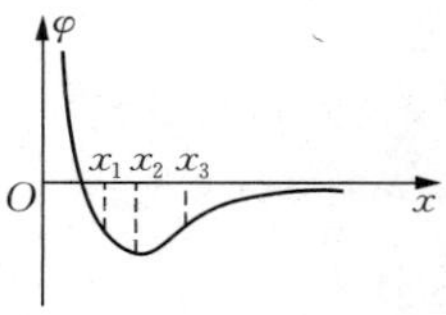	5.⑤ 8.④ 9.⑤	B	迁移
二、填空题（共 20 分，每空 2 分）			
13. 电场是电荷周围空间存在的一种 _____。电场的基本性质是对放入其中的电荷有 _____。	4.①②	A	保持
14. 如图所示，a 点固定一带正电的点电荷，在其右侧 b 点放一带负电、电荷量 q 为 2.0×10^{-8} C 的检验电荷，若检验电荷所受电场力的大小为 2.0×10^{-6} N，则 b 点处场强的大小为 _____N/C，方向为 _____（选填"向右"或"向左"）。 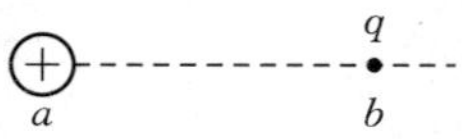	5.①③	B	保持
15. 如图所示，把电量为 -5×10^{-9} C 的电荷，从电场中的 A 点移到 B 点，其电势能 _____（选填"增大""减小"或"不变"）；若 A 点的电势 $U_A = 15$ V，B 点的电势 $U_B = 10$ V，则此过程中电场力做的功为 _____ J。 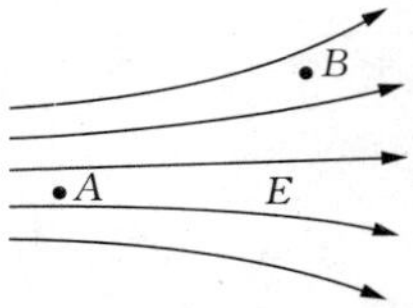	7.② 8.⑤	B	保持
16. 如图所示为点电荷 Q 产生的电场，图中虚线为等势线。若将两个带正电的检验电荷 q_1、q_2 分别从 A、B 两点移动到无穷远的过程中，外力克服电场力做的功均为 $W = 6 \times 10^{-6}$ J，已知 $q_1 = 2 \times 10^{-6}$ C，取无限远处的电势为零，则 A 点电势 $\varphi_A = $ _____ V，q_2 的电荷量 _____（选填"等于""小于"或"大于"）q_1 的电荷量。 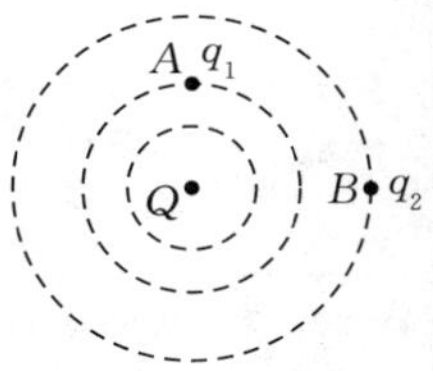	8.⑤	B	迁移
17. 如图所示，在竖直平面内有一匀强电场，一带电量为 $+q$、质量为 m 的小球在力 F 的作用下沿图中虚线由 A 至 B 做竖直向上的匀速运动。已知力 F 和 AB 间夹角为 θ（$\theta < 45°$），AB 间距离为 d，重力加速度为 g。则电场强度 E 的最小值为 _____。若电场强度 $E = mg\tan\theta/q$ 时，小球从 A 运动到 B 电势能变化量为 _____。	6.② 7.②	B	迁移

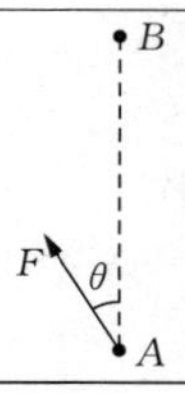

续表

测　验　题　目	学习内容	学习水平	测试属性
三、综合题（共40分）			
18. 用 DIS 描绘电场等势线的实验中： （1）将导电纸、复写纸和白纸在平整的木板上依次铺放好，铺在最上面的是_____纸。其中导电纸有导电物质的一面朝_____（选填"上""下"）。本实验中使用的传感器是_____传感器。 （2）如图所示，将两个圆柱形电极 A 与 B 分别与直流电源的两极相连，在两个电极的连线上选取间距大致相等的 a、b、c、d、e 五个基准点，这五个点中电势最高的点是_____点。 （3）若传感器的两个接线柱分别接触图中 d、f 两点（f、d 连线和 A、B 连线垂直）时，传感器示数大于零，则传感器的"+"接线柱接在_____点，要使传感器示数为零，应将接 f 的探针_____（选填"向左"或"向右"）移动。	10.①②③④ 9.④	B	迁移
19. 真空中两个静止点电荷相距 10 cm。它们之间相互作用力大小为 9×10^{-4} N。当它们合在一起时，成为一个带电量为 3×10^{-8} C 的点电荷。问原来两电荷的带电量各为多少？某同学求解如下： 根据电荷守恒定律：$q_1 + q_2 = 3 \times 10^{-8}$ C$= a$　① 根据库仑定律： $q_1 q_2 = \dfrac{r^2}{k} F = \dfrac{(10 \times 10^{-2})^2}{9 \times 10^9} \times 9 \times 10^{-4}$ C$^2 = 1 \times 10^{-15}$ C$^2 = b$ 将 $q_2 = b/q_1$ 代入①式得：$q_1^2 - a q_1 + b = 0$ 解得 $q_1 = \dfrac{1}{2}(a \pm \sqrt{a^2 - 4b}) = \dfrac{1}{2}(3 \times 10^{-3} \pm \sqrt{9 \times 10^{-16} - 4 \times 10^{-15}})$ C 根号中的数值小于0，经检查，运算无误。试指出求解过程中的问题并给出正确的解答。	3.②④⑤	C	迁移
20. 如图所示，绝缘平板 S 放在水平地面上，S 与水平面间的动摩擦因数 $\mu = 0.4$。两足够大的平行金属板 P、Q 通过绝缘撑架相连，Q 板固定在平板 S 上，P、Q 间存在竖直向上的匀强电场，整个装置总质量 $M = 0.48$ kg，P、Q 间距为 $d = 1$ m，P 板的中央有一小孔。现给装置一个向右的初速度 $v_1 = 5$ m/s，装置向右运动，同时，一质量 $m = 0.04$ kg、电量 $q = 1 \times 10^{-4}$ C 的小球，从离 P 板高 $h = 1.25$ m 处静止下落，恰好能进入孔内。小球进入电场后，恰能运动到 Q 板且不与 Q 板接触。假设小球进入电场后，装置始终保持初始的运动方向，不计空气阻力，g 取 10 m/s^2。求： （1）小球刚释放时，小球与小孔的水平距离 x； （2）匀强电场的场强大小 E； （3）小球从 P 板到 Q 板的下落过程中，总势能的变化量。	6.① 7.②	B	迁移

说明：本测试满分 100 分，完成时间 60 分钟。

【参考答案及评分标准】

一、单选题（共 40 分，第 1～8 小题，每小题 3 分；第 9～12 小题，每小题 4 分）

1. D　　2. A　　3. C　　4. C　　5. B　　6. A　　7. C　　8. C　　9. D　　10. A

11. A　　12. B

二、填空题（共 20 分，每空 2 分）

13. 物质，力的作用　　14. 100，向右　　15. 增大，-2.5×10^{-8}

16. -3，大于　　17. $\dfrac{mg\sin\theta}{q}$，$2mgd\sin^2\theta$ 或 0

三、综合题（18 题 15 分，19 题 9 分，20 题 16 分）

18.（1）导电纸，上，电压（每空 2 分，共 6 分）

（2）a　　（3）f，向右（每空 3 分，共 9 分）

19. 题中仅给出相互作用力的大小，两点电荷可能异号，按电荷异号计算。　　　　　（3 分）

由 $q_1 - q_2 = 3 \times 10^{-8}$ C $= a$，$q_1 q_2 = 1 \times 10^{-15}$ C$^2 = b$　　　　　（2 分）

得 $q_1^2 - aq_1 - b = 0$　　①　　　　　（2 分）

由此解得 $q_1 = 5 \times 10^{-8}$ C　　②　　　　　（1 分）

$q_2 = 2 \times 10^8$ C　　③　　　　　（1 分）

20. 解析：（1）小球自由下落进入小孔用时 $t_1 = \sqrt{\dfrac{2h}{g}} = \sqrt{\dfrac{2 \times 1.25}{10}} = 0.5$ s　　（2 分）

这段时间内装置在做匀减速运动，其加速度 $a_1 = \mu g = 4$ m/s^2　　（2 分）

小球与小孔的水平距离为 $x = v_t t_1 + \dfrac{1}{2} a_1 t_1^2 = 5 \times 0.5 + \dfrac{1}{2} \times 4 \times 0.5^2 = 3$ m　　（2 分）

（2）小球下落到 Q 板时速度为零，从最高点到最低点：$\Delta E_k = W_G + W_电$　　（2 分）

$mg(h+d) - Eqd = 0$　　（2 分）

$E = \dfrac{mg(h+d)}{qd} = 9 \times 10^3$ N/C　　（2 分）

（3）总势能变化量：$\Delta E_势 = \Delta E_p + \Delta E_电 = -mgd + Eqd = 0.5$ J

（公式 2 分，结论 2 分）

评价的多元化

评价的多元化也是制定评价工具时需要教师考虑的一点。单元测试虽然属于标准化测试，但也不可以忽略它的激励和反思作用。因此，评价的服务对象不仅包括教师，也应该包括学生本人。为了帮助学生更好地了解自己的学习水平，强化薄弱环节，及时调整学习方法，在单元测试后也可以制定一张"评价单"。同时，也可以帮助教师在下一次教授同样的知识点时，了解学生理解的难点，思考并改进教学方式。

【单元测试后评价单】

评　价　内　容
1. 对于《电场》的单元测试卷，答题时有哪些题的答案不太确定？
2. 这些题目分别对应哪些知识点？
3. 这章涉及哪些物理思想和研究方法？
4. 教师讲评完测试卷后，本章知识点是否还有不理解的地方？如有，是什么原因？
5. 本章知识学习得扎实/薄弱的原因是什么？

第四节　基于学习科学的中学物理教学评价实践成效

基于学习科学的中学物理教学评价，可以帮助教师确定学生学会了什么，哪些方式更有助于学生学习相关内容，以及学生当前阶段的水平是否足够进入下一阶段的学习。从教师的角度来看，定期评价学生的学习状况，有助于及时反馈调整后续方案；对学生而言，从教师评价活动中获得积极有意义的反馈，对学生的学习心理和动机都有一定的促进作用。

一、教学评价的反馈调节功能

教学评价可以帮助教师或者学习者了解学习的效果。课前的预评估能帮助教师了解学生的认知结构，便于教师能够基于学生的学情设计教学活动，提高课堂效率；课堂上教师通过设计教学活动，观察并记录学习者的反应，了解教学目标是否达成；课后的作业、阶段性测验等不仅能够反馈教师教学效果，同时也让学习者知晓学习情况，起到反思、激励的作用。虽然对于同一教学内容，下一次课堂的学习对象不再是同一批学生，但是过程性评价的反馈仍然能够启示教师学时、教学环节等安排得是否合理，帮助教师修改、完善教学设计，体现了教学评价的调节功能。

（一）预评估的反馈调节功能

高中教材教学容量大，课时紧凑。对于学生在初中课本上学习过的知识点，高中教师往往就以学生已经学过为由，将一课时的容量缩短成了半节课，提高所谓的课堂效率。但是这样处理的前提应该基于学生已有的认知水平，教师必须在课前借助预评估，确认哪些知识点是学生的知识盲区，哪些知识点是学生已经掌握的，再删繁就简，提高课堂效率。

以《牛顿第一定律》为例，该课时是初中和高中课本都有的知识点，教师往往将一节课的内容压缩成半节课时完成。然而在之后学习牛顿第二定律时，笔者发现每次都会有学生对物块冲上斜面的模型提出疑问：物块受到斜面向上的外力吗？显然，这部分学生走入了"运动需要力来维持"的误区。高中课堂走马观花式的讲解并没有形成有意义的学习，也没有转变学生的前科学概念。

案例四：预评价案例及分析

——以《牛顿第一定律》教学为例

上海市复兴高级中学　龚嘉琦

课程开始前，设计下列问题以了解学生对"力和运动"的初步认识：

（1）下列说法中正确的有（　　　）。

A. 重力就是地球对物体的引力

B. 文具盒对水平桌面的压力就是其受到的重力

C. 静止的电灯对竖直悬绳的拉力大小和方向与电灯的重力方向和大小相同

D. 不计空气阻力，射出炮筒的炮弹受到重力和前冲力的作用

（2）一个重球系在绳子的一端在水平面内做圆周运动，如图所示。在图中所示的位置绳子突然断掉，从正上方看球的运动路线为（　　　）。

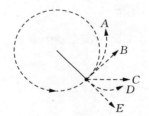

（3）小球受到冲撞后的运动路线为（　　　）。

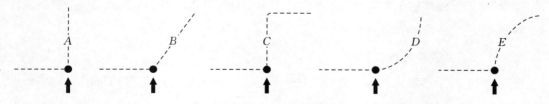

（4）沿着你选定的光滑路线，小球的速度在受到冲撞作用后的时间内将如何改变？（　　　）

A. 不变化

B. 持续增加

C. 持续减小

D. 增大一段时间，然后减小

E. 保持一段时间，然后减小

四道题着重考查牛顿第一定律。除了第一题与静力学的知识结合，D选项较常规外，其他的预评估问题考查的都是学生不太熟悉的情境。因此，相比第一题正确率超过60%，其他问题的正确率不超过40%。预评估的结果显示学生对于牛顿第一定律的理解还不到位，相当一部分学生仍然留有"运动需要力维持"的前概念。这就说明高中教材将《牛顿第一定律》设计为一课时的必要性，教师需要根据学生的认知发展规律精心设计教学活动，达成教学目标。

【教学设计第一稿】

1.教学流程图（见图6-2）

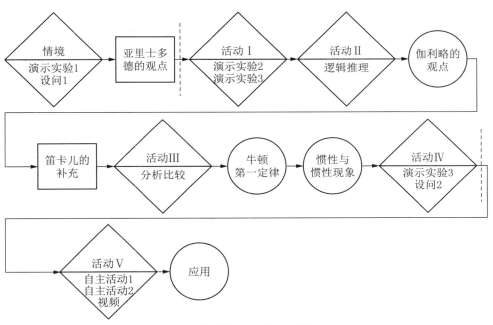

图6-2　《牛顿第一定律》教学流程图1

2.教学流程说明

情境　演示实验1和设问1

演示实验1：观察木板上纸杯弹射后滑行的距离，与施加"魔法"后纸杯弹射滑行的距离做比较。

设问1：摩擦力的存在阻碍了纸杯的运动，现在再来弹一次，纸杯滑行的距离变远了，大胆猜想一下，是什么原因呢？

从学生的回答中提炼关键词"力"和"运动"，引出主题。

活动Ⅰ　演示实验2和演示实验3

演示实验2：揭秘纸杯里的秘密，底部有一个小孔，旋转气球能从底部放出气体；与学生讨论纸杯能运动得更远的原因。

演示实验3：用水平气垫导轨和 DIS 实验系统光电门传感器测量瞬时速度，总结：没有摩擦力时，物体将一直运动下去且速度大小不变。

活动Ⅱ　逻辑推理

介绍伽利略根据理想斜面实验，得出"维持物体运动不需要力"的结论。

活动Ⅲ　分析比较

比较伽利略的结论、笛卡儿的提炼与牛顿第一定律的区别。

通过比较可以看出，牛顿第一定律的表述概括了前人的研究，进一步提炼形成了规律，揭示牛顿第一定律的意义。

活动Ⅳ　演示实验 4 和设问 2

演示实验4：吹乒乓球游戏（运动的物体具有惯性）。

设问2：摩托车为什么能穿越黄河？温度计外壳随手停止运动时，水银为什么能甩到低端？草为什么能割下来？塑料袋迅速向下运动时为什么能撑开？

通过上述事例说明固体、液体、气体都具有惯性，强调无论哪种物态都有惯性。

活动Ⅴ　自主活动 1、自主活动 2 和视频

自主活动1：抽走垫在铁芯和竖在桌面上的粉笔下的纸，铁芯晃而不倒，粉笔却很容易随纸条移动，加深惯性的理解。

自主活动2：撕纸游戏。下部分已截成三段的纸撕开只能分成两段，引导学生思考惯性的大小与哪些因素有关，为本节课留下悬念。

视频：10 m×10 m 抽桌布实验。给学生带来震撼，加深对惯性现象的理解。

【教学效果】

教学设计从精巧的小实验入手，希望借助实验吸引学生学习的注意力。通过伽利略实验的再现，介绍科学研究方法；再通过小游戏，增强学生的直观体验，由生生讨论、师生互动，加深对牛顿第一定律的理解。初步看来，教学活动丰富多彩，能调动学生的积极性；但在实施过程中，课程伊始就不太顺利。在讨论如何让纸杯运动更远的环节，叫了几位学生都没能回答出正确答案，教师只能自问自答，最终导致部分教学环节没能达成。借助《应用学习科学》的教学设计原则，重新将教学设计环节进行了调整。

【教学设计第二稿】

1.教学流程图（见图 6-3）

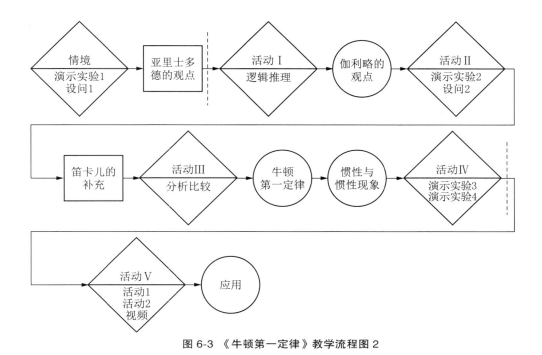

图 6-3 《牛顿第一定律》教学流程图 2

2. 教学流程说明

与第一稿相比，调换了活动 I 与活动 II 的顺序，先向学生介绍了伽利略的斜面理想实验，接着借助现代 DIS 系统验证了伽利略逻辑推理的正确性。通过实验验证的过程，学生明白了可以用气垫导轨减少接触面的摩擦力，物体能够运动得更远，那么再和学生讨论纸杯的秘密，就水到渠成了。经过这一小小的调整，这节课的教学任务圆满地完成了。

【反思】

预评估的结果反映了学生的认知水平，教师可以有的放矢地安排学时、设计有针对性的教学活动，达成教学标准，而非想当然地缩减课时，追求表面的课堂效率。第一稿的教学设计内容丰富，实验有趣，但是仍然需要基于学生的知识储备情况设计教学活动，这样学生就能在教师的引导下，选择、组织和整合新信息，产生有意义的学习。

在教师揭秘了纸杯的结构后，学生仍然分析不出纸杯运动更远的原因，是因为学生在之前的学习生活中从未接触过与气垫导轨类似结构的仪器，原有的知识中缺少如何减少接触面的摩擦力的相关方法。教师预估不足，导致课程进展不顺，影响了后续的教学活动。

《应用学习科学》在开展练习的实证教学原则中明确了教师指导发现的重要性，即：如果学习者在完成任务时得到示范、辅导和提供支架等帮助，而非单纯的发现，那么其学习效果更佳。纸杯中气球从光盘的圆孔中放气，托起纸杯，减小摩擦力的方法与气垫导轨减小接触面间摩擦力的方法相似，因此，将气垫导轨和 DIS 实验系统验证伽利略理论的正确性前置到揭秘纸杯运动之前，能给学生的揭秘活动提供支架，使学生体验学以致用的快乐。

教学设计最后丰富的学生体验以及问题讨论也是不可或缺的。基于实证依据的生成学习原则肯定了学习者自我解释的作用，能生成认知加工，即：当学习者对上课内容进行自我解释时，学习效果更佳。"运动需要力维持"是学生根据生活的经验得出的前科学概念，要想将其转化为科学概念，需要学生能够在不同情境下运用所学自我解释；不仅如此，还需要设计小游戏，实践测验的方法学习比简单重复的学习效果更好。

（二）学习过程的评价调节功能

学习过程的评价具有双向机制，通过对学生的测验、作业及日常观察结果进行评价，可以将信息反馈回教师和学生身上，从而调整教与学活动。教师通过过程性评价搜集学生的学习状况和行为变化，并根据学生的情况及时调整自己的教学工作；学生通过评价，会对自己的情况有所了解。过程性评价在教学中有决策作用，在教学结束以后，通过评价，教师可以将学生的学习结果与最初目标进行比较，从而找出差距，并为以后的学习所采用的教学策略提供有价值的参考。

案例五：过程性评价案例及分析
——以高中物理《单摆测重力加速度》章节为例
上海市复兴高级中学　龚嘉琦

【教学设计第一稿】

教学流程图（见图6-4）

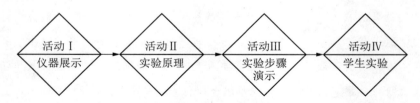

图6-4 《单摆测重力加速度》教学流程图1

【教学评价及分析】

1. 课堂观察

通过观察发现，学生对于实验操作的一些细节如绳在铁夹上的固定、摆线长的测量、开始计时对应的摆球位置等出现错漏。

2. 课堂现场测评

例如，在"用单摆测定重力加速度"的实验中：

（1）（多选）组装单摆时，从下列器材中选用最合适的（填写器材代号）_____。

A. 小铁球　　　　　B. 小塑料球

C. 30 cm 长的摆线　　D. 长 100 cm 的摆线

E. 手表　　　　　　F. 秒表

G. 米尺　　　　　　H. 铁架台

（2）下表是某同学记录的 3 组实验数据，并做了部分计算处理。

组　次	1	2	3
摆长 L/cm	80.00	90.00	100.00
50 次全振动时间 t/s	90.0	95.5	100.5
振动周期 T/s	1.80	1.91	
重力加速度 g/（m·s^{-2}）	9.74	9.73	

请计算出第 3 组实验中的 $T =$ _____ s，$g =$ _____ m/s^2。

（3）用多组实验数据做出 T^2–L 图像，也可以求出重力加速度 g。已知两位同学做出的 T^2–L 图线的示意图如图中的 a、b 所示，a 和 b 平行，则出现图线 a 的原因可能是什么？

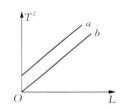

_____。

（4）某同学进行测量时，由于只有一把量程为 30 cm 的刻度尺，于是他在距悬挂点 O 点小于 30 cm 的 A 处做了一个标记，保持该标记以下的细线长度不变，通过改变 O、A 间细线长度以改变摆长。实验中，当 O、A 间细线的长度分别为 l_1、l_2 时，测得相应单摆的周期为 T_1、T_2。由此可得重力加速度 $g =$ _____（用 l_1、l_2、T_1、T_2 表示）。

通过现场测评，发现学生在实验仪器的选择、数据读取、数据处理过程中都存在一些问题。

3. 学生自我评价

通过学生完成的实验报告，发现部分学生仍不明白利用单摆测量重力加速度这一实验的真正作用，只是按部就班地完成实验而已，缺乏相应的实验设计能力，这并不利于学生真实实验素养的培养。

【教学设计第二篇】

1. 教学流程图（见图 6-5）

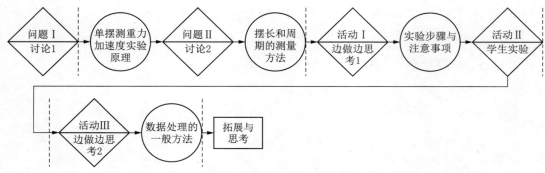

图 6-5　《单摆测重力加速度》教学流程图 2

2．教学流程说明

（1）**问题Ⅰ**　很多物理规律中都会用到重力加速度 g，大家说，我们能用什么方法来测量 g 的大小？

（2）**问题Ⅱ**　单摆测重力加速度实验中要进行摆长与周期的测量，我们能用哪些工具、什么方法，对这两个物理量进行较精确的测量？

（3）**活动Ⅰ**　边做边思考 1：①组装单摆时，应注意什么？②测量摆长时，应注意什么？③单摆振动时，对摆球的运动有什么要求？④观察并计时时，应注意什么？

（4）**活动Ⅱ**　严格按照实验步骤操作，再测几组数据，熟悉操作规范。

（5）**活动Ⅲ**　边做边思考 2：实验数据可以用哪些方法处理？选择一种方法处理数据，并得出结论。

（6）**拓展与思考**　①收集更多数据用不同方法进行处理，在处理过程中比较不同方法的优点与缺点。②讨论：若实验中由于条件有限，给出的摆球是一块质量分布不均匀的石块，又或者摆长很长，导致无法精确测量，我们是否还能较精确地测量当地重力加速度？

【基于过程性评价进行修改的理论依据】

基于过程性评价中学生对实验原理理解不深、实验操作细节掌握不牢的现象，新的教学设计采用了基于项目问题的学习模式。围绕解决测量重力加速度这一问题开展实验课。学生在找到解决问题的途径过程中，感受到实验的意义所在，提升了自己的实验技能，并且最终完成了实验。

1．问题提出

基于实证教学原则中的即时反馈原则，当学习者即时受到针对其表现给予的解释性反馈时，学习效果更佳。所以课的开端便通过一个开放式的问题，让学生通过发散式思维寻求与重力加速度相关的物理规律，进行一个用于测量重力加速度的实验设计，以小组讨论、交流的形式通过自评、互评自然而然地领悟单摆测重力加速度这一实验的意义。

2.问题呈现

基于切块呈现原则，在教学过程中将课按照实验器材的选择、实验操作步骤、数据处理方法分为几部分。每一部分都让学生先自行尝试，基于多媒体原则，教师利用相机在旁记录学生的实验过程，再让学生自己观察记录下来的影像资料，并讨论实验中不同小组不同的操作细节对实验结果的影响，相互借鉴交流，引导他们总结提高实验精度的方法。

3.问题解决

解决问题的过程中，需要学生去思考讨论交流，一步步达成目标。原理和过程应该是开放的，学生可以尽量独立完成。学生可以相互交流分享，进一步改进自己头脑中的设计，完善自己的设计思路，从中体会到合作交流分享的重要性。在这一过程中，学生的评价会有正面的，也会有负面的。这种评价本身在教学中有激励作用。受到好评会提高学生的积极性，有利于提高学习效果；受到不好的评价会降低学生的积极性，影响学习效果，但对一些自主意识较强的学生，负反馈也可以激励其学习斗志。

二、教学评价的激励动机功能

从心理学角度来看，个体获得积极的评价结果对行为动力有正向激励的作用。在"双减"背景下，教师必须改变以往以纸笔考试作为唯一的方式，注重学生物理学习成绩的评价模式。每一个学生的物理学习能力、理解能力、认知能力不同，如果采用统一的评价方式，根本无法客观、公正评价学生的学习情况。教育不仅要关注学生的学习成果，还要关注学生的学习过程，学生在掌握物理学科知识与技能的同时，更要发展自身的物理学科素养。在物理核心素养视角下，教学的艺术不在于传授，而在于激励、唤醒、鼓励。物理课堂评价模式亟须改变，采用不同评价的激励模式可以满足每一个学生差异化的物理学习需求，增强学生物理学习的内在驱动力，提升学生的物理学科综合素养，为学生终身发展奠定坚实的基础。

（一）家长的激励评价

我们鼓励家长和孩子共同参与形成性评价活动中，找到适合孩子的物理学习方案，使孩子在评价中真正有所成长、学习，获得更为深刻的学习心得和学习感悟，使教学评价更具实效性、全面性、科学性。

例如：某学校初三年级组举行了物理视频创新实验竞赛，活动主题为"鸡蛋世界里的物理"，主要有测鸡蛋密度、不肯走的鸡蛋、握鸡蛋、贪吃的瓶子、漂浮的鸡蛋、巧剥鸡蛋壳、不倒翁、巧辨鸡蛋的生熟等实验（见图6-6）。围绕鸡蛋，同学经历了实验方案设想、寻找身边的器材、实验步骤、现象解释等过程。活动鼓励家长参与拍摄，同学合作完成。每个参与者都认真进入角色，体会到实验成功的乐趣！当精彩的视频大片在课堂中再现时，全班同学不由得鼓起掌来，大家激动万分！积极参与的学生在这次评价活动中自信满满，在综评科学实验报告中，感触深刻地说道："I see and I forget, I hear and I remember, I do and I understand."

设计、完成物理实验微视频的过程是有挑战但不枯燥的，录制作业的过程是紧张但不无趣的，最重要的——作业是可以珍藏的青春和创意，是可以传播的喜悦和美好，是可以分享的亲情和记忆。活动结束后，学校又为参与活动的学生颁布等第奖，发放小奖品，并利用学校的公众号平台做了一期新闻稿，在家长群中传播，一起参与实验的家长更是竖起了大拇指。

物理实验让物理知识以更为生动、具体的方式呈现，而家长的参与和激励评价更让孩子感受到主动学习的乐趣。

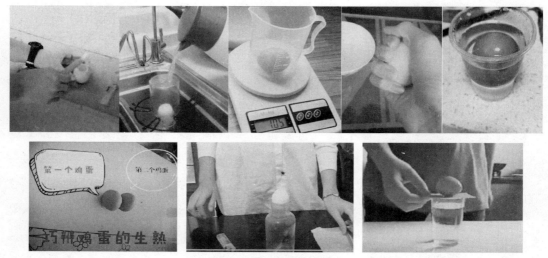

图 6-6　鸡蛋世界里的物理

（二）同学的激励评价

在学习过程中，教师一定要做好对学生的观察，抓住他们的闪光点，及时给予鼓励和表扬，由此来进一步满足学生的心理需求，调动他们学习物理的热情。

某学校教师在教学过程中，引导学生设计物理知识框架图。每章节学习结束后，罗列知识点；细化后，构思设计，排版美化。学生热衷于如此富有个性化的知识整理形式，呈现出了一幅幅图文并茂的知识框架图（见图6-7）。应用知识框架图来复习，不仅可以帮助学生迅速抓住关键点、掌握重点，在复习过程中对新发现的知识可以及时记录补充，精美的图像设计也使枯燥的复习过程变得更加富有生机、更加充实。

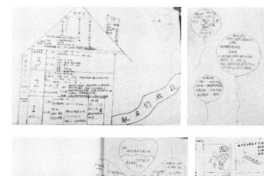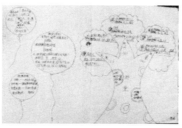

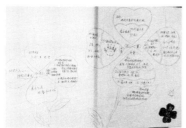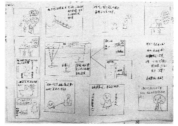

图 6-7　学生设计的物理知识框架图

知识结构完善、布局漂亮的作品，张贴在教室的展示墙上后，班级每位学生都有两个五角星，可以贴在喜欢的作品上，随着版面上五角星越来越多，平时不爱学物理的学生，也渐渐喜欢上了物理。这种学生间的激励评价，既可以让学生充分掌握知识点，还可以提升学生学习的积极性与主动性，调动了学生学习物理的热情。

（三）教师的激励评价

教师要根据不同学生的心智水平进行具有针对性的激励教育，由此来实现对他们的有效培养。首先必须了解每一名学生在学习中碰到的思维障碍，才能进行个性化辅导，为他们的进步与发展打下良好的基础。

课堂上没有充足的时间提问每个学生，进而发现每个学生的理解误区。而每次讲评好习题后，二次批改只会看到学生抄写了正确答案，不知学生是否真正理解。要求学生在"钉钉作业"上上传视频说题，这是一个非常好的评价作业的方法。首先学生选择这道题的前提一定是学生上课已经听懂了，觉得有收获的题。接着开始说题，复述过程中在所难免地卡壳，他一定会停止拍摄，重新思考，想清楚了继续拍摄，若仍不满意，他会求助老师或同学或查阅资料，直到满意了，可以流畅精准地说清楚这道题，才会上传到"钉钉作业"中。这个反复的过程其实就是费曼学习法，也是最高效的学习方法之一（见图 6-8）。

学生上传视频后，教师批改的过程——下载，反复仔细地听，很快就会发现学生在理解上出现的小瑕疵，可以直接语音批复，或是拍纠正视频发给学生，而得"A⁺"的视频作业，还可以在班级群的"优秀作业"栏里展示出来，大家一起欣赏学习。师生共同打造高效化的评价体系，成为教师与学生一对一交流的媒介，聚焦学生的思维难点和盲点，开展具有针对性的激励教育，从而进一步完成对学生的引导和启发，学生在积极参与、碰撞修正中，逐步实现个性化成长，获得学习物理的动力。

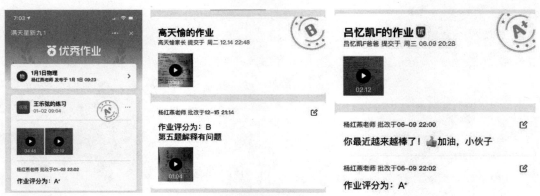

图 6-8 "钉钉作业"展示

在初中物理课堂教学中，家长、同学、老师的评价，可以很好地发挥出激励策略的教育价值，不断提高学生的自信心。当然，为了保证以评价为基础的激励教育，家长、同学、老师一定要保证积极评价，才可以贯穿整个学习过程之中，由此来提升对学生的积极鼓励效果。

三、教学评价的评估总结功能

利用教学评价工具，评估学生阶段性学习的成效和水平，是教学评价的常规操作。基于学习科学的课堂教学评价，结合学习科学原理设计评价工具，可以更为有效而科学地检验教学成果。在单元教学完成后，开发测量学习结果的有效工具并完成测验分析，是对师生教与学效果的最好检验。好的测验既要有保持测验题目（测验目标主要是记忆），也要有迁移测验题目（测验目标是理解）。其中，迁移测验结果对应的是学生意义学习的发生。评估科学指出，有效的测验包含效度、信度、客观性、参照性四个方面，因此，编制测验实施过程中我们主要从四个方面进行考虑：一是测验内容与教学目标和教学内容高度符合；二是测验题目尽量来自标准化考试（比如教学基本要求或学业水平测试）并且有一定数量和题型保障；三是评分标准尽量客观，即使是主观题也有规范的评分要点；四是既要分析原始分平均值，也要分析知识点和题目的得分率。

完成测验后，为帮助学生从评估中获得学习机会，学生要做到以下三点：一是找出自己在本单元的优势和弱势方面，以便引导后继学习；二是反思自己的考试准备是否充分，自己的学习方法是否得当；三是分析自己的错误类型，并找出是否重复犯了某些可以纠正的错误。

案例六：初中物理单元总结性评估工具的编制

——以上海教育出版社九年级物理《6.2　压强》为例

上海市浦东新区进才实验中学南校　薛振刚

一、单元内容、教学目标以及教学重、难点

《6.2　压强》(第六单元中的一个小单元)中，压强概念是贯穿单元学习的一条主线，学生要经历压强概念的形成过程，得出压强是反映压力作用效果的物理量，能运用公式 $p=\dfrac{F}{S}$ 计算压强、压力或受力面积等，知道增大和减小压强的方法，能联系密度知识解决简单的实际问题。下表列出了《上海市初中物理学科教学基本要求》对这一小单元的学习内容、学习水平、教学目标以及笔者明确的重、难点。

学习内容	学习水平	教学目标
压力	B（理解）	① 知道压力的概念 ② 能根据受力情况计算受到的压力
压强	C（掌握）	③ 经历压强概念的形成过程，得出结论 ④ 知道压强的概念 ⑤ 知道压强的单位：Pa ⑥ 能用公式 $p=\dfrac{F}{S}$ 计算压强、压力或受力面积 ⑦ 知道增大和减小压强的方法 ⑧ 能联系密度知识解决简单的实际问题（这个目标为综合复习后才能达到，新授课无法达成）
教学重点		① 学生经历压强概念的建立过程，得出结论；理解压强是反映压力作用效果的物理量 ② 学生能用公式 $p=\dfrac{F}{S}$ 计算压强、压力或受力面积 ③ 学生能联系密度知识解决简单的实际问题
教学难点		① 了解压强概念的建立过程，得出结论；理解压强是反映压力作用效果的物理量 ② 联系密度知识解决简单的实际问题

二、评估工具（测验）编制

基于以上原则，笔者在单元教学后编制如下测验题目。

（本测试满分 70 分，完成时间 30 分钟）

测　验　题　目	测验目标	学习水平	测试属性
一、选择题（每题 2 分，共 10 分）			
1. 关于压力的概念，下列说法中正确的是（　　）。 A. 压力的方向总是竖直向下的 B. 压力的大小总是等于物体受到的重力 C. 压力的方向总是和物体的接触面相垂直 D. 压力的方向不一定和物体的接触面相垂直	①	A	保持
2. 关于压强的概念，下列说法中正确的是（　　）。 A. 压强只跟压力有关 B. 压强只跟受力面积有关 C. 压强跟压力及受力面积都有关 D. 压强跟压力及受力面积都无关	④	A	保持
3. 重为 100 N 的长方体放在水平地面上，与地面的接触面积为 0.1 m²。现用一个大小为 20 N 的力竖直作用在物体中央，则物体对地面的压强（　　）。 A. 一定为 1200 Pa　　　　　B. 可能为 800 Pa C. 可能为 1000 Pa　　　　　D. 可能为 200 Pa	②⑥	B	迁移
4. 下列各种事例中，属于增大压强的是（　　）。 A. 供列车行驶的钢轨铺在枕木上　　B. 房屋的墙基砌得比墙宽 C. 坦克上装有履带　　　　　　　　D. 刀刃磨得很锋利	⑦	B	迁移
5. 有一密度均匀的长方体铜块，被截成 A、B 两块，如图所示。已知 $L_A:L_B=2:1$，则它们对水平桌面的压力和压强之比为（　　）。 A. $F_A:F_B=2:1$，$p_A:p_B=1:1$ B. $F_A:F_B=1:2$，$p_A:p_B=1:1$ C. $F_A:F_B=1:2$，$p_A:p_B=2:1$ D. $F_A:F_B=2:1$，$p_A:p_B=2:1$ 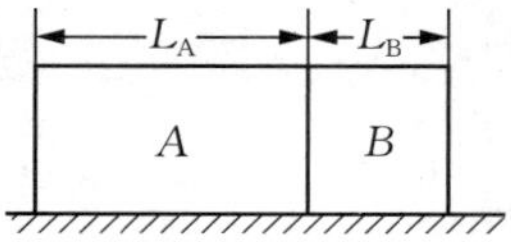	②⑥⑧	C	迁移
二、填空题（每空 2 分，共 28 分）			
6. _____ 作用在物体表面并指向表面的力叫作压力，压力的作用效果是 _____；物体 _____ 叫作压强，用 300 N 的压力作用在 2 m² 的面积上，产生的压强为 _____ Pa，它的意义是每 m² 面积上 _____。	①④⑤⑥	A	保持
7. 如图所示，两只书包带对小李肩膀的压力相同，他的感觉却不一样，原因是  _____。	③⑦	A	迁移

测　验　题　目	测验目标	学习水平	测试属性
8. 日常生活中许多工具运用到了压强的知识，比如刀刃磨得很锋利，目的是 _____ ；大型运输卡车的轮胎数量多而且外形宽大，目的是 _____ 。	⑦	A	迁移
9. 如图所示，几块完全相同的砖放在水平地面上，则对地面压力相同的两组是 _____ ，对地面压强相同的是 _____ 两组。 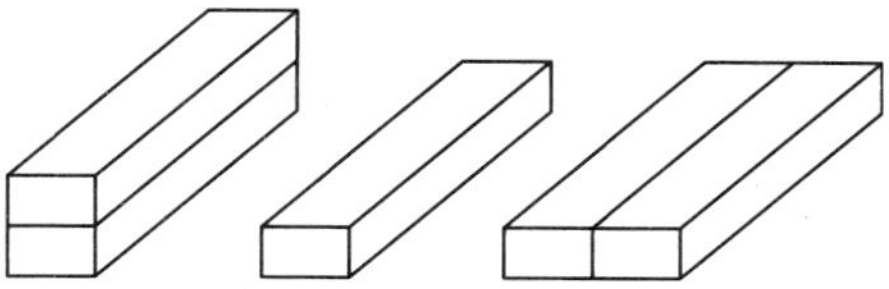 （a）　　（b）　　（c）	②⑥	B	迁移
10. 一块砖的长、宽、厚分别是 0.2 m、0.1 m、0.05 m，质量为 1.5 kg，将它以某一面着地放在水平地面上，它对地面的压力是 _____ N，它对地面最小压强为 _____ Pa，此时如果将它沿竖直方向截去一半，剩余部分对地面的压强是 _____ Pa，如果将截下的半块砖叠放在剩下的半块砖上，这时砖对地面的压强是 _____ Pa。	②⑥	C	迁移
三、作图题（2分）			
11. 如图所示，重为 20 N 的物体 A 静止在水平地面上，请用力的图示法在图中画出物体 A 对地面的压力 F。 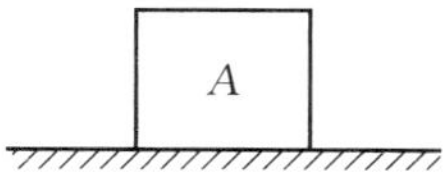 	①②	A	保持
四、综合题（12题6分，13题10分，14题和15题每空2分，共30分）			
12. 如图所示为史前动物水龙兽的复原图，水龙兽在 2.6 亿年前曾统治地球。若一只水龙兽的质量为 50 kg，每只脚接触地面的面积为 10^{-2} m²，当该水龙兽如图所示站立在水平地面上时，求： （1）它对地面的压力 F； （2）它对地面的压强 p。  	②⑥	B	迁移
13. 某冰面能够承受的压强是 $2×10^4$ Pa，一个同学重 600 N，一只鞋底的面积是 0.02 m²，求： （1）请通过计算说明这位同学能否在该冰面上行走； （2）如果穿上雪橇在该冰面上行走，一只雪橇的面积至少为多少； （3）若有一个重 200 N、面积为 0.1 m² 的木板放在该冰面上，这位同学最多还可以带多重的物体站在木板上。	②⑥	B	迁移

续表

测　验　题　目	测验目标	学习水平	测试属性
14.某小组同学在学习了压力知识后，对"压力产生的形变效果"进行了研究。 （a）　　　　　　　（b） 如图所示，该组同学将同一个长方体铁块放置在一块平整的海绵上，由图（a）或（b）可知，当物体表面受到压力作用时，会发生_____，该小组同学在分析、比较图（a）和（b）的实验操作和现象后，得出了初步结论，则该结论为：_____。	①③	A	保持
15.某小组同学通过实验，定量研究压力的作用效果与哪些因素有关，他们得到的数据如表一和表二（不同物块放置在同一海绵上，用若干刻度表示海绵凹陷程度）。 表一 | 实验序号	压力（N）	受力面积（cm²）	海绵凹陷程度（格）
1	1.0	0.10	2
2	4.5	0.15	5
3	8.0	0.16	9 | 表二 | 实验序号	压力（N）	受力面积（cm²）	海绵凹陷程度（格）
4	2.0	0.20	2
5	7.5	0.25	5
6	14.0	0.28	9 | （1）分析比较实验序号_____的数据及相关条件，可得出的初步结论是：当_____时，压力的作用效果相同； （2）分析比较实验序号_____的数据及相关条件，可得出的初步结论是：当_____时，压力的作用效果越明显； （3）在物理中用_____反映压力作用效果。	③	B	迁移

【参考答案及评分标准】

一、选择题

1. C　　2. C　　3. B　　4. D　　5.A

二、填空题

6. 垂直，使物体发生形变，单位面积上所受的压力，150，所受的压力是 150 N

7. 在压力相同的条件下，受力面积越大，压力作用效果越不显著

8. 减小受力面积增大压强，增大受力面积减小压强

9.（a）与（c），（b）与（c）

10. 14.7，735，735，1470

三、作图题

11.（作用点正确 1 分，大小方向正确 1 分）

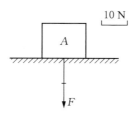

四、综合题

12.（1）$F = G = mg = 50 \text{ kg} \times 9.8 \text{ N/kg} = 490 \text{ N}$ 　　　　　（3 分）

（2）$p = \dfrac{F}{S} = \dfrac{490 \text{ N}}{10^{-2} \text{ m}^2 \times 4} = 12250 \text{ Pa}$ 　　　　　（3 分）

13.（1）$p = \dfrac{F}{S} = \dfrac{G}{S} = \dfrac{600 \text{ N}}{0.02 \text{ m}^2} = 3 \times 10^4 \text{ Pa}$ 　　　　　（2 分）

　　　$3 \times 10^4 \text{ Pa} > 2 \times 10^4 \text{ Pa}$，所以这位同学不能在该冰面上行走 （1 分）

（2）$S' = \dfrac{F'}{p} = \dfrac{600 \text{ N}}{2 \times 10^4 \text{ Pa}} = 3 \times 10^{-2} \text{ m}^2$

（3）$F_木 = pS_木 = 2 \times 10^4 \text{ Pa} \times 0.1 \text{ m}^2 = 2 \times 10^3 \text{ N}$

　　　$G_物 = F_木 - G_人 = 2 \times 10^3 \text{ N} - 600 \text{ N} = 1400 \text{ N}$

14. 形变；当压力相等时，受力面积越小，压力作用效果越显著

15.（1）1 与 4 或 2 与 5 或 3 与 6；单位面积上所受的压力相同（压力与受力面积的比值相同）

（2）1 与 2 与 3 或 4 与 5 与 6；单位面积上所受的压力越大（压力与受力面积的比值越大）

（3）单位面积上所受的压力（压力与受力面积的比值）

三、评估结果简析

对某两个教学班（总计 65 位学生）的测验结果进行简要分析。

题号	教学目标	学习水平	满分值	所得均分	难度系数
1	①	A	2	1.94	0.97
2	④	A	2	1.97	0.99
3	②⑥	B	2	1.69	0.85
4	⑦	B	2	2.00	1.00
5	②⑥⑧	C	2	1.45	0.73
6	①④⑤⑥	A	10	9.53	0.95
7	③⑦	A	2	1.53	0.77
8	⑦	A	4	3.84	0.96

续表

题号	教学目标	学习水平	满分值	所得均分	难度系数
9	②⑥	B	4	3.54	0.89
10	②⑥	C	8	6.15	0.77
11	①②	A	2	1.94	0.97
12	②⑥	B	6	5.40	0.90
13	②⑥	B	10	8.54	0.85
14	①③	A	4	3.54	0.89
15	③	B	10	8.31	0.83
总　　分			70	61.38	0.88

两个班的总均分超过了 85%，达到了优良的水平。根据学生答题情况的分析，大部分学生对于基本概念、公式的掌握较为扎实。得分率在 0.8 以下的 3 道题目，都是要学生根据已有信息进行推理和说明的问题，说明学生基于证据分析问题的能力有欠缺，需要在后期的教学过程中加强对学生运用所学知识结合已有信息进行问题分析能力的培养。

四、运用考试反思表

学生考试反思表样例（6.2　压强单元测验）：

6.2　压强单元测验考后反思

班级：＿＿＿＿＿＿＿＿　　姓名：＿＿＿＿＿＿＿＿

本活动旨在帮助你反思自己的这次考试表现，特别是你对考试所做的准备是否有效。请如实回答这些问题。你的回答将被收集起来，便于让教师知道，学生围绕本次考试都做了什么工作，以便教师据此更好地支持你的学习。在下次考试之前，我将把本表交还给你，以便提示和引导你为下一次考试做好准备。

1. 为了本次考试，你大约花多长时间来复习准备？＿＿＿＿＿＿＿＿＿＿＿（精确到分钟）

2. 在下列每项活动中，你所花的考试准备时间占多大比例？

a. 首次阅读教材内容 ＿＿＿＿＿＿＿＿＿＿

b. 重读教材内容 ＿＿＿＿＿＿＿＿＿＿＿

c. 复习作业的解答及教师评阅结果 ＿＿＿＿＿＿＿＿＿

d. 做相关内容的练习题 ＿＿＿＿＿＿＿＿＿＿

e. 复习课堂笔记 ＿＿＿＿＿＿＿＿＿＿

f. 其他（请具体说明）＿＿＿＿＿＿＿＿＿＿＿

3. 现在你已经看到了自己的考试成绩，请评估一下下述原因导致你失分的比例（总和为 100%）：

a. 压力概念和根据不同情况计算压力 ＿＿＿＿＿＿＿＿＿＿＿＿＿

b. 探究压力的作用效果与哪些因素有关从而引入压强概念 ＿＿＿＿＿＿＿＿＿＿＿

c. 压强的概念、公式、单位以及意义 ＿＿＿＿＿＿＿＿＿＿＿

d. 代入数据（含单位）或计算错误 ＿＿＿＿＿＿＿＿＿＿＿

e. 根据题目数据进行加工分析得出结论 ＿＿＿＿＿＿＿＿＿＿＿

f. 因粗心而犯错 ＿＿＿＿＿＿＿＿＿＿＿

g. 其他（请具体说明）＿＿＿＿＿＿＿＿＿＿＿

4. 基于你对以上问题的回答，请列出为了下一次考试更出色，你需要在哪三个方面做出改善。例如：花更多的学习时间、让数学运算更熟练使之不妨碍物理学习等。

a. ＿＿＿＿＿＿＿＿＿＿＿＿＿＿＿＿＿＿＿＿＿＿＿

b. ＿＿＿＿＿＿＿＿＿＿＿＿＿＿＿＿＿＿＿＿＿＿＿

c. ＿＿＿＿＿＿＿＿＿＿＿＿＿＿＿＿＿＿＿＿＿＿＿

5. 为了帮助你学习，使你能更好地准备下一次考试，你希望教师做什么？（写出两点）

a. ＿＿＿＿＿＿＿＿＿＿＿＿＿＿＿＿＿＿＿＿＿＿＿

b. ＿＿＿＿＿＿＿＿＿＿＿＿＿＿＿＿＿＿＿＿＿＿＿

学生拿到教师批阅过的试卷后，填写考试反思表的过程，就是深入分析自己试卷，回顾、分析考试表现的过程，以便调整自己后续的学习。教师收集反思表并进行具体的批阅和指导，以便找出学生学习中存在的共性问题，帮助学生获得更好的学业表现；在下一次考试前把考试反思表返还给学生，组织课堂讨论有助于学生分享自己的学习策略，并从教师处获得支持和鼓励。

四、三类评估在实际教学设计中的对比分析

下面以《压强》第三课时《改变压强的方法及其应用》为例，编制评估工具与评估学习结果。

（一）预评估工具的设计和使用

预评估即设计教学之前了解学生对于某一个技能、概念知道多少。学习本节课前，学生需有的知识储备包括：①知道压力的概念；②能根据受力情况计算受到的压力；③经历压强概念的形成过程，得出结论；④知道压强的概念；⑤知道压强的单位"Pa"；⑥能用公式 $p=\dfrac{F}{S}$ 计算压强、压力或受力面积。为了解学生的学习背景，某教师设计如下评估工具：

【课前活动】

每位同学事先准备 2 个相同的肥皂盒，若三个面的面积分别为 S、$2S$、$4S$，重力为 G，平放时压强为 p。试着下列各种摆放，并完成填空。

（1）当肥皂盒平放、侧放、竖放在水平地面上时，它对地面的压力 _____（选填 "相等" 或 "不相等"），写出各受力面积与压强。

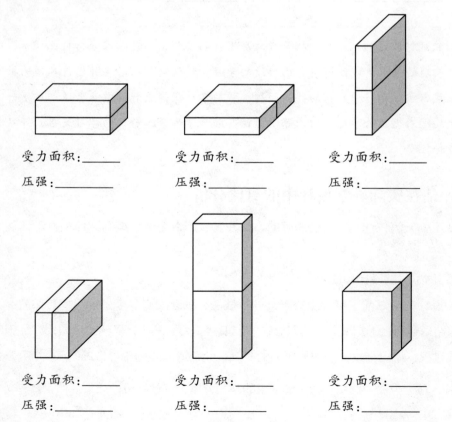

平放
受力面积：_____
压强：_____

侧放
受力面积：_____
压强：_____

竖放
受力面积：_____
压强：_____

（2）将两个肥皂盒如下图摆放，它们对地面的压力 _____（选填 "相等" 或 "不相等"），求地面受到的受力面积和压强。

受力面积：_____
压强：_____

受力面积：_____
压强：_____

受力面积：_____
压强：_____

受力面积：_____
压强：_____

受力面积：_____
压强：_____

受力面积：_____
压强：_____

（3）将一个肥皂盒如下图叠放到另一个肥皂盒上，求出下肥皂盒的受力面积和受到的压强。以下四种情况上肥皂盒对下肥皂盒的压力 $F_{上-下}$：下肥皂盒对地面的压力 $F_{下-地}=$＿＿＿＿＿。

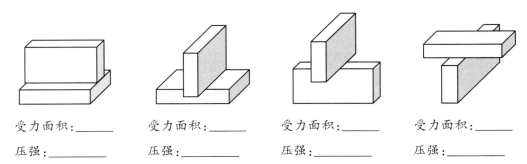

受力面积：＿＿＿　　受力面积：＿＿＿　　受力面积：＿＿＿　　受力面积：＿＿＿

压强：＿＿＿　　　　压强：＿＿＿　　　　压强：＿＿＿　　　　压强：＿＿＿

【评估分析】第（1）题第 1 空：检测压力的概念，我执教的班级 27 人，有 80% 的错误是混淆压力和压强的概念。借助图像和实物摆放，受力面积的填空正确率达 90%，压强的填空复习了公式，也涉及数学的倍数关系，正确率为 48%。第（2）题是保持测验，是为了测试第 1 问的教学讲评是否有效设置。第（3）题的摆放是知识的迁移测验。

预评估的目的在于发现学生中谁理解了部分内容，谁理解了全部内容，然后弄清楚他们之间的差距在哪里，如何备课教这些学生。进行预评估的好处之一就是让课程变得更加紧凑。

（二）形成性评估工具的设计和使用

形成性评估指在学习过程中检查学生的理解力以便调整教学方式来提高他们的理解力，这是对学习的一种评估。它可以帮助教师快速检验、了解学生在学习道路上的方位，帮助教师发现谁需要重新教导。

经过课中 20 分钟的教学过程，形成性评估能够用来确认学生的差异，教师预设的教学目标是：1. 通过分析由公式 $p=\dfrac{F}{S}$ 可知，增大压强的方法是，增大压力或减小受力面积；减小压强的方法是，减小压力或增大受力面积。2. 知道增大或减小压强在生活中的应用。

【课中练习】

1. 总结：减小压强的方法：＿＿＿＿＿＿＿＿＿＿；＿＿＿＿＿＿＿＿＿＿。

　　　　增大压强的方法：＿＿＿＿＿＿＿＿＿＿；＿＿＿＿＿＿＿＿＿＿。

2. 根据改变压强所采用的方法，将每项事例的字母代号填入相应的空格中。

A. 斜口钳比平口钳容易切断塑料线

B. 人乘坐雪橇后很容易在雪地滑行

C. 刀锋磨得越薄越锋利

D. 将塑料贴面胶合在桌面上后需要用重物压挤才能使它平整

E. 枪托要做得宽些，尽量与人的肩部相吻合

F. 重型载重平板车的轮子比较多，以防压坏路面

以上事例中：

（1）减小受力面积来增大压强的是 _____；

（2）增大受力面积来减小压强的是 _____；

（3）采用增大压力来增大压强的是 _____。

3. 请一位同学起立。

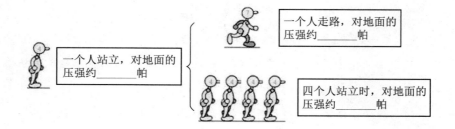

一个人站立，对地面的压强约_____帕

一个人走路，对地面的压强约_____帕

四个人站立时，对地面的压强约_____帕

4. 展示一张纸。

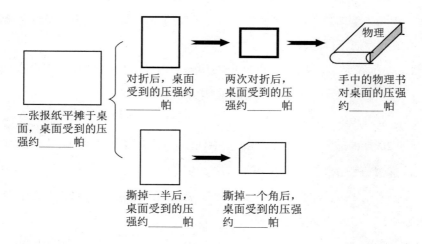

一张报纸平摊于桌面，桌面受到的压强约_____帕

对折后，桌面受到的压强约_____帕

两次对折后，桌面受到的压强约_____帕

手中的物理书对桌面的压强约_____帕

撕掉一半后，桌面受到的压强约_____帕

撕掉一个角后，桌面受到的压强约_____帕

【评估分析】第（1）题是保持测验，总结梳理知识。第（2）题是迁移测验，需要学生心中有具体的物体外表形状。这里我做了一组对比，同样我执教的两个平行班，3 班直接出示文本请学生填写，5 班先展示具体图片或实物再请学生比较后填写，5 班正确率明显比 3 班高。事实证明双通道原理更有效。第（3）题直接请学生参与情境中，利用抛锚式的实证教学原则，学生在抬脚走路的过程中体会受力面积的变化。四位学生一起站立时的压强，有两种不同的答案：不变或四倍压强，哪个答案是正确的？通过小组内自我解释、设问质疑的实证教学原则，深度理解压强的知识。第（4）题是在第（3）题的基础上

的深度迁移。物理学习的评价不应是针对学习结果的评价，还应关注对学习过程和学习态度的评价，关注学生在问题解决过程中的思维跃迁，激发学生的进取精神。

（三）总结性评估工具的设计和使用

经过一节课的学习，为确定学习者的学习掌握情况，可进行课后检测。检测结果既可提供本课时的学习反馈，也为下一课时教学提供建议。

本书案例索引

续表

案　　例	年　级	书中页码	案例类型
《闭合电路欧姆定律》	高二	P162—163	案例分析
《电流》	七年级	P163—164	案例分析
《电流》	七年级	P164—168	教学设计
《牛顿第一定律》	高一	P168—173	案例分析
《牛顿第三定律》	高一	P173—181	案例分析
《测电源电动势和内阻》	高一	P181—185	案例分析
《探究凸透镜成像规律》	八年级	P185—189	案例分析
《楞次定律》	高二	P189—194	案例分析
《电势能　电势》	高二	P194—196	案例分析
《位置变化的快慢　速度》	高一	P206—207	评价案例
《功》	高一	P207—208	评价案例
《改变压强的方法及其应用》	高一	P208—210	评价案例
《电场》	高二	P212—214	评价案例
《探究平面镜成像特点》	八年级	P214—216	评价案例
《电场》	高二	P218—225	评价案例
《牛顿第一定律》	高一	P226—230	评价案例
《单摆测重力加速度》	高一	P230—233	评价案例
《压强》	九年级	P237—243	评价案例

后　记

　　我从事物理教育教学近 30 年，角色多次转换，从一线教师到教研员，再到物理学科基地导师，唯一不变的是对物理教学的热爱。因此，我始终没有脱离教学一线，一直在思索物理教学和学习给学生、教师带来的是什么？

　　早先的思考是觉得物理课堂应该让师生在愉悦的过程中彼此成就，既有学生的学业成长，又有教师的专业发展，过程中师生互动、生生呼应，让课堂教学成为一场愉悦之旅。随着新课改的层层推进，在新课程理念的理解和教育教学实践过程中，物理教学给予师生的赋能点逐步清晰——那就是提升物理学科素养，这种素养是贯穿于师生发展的全过程，是更深层次的思维力的提升，这将影响他们未来的思考方式和行为基准。

　　多年来，对于教与学的内在统一性虽然有倡导，但评价作为指挥棒始终高悬教师的头顶，导致少有人真正从教—学—评的一致性去系统思考教学。每每高考结束感叹试题又难了，其实质是学生未能实现真正的"学会"，是其面临真实情境需要抽象物理模型时表现出无能，而这恰是物理核心素养的考查点。那么如何让教师找到提升教学性价比——聪明教物理的路径，实践的理论基础又在哪里？抓手又在何处？直到我发现了心理学大师梅耶写的这本《应用学习科学——心理学大师给教师的建议》，豁然开朗，之前自己困惑的：原来我的上课小技巧让学生觉得容易学会的机理在这里，原来提升对物理知识结构的理解也是有方法可循的……

　　2019 年开始，作为上海市"双名工程"攻关基地的主持人，我带领来自全市 6 个区的青年骨干教师们开展了课题研究。作为一线教师，创设理论不现实，因此，我们定位于基于心理学基础的认知理论为物理教学所用，开发适用于物理教学的实施策略和实践路径，使物理教学的效益得以提升，以契合国家推行"双减"的宗旨，所以课题研究是在理论指导下的实践研究、案例研究，希望能给更多的老师提供路径样本和实操策略。

　　攻关基地的老师都是有职业理想和热情、有强大执行力的骨干教师，他们分为四组，为实现"聪明教物理"的目的从四个方面开展实践探索：基于课型划分为概念规律课和实验课两个组，基于教、学、评的一致性划分了课堂观察组和教学评价组。概念规律组对所有初高中的知识进行了梳理，并加以整合形成图谱结构，让学生对初高中物理教学内容一目了然，进而提炼出概念规律课中提高教学效益的教学模式流程图，以便教师模仿实践。实验组对物理的各类实验教学进行了分类归纳，形成不同的实践路径和实施要点。而教学评价组针对教师课堂教学中弱评价的特点，提出针对不同阶段的评价方式和手段，贯穿于过程和结果，为提高评价对于教学的促进作用做出了有益的探索；课堂观察组则针对基于心理学基础的教学设计原则、教学策略等，开发了针对不同课型、不同年段的课堂观察量表，努力借助观察量表的评价指标倒逼教师在教学设计和实施中践行教、学、评的一致性，将素养培育落实于教学一线。

课题研究过程也是教师们专业成长的过程，大部分教师取得了长足发展，两位教师获评特级教师、正高级教师，三位教师获评高级职称，还有一位教师在市级教学评比中荣获一等奖。最重要的是：研究过程使得每位参与者加深了对物理教学意义所在的认识，并在实践中有意识地借助认知理论来助力物理教学，真正做到了"学生为主体"，因而也找到更多有效的方法让素养培育落地，事半而功倍地实现了聪明教物理。

感谢对本书做出贡献的所有参与者！他们是：沈志辉、徐蓓蓓、徐志琴、陈敏媛、张宝森（第三章）；毛金华、徐燕、余颖、杨松霖、柳毅（第四章）；梅云霞、严荣琴、任莲映、薛振刚（第五章）；方侃侃、龚嘉琦、丁慧、杨红艳（第六章）。

最后还要感谢许多物理教学前辈和专家在课题研究过程中给我们提出的宝贵建议，他们是：上海市教委教研室陆伯鸿、汤清修老师，华东师范大学裴新宁教授，还有王铁桦、郑百易、方梦飞、顾世文、李沐东、张新宇、柳栋、金莺莲等。还要特别感谢上海市教委副主任倪闽景百忙之中一直鼓励、支持我们的研究并为本书题写序言。

袁 芳

二〇二二年九月

图书在版编目(CIP)数据

聪明教物理：基于学习科学的中学物理课堂实践应用研究／袁芳主编；方侃侃，徐蓓蓓执行主编.—桂林：广西师范大学出版社，2022.11

ISBN 978 - 7 - 5598 - 5330 - 1

Ⅰ.①聪… Ⅱ.①袁… ②方… ③徐… Ⅲ.①中学物理课－课堂教学－教学研究 Ⅳ.①G633.72

中国版本图书馆 CIP 数据核字(2022)第 158476 号

聪明教物理：基于学习科学的中学物理课堂实践应用研究

CONGMING JIAO WULI：JIYU XUEXI KEXUE DE ZHONGXUE WULI
KETANG SHIJIAN YINGYONG YANJIU

出品人：刘广汉
责任编辑：刘美文
装帧设计：李婷婷

广西师范大学出版社出版发行

(广西桂林市五里店路9号　　　　邮政编码：541004)
(网址：http://www.bbtpress.com)

出版人：黄轩庄

全国新华书店经销

销售热线：021 - 65200318　021 - 31260822 - 898

山东临沂新华印刷物流集团有限责任公司印刷

(临沂高新技术产业开发区新华路1号　邮政编码：276017)

开本：787 mm × 1092 mm　　1/16

印张：16.5　　　　　　　字数：260 千字

2022 年 11 月第 1 版　　2022 年 11 月第 1 次印刷

定价：58.00 元

如发现印装质量问题,影响阅读,请与出版社发行部门联系调换。